PRÁCTICA INTEGRAL PARA
LA PRUEBA GED®

PRÁCTICA INTEGRAL PARA
LA PRUEBA GED®

NEW YORK

Datos de catalogación en publicación archivados en la Biblioteca del Congreso.

Impreso en los Estados Unidos de América

9 8 7 6 5 4 3 2 1

ISBN 978-1-57685-992-6

Para obtener información sobre LearningExpress, otros productos de LearningExpress o ventas mayoristas,
escríbanos a:
    80 Broad Street
    4th Floor
    New York, NY 10004

O visite nuestro sitio web:
    www.learningexpressllc.com

CONTENIDO ▶

CÓMO USAR ESTE LIBRO ▶

Bienvenido a la *Práctica integral para la prueba GED®*. Felicitaciones por haber tomado este gran paso que te permitirá prepararte para la prueba GED® y obtener créditos de equivalencia en educación secundaria. Uno de los principales objetivos es que el día de la prueba te sientas seguro de que conoces perfectamente cómo será el examen: ahí es donde entra en juego este libro.

Las pruebas de práctica de este libro

Probablemente sepas que la prueba GED® es un examen largo que se rinde en la computadora, que consta de cuatro secciones y preguntas de muchos tipos de formatos diferentes. En el Capítulo 1, verás todo sobre la prueba GED® y sus preguntas interactivas. En este libro, encontrarás dos exámenes completos de práctica que se parecen mucho a la prueba GED® real. Dado que las pruebas de este libro están en papel (y no en la pantalla de una computadora), algunas de las preguntas no se verán exactamente como las que encontrarás el día de la prueba, pero intentamos que se asemejen lo más posible a la versión electrónica.

Tendrás la oportunidad de trabajar con una versión electrónica de la prueba GED® y sus tipos de preguntas interactivas en la prueba gratuita en línea a la que este libro te brinda acceso. Consulta la página 289 para ver cómo hacer ese examen en la computadora.

Cómo rendir las pruebas

Intenta responder las pruebas de este libro en las mismas condiciones como si estuvieras en el día de la prueba real. El comienzo de cada prueba te dice de cuánto tiempo dispones. Siéntate en algún lugar tranquilo, activa la alarma e intenta completar el examen sin interrupciones.

Una vez que terminas cada sección, verás explicaciones detalladas para las respuestas de cada pregunta. Estas explicaciones no solo te dirán cuál de las respuestas es la correcta, sino que también te explicarán por qué las otras opciones de respuesta son incorrectas.

Encontrarás, asimismo, información para las preguntas de respuesta corta y de ensayo, junto con ensayos de ejemplo para que compares con el tuyo.

Cómo obtener la mejor puntuación

Practicar con preguntas similares a las que contiene la prueba GED® es la mejor manera de prepararte para el examen. Este libro está lleno de preguntas que se asemejan a las que verás el día de la prueba. Tomar estas pruebas de práctica, especialmente en las mismas condiciones de tiempo que la prueba GED® real, te ayudará a habituarte al ritmo que necesitas tener. Podrás ver qué temas dominas a la perfección y cuáles necesitas estudiar un poco más. Emplea este libro como parte de tu material de estudio y estarás muy bien preparado para tener éxito en el examen.

PRÁCTICA INTEGRAL PARA
LA PRUEBA GED®

CAPÍTULO

1 ▶ ACERCA DE LA PRUEBA GED®

La prueba GED® mide qué tan bien puedes aplicar el pensamiento crítico, el razonamiento analítico y la capacidad de resolver problemas junto con tu comprensión de la matemática, la lectura, la escritura, la ciencia y los estudios sociales en un nivel de educación secundaria. Aprobar el examen GED® significa que tienes una educación de nivel secundario. Si apruebas, obtendrás una credencial GED®, que equivale a tener un diploma de educación secundaria. Deberías elegir rendir la prueba GED® si deseas obtener un diploma de educación secundaria, pero no puedes o no deseas completar los requisitos de graduación en una escuela secundaria tradicional.

¿Qué es la prueba GED®?

La prueba GED® está compuesta por cuatro exámenes separados:

- Razonamiento matemático
- Razonamiento a través de las artes del lenguaje (RAL)
- Estudios sociales
- Ciencias

Para tener los mejores resultados en cada prueba, no solo necesitarás saber los conceptos básicos de cada tema, sino que además deberás usar habilidades de pensamiento crítico, redacción y resolución de problemas.

¿Cómo se rinde la prueba?

Realizarás la prueba GED® en una computadora. Si bien no se requiere ser un experto en informática para rendir la prueba GED®, debes sentirte cómodo con el uso del mouse y el teclado.

¿Cuánto dura la prueba?

Puedes elegir rendir las cuatro pruebas GED® de una sola vez o puedes rendirlas por separado. Se requieren alrededor de siete horas para rendir el examen completo. Los tiempos para cada área temática individual son los siguientes:

- Razonamiento matemático: 115 minutos
- Razonamiento a través de las artes del lenguaje: 150 minutos (incluye un descanso de 10 minutos)

- Ciencias: 90 minutos
- Estudios sociales: 90 minutos

¿Qué tipos de preguntas tiene la prueba?

La mayoría de las preguntas de la prueba GED® serán de opciones múltiples, lo que significa que tienes que seleccionar la mejor respuesta entre las cuatro opciones que se proporcionan: A, B, C, D.

Dado que rendirás la prueba en una computadora, también verás otros tipos de preguntas, que requerirán que uses el mouse para mover imágenes o que uses el teclado para escribir tu respuesta.

Arrastrar y soltar

Para este tipo de preguntas, deberás hacer clic en el objeto correcto, sostener el mouse presionado y arrastrar el objeto hasta el lugar que corresponda en el problema, diagrama, cuadro o gráfico que te hayan dado.

Arrastrar y soltar

Las preguntas de arrastrar y colocar tienen dos áreas, una muestra todas las opciones de respuesta y la otra es donde trasladarás las respuestas correctas. Tendrás que arrastrar una o más respuestas desde la primera área hasta la segunda.

Para responder a una pregunta de arrastrar y colocar, haz clic y mantén presionado el botón del mouse sobre una respuesta y muévela (arrástrala) al área correcta de la pantalla. Luego, suelta el mouse (colócala). Puedes eliminar una respuesta y cambiarla por otra en cualquier momento.

Inténtalo con la pregunta de práctica a continuación.

Práctica

○ **Arrastre y suelte las estaciones en el orden en que se producen a partir de diciembre a noviembre.**

Por supuesto que, dentro de este libro, no podrás arrastrar y soltar elementos. Para los fines de la *Práctica integral GED®*, elegirás de una lista de elementos, tal como harías en una pregunta típica de arrastrar y soltar, y escribirás la respuesta correcta en el lugar que corresponda.

Lista desplegable

En las preguntas con lista desplegable, deberás seleccionar la respuesta o frase para completar una oración o un problema de un menú que se despliega cuando haces clic en un botón.

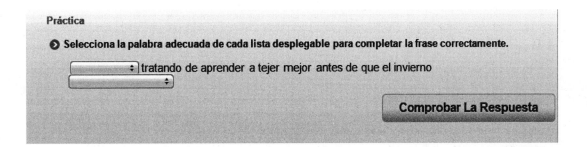

Las preguntas con lista desplegable son muy similares a las preguntas de opciones múltiples, por lo que no las verás en las dos pruebas que se presentan en este libro.

Completar espacios en blanco

Este tipo de preguntas te pide que escribas manualmente la respuesta a un problema en lugar de elegir entre diferentes opciones.

Completar espacios en blanco

Una pregunta de llenar el espacio en blanco te pide que escribas información en uno o más espacios en blanco. No se te brindan opciones de respuesta, debes pensar en lo que crees que es la respuesta correcta y escribirla en el espacio en blanco.

Para responder a la pregunta, escribe lo que crees que es la palabra o frase correcta para cada espacio en blanco.

Inténtalo con esta pregunta de práctica.

 Henry tiene $5 más que Oliver, y la misma cantidad de dinero como Murray. Juntos, tienen $85. ¿Cuánto dinero tiene Oliver?

_____ dólares.

Las preguntas con espacios en blanco para completar de este libro se ven prácticamente igual que en la prueba en línea, pero aquí, por supuesto, tendrás que escribir la respuesta a mano en lugar de hacerlo mediante el teclado.

Zona activa

En el caso de las preguntas con zona activa, se te pedirá que hagas clic en una zona de la pantalla para indicar dónde está ubicada la respuesta correcta. Por ejemplo, puede que se te pida marcar un punto haciendo clic en el gráfico en línea correspondiente o que hagas clic en cierta zona de un mapa.

Zona activa

Las preguntas de zona activa te piden que selecciones un lugar determinado en una imagen.

Para responder a la pregunta, haz clic en la zona correcta de la imagen. Puedes cambiar la respuesta simplemente al hacer clic en otra área.

Ahora, inténtalo.

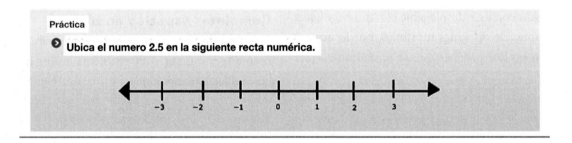

Práctica

❯ **Ubica el numero 2.5 en la siguiente recta numérica.**

En este libro, se te pedirá que dibujes un punto en sitio específico o que encierres con un círculo cierta parte de un diagrama.

Respuesta corta

Las preguntas con respuesta corta son similares a las preguntas con espacios en blanco para completar: debes escribir tu respuesta en las líneas proporcionadas para tal fin. No obstante, para estas preguntas deberás escribir un párrafo en lugar de una o dos palabras, generalmente, en respuesta a un pasaje o una imagen. Responder cada una de estas preguntas debería tomarte unos 10 minutos.

Respuesta corta y respuesta ampliada

Estos tipos de preguntas te piden que respondas a una pregunta escribiendo la respuesta en un cuadro. En las preguntas de respuesta corta y de respuesta ampliada tu respuesta puede variar desde unas pocas oraciones hasta un ensayo. Al igual que en las preguntas donde debes llenar el espacio en blanco, no se te brindan opciones de respuesta.

Para responder a estas preguntas debes sentirte cómodo escribiendo en el teclado, ya que hay un límite de tiempo para cada prueba.

- Las preguntas de respuesta corta se pueden responder con unas pocas palabras u oraciones, que probablemente completarás en unos 10 minutos.

- La pregunta de respuesta ampliada es un ensayo, y es mucho más largo, que te tomará unos 45 minutos.

Para responder a estos tipos de preguntas, escribe tu respuesta en el cuadro de texto. A continuación, verás un ejemplo de un cuadro de respuesta:

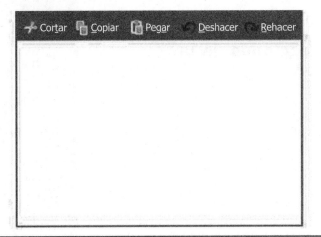

Al igual que las preguntas con espacios en blanco para contestar, las preguntas de respuesta corta en este libro se ven muy similares a lo que verás en línea: simplemente, tendrás que escribir tu respuesta en lugar de teclearla.

Respuesta ampliada

Para las preguntas de respuesta ampliada en el examen RAL, dispondrás de 45 minutos para leer uno o dos pasajes con información (de un total de entre 550 y 650 palabras) y escribir una respuesta con la computadora mediante un procesador de palabras sencillo. En esta pregunta debes leer el texto indicado (el pasaje que se muestra), crear un argumento basado en él y escribir un ensayo bien fundado, con pruebas y ejemplos.

Al usar este libro, puedes elegir escribir el ensayo manualmente o en una computadora.

¿Cuándo y dónde puedo rendir la prueba?

Tienes tres oportunidades al año para rendir cada una de las áreas temáticas de la prueba. Para encontrar un centro de pruebas GED®, visita el siguiente vínculo, selecciona tu ubicación e ingresa tu código postal:

www.gedtestingservice.com/testers/
locate-a-testing-center.

Puedes inscribirte en línea para cualquiera o para todas las pruebas GED® con el vínculo de arriba, según la disponibilidad de vacantes en tu zona.

¿Qué costo tiene la prueba?

Cada una de las cuatro pruebas GED® cuesta $30, lo que hace a un total de $120 por las cuatro. Puedes pagar por una o todas las partes de la prueba que estés preparado para rendir. Puede que haya honorarios adicionales, según el estado en el que rindas la prueba. Visita el sitio web oficial de la prueba GED® para ver todos los detalles sobre la prueba.

¿Cómo se califican las pruebas?

Se requiere una puntuación mínima de 150 para aprobar cada prueba. Cada pregunta de la prueba GED® tiene un valor de puntos diferente según su dificultad. Conocerás tu puntuación o puntuaciones el mismo día que rindas la prueba.

Acerca de las secciones de la prueba

Antes de que comiences con las pruebas de este libro, veamos cada una de las secciones de la prueba GED®.

Razonamiento matemático

En la prueba GED® sobre Razonamiento matemático, dispondrás de 115 minutos (casi dos horas) para responder 45 preguntas. Estas preguntas corresponderán a dos áreas: Resolución de problemas cuantitativos y resolución de problemas algebraicos.

Las preguntas sobre resolución de problemas cuantitativos cubren conceptos matemáticos básicos, tales como multiplicación, factores, exponentes, valores absolutos, proporciones, promedios y probabilidades.

Las preguntas sobre resolución de problemas algebraicos cubren conceptos básicos de álgebra, como ecuaciones lineales, ecuaciones cuadráticas, funciones, desigualdades lineales, entre otros.

Calculadora

Dispondrás de una calculadora en línea, llamada **TI-30XS MultiView** (cuya imagen se muestra abajo), para la mayoría de las preguntas de la sección sobre Razonamiento matemático.

Las primeras cinco preguntas serán preguntas para las que no necesitarás calculadora, pero, para el resto de la prueba, tendrás la calculadora en pantalla para que puedas usarla. Si nunca antes usaste la calculadora TI-30XS MultiView u otra calculadora científica, practica antes de rendir la prueba real.

GED® Testing Service ha creado una hoja de referencia con las funciones y botones de una calculadora, y videos con tutoriales en su sitio web para ayudarte a practicar. Esta hoja de referencia también estará disponible para que la uses durante la prueba. No obstante, deberías practicar las funciones de la calculadora hasta saber manejarlas bien ANTES de rendir la prueba. No querrás perder tiempo leyendo las instrucciones mientras estás respondiendo los ejercicios el día de la prueba.

Puedes encontrar la hoja de referencia en www.gedtestingservice.com

Fórmulas

Durante la prueba, dispondrás de una lista de fórmulas que podrás usar. No obstante, esta lista NO incluirá las fórmulas básicas, tales como las utilizadas para calcular el área de un rectángulo o un triángulo, o la circunferencia de un círculo, o el perímetro de figuras geométricas. Se espera que ya conozcas esas fórmulas y sepas usarlas.

Consulta el Apéndice de la página 285 para ver la lista de fórmulas que te darán el día de la prueba.

Razonamiento a través de las artes del lenguaje

La prueba GED® de Razonamiento a través de las artes del lenguaje (RAL) pone a prueba tus habilidades de lectura, redacción y dominio del idioma. Las preguntas de esta sección te pedirán que hagas cosas tales como reconocer la idea principal o el tema de un pasaje de lectura, o que determines el significado de ciertas palabras dentro de un pasaje. La sección RAL también comprueba tu conocimiento de gramática, estructura de las oraciones y la mecánica del lenguaje. Perfeccionar tus habilidades de lectura y escritura es importante para la prueba GED®, y no solo para la sección RAL: la prueba GED® sobre Estudios Sociales y la prueba GED® sobre Ciencias también evalúan tu capacidad de comprender y comunicar ideas a través de la escritura.

La prueba RAL consta de 48 preguntas generales y una pregunta de respuesta ampliada. Tendrás 150 minutos para completar todo el examen, con un descanso programado de 10 minutos.

En el caso de la mayoría de las preguntas de la prueba RAL, te darán un pasaje de lectura seguido de entre seis y ocho preguntas para comprobar tu capacidad de comprender y analizar lo que acabas de leer.

En la prueba GED® de RAL suelen usarse listas desplegables para evaluar la mecánica del idioma y la gramática. Las preguntas con lista desplegable se encuentran a mitad de un párrafo. Se te pedirá que abras la lista desplegable de un menú que tiene varias opciones de oración, y que elijas la que mejor se adecua gramaticalmente a la oración de contexto.

Práctica

◉ Selecciona la palabra adecuada de cada lista desplegable para completar la frase correctamente.

[▲▼] tratando de aprender a tejer mejor antes de que el invierno

[▲▼]

Comprobar La Respuesta

Tipos de pasaje para las preguntas sobre lectura

El 25 por ciento de los pasajes de lectura de la prueba RAL serán sobre literatura: ficción histórica y moderna, así como biografías o ensayos no ficcionales. Puede que, por lo general, identifiques la literatura con la ficción (historias inventadas), pero los textos literarios también pueden ser no ficcionales (historias verdaderas).

El 75 por ciento de los pasajes de lectura provendrá de textos informativos, incluidos documentos típicos de un lugar de trabajo (como memorandos o cartas). Estos pasajes suelen cubrir temas de los estudios sociales y las ciencias. La prueba RAL también contiene pasajes históricos que se consideran parte de la "gran conversación estadounidense", como documentos, ensayos y discursos que han ayudado a forjar la historia de Estados Unidos.

La prueba RAL no incluye poesía ni pasajes dramáticos.

Pregunta de respuesta ampliada

Tal como viste antes en el capítulo, para la pregunta de respuesta ampliada, deberás buscar y usar la información contenida en el pasaje (o pasajes) de lectura para responder la pregunta en un ensayo minuciosamente planificado. Se te pedirá que analices un tema y, probablemente, también se te pedirá que brindes tu opinión sobre lo que has leído. Dispondrás de 45 minutos del tiempo total de la prueba RAL para completar este ensayo: eso incluye pensar el tema, escribir un borrador, redactar la versión final y revisar tu trabajo.

Ciencias

La prueba GED® sobre Ciencias se centra en el razonamiento científico y comprueba si puedes entender y aplicar principios de las ciencias a situaciones del mundo real. Se compone de 35 preguntas, y dispondrás de 90 minutos para responderlas.

Esta prueba incluirá pasajes de lectura, gráficos y cuadros. La mayor parte de la información que

necesitas para responder las preguntas estará dentro del examen mismo, ya sea en forma de diagrama o en un pasaje. La prueba *no* requiere que memorices datos científicos de antemano.

Los temas sobre ciencias que se incluyen en la prueba GED® sobre Ciencias son los siguientes:

- **Ciencias físicas**: 40% de las preguntas
- **Ciencias biológicas**: 40% de las preguntas
- **Ciencias de la Tierra y el espacio**: 20% de las preguntas

En la prueba GED® sobre Ciencias, las ciencias físicas incluyen la física y la química que se enseñan en la escuela secundaria, y abarca la estructura de los átomos, la estructura de la materia, las propiedades de la materia, las reacciones químicas, la conservación de masa y energía, el aumento del desorden, las leyes del movimiento, fuerzas y las interacciones de la energía y la materia.

Las ciencias biológicas abarcan los temas tratados en las clases de biología de la escuela secundaria; por ejemplo, la estructura de las células, la herencia, la evolución biológica, la conducta y la interdependencia de los organismos.

Las preguntas relativas a la Tierra y el espacio evaluarán tu conocimiento de la Tierra y el sistema solar, los ciclos geoquímicos, el origen y la evolución de la Tierra y el universo, y la energía en el sistema de la Tierra.

Estudios sociales

La prueba GED® sobre Estudios Sociales se compone de 35 preguntas generales y una de respuesta ampliada. Dispondrás de 65 minutos para responder las preguntas generales y de 25 minutos para escribir tu ensayo. Las preguntas de esta prueba se basan en información que te será proporcionada, tal como textos breves, fragmentos de discursos, mapas, gráficos y tablas. Al igual que en el examen GED® sobre Ciencias, la información que necesitarás para responder las preguntas de la prueba GED® sobre Estudios

Sociales estará incluida en los pasajes, las historietas políticas, los mapas y demás información que se presente en la prueba. No necesitarás memorizar nombres, fechas, lugares ni hechos con anticipación.

Al igual que en la prueba GED® de RAL, muchos de los textos breves que se presentan se extraerán de materiales que reflejan "la gran conversación estadounidense", lo cual incluye documentos como la Declaración de la Independencia y otros notables textos que forman parte de la historia de los Estados Unidos.

El examen sobre Estudios Sociales se centrará en cuatro áreas:

- **Educación Cívica y Gobierno**: aproximadamente, el 50% de las preguntas.
- **Historia de los Estados Unidos**: el 20% de las preguntas.
- **Economía**: el 15% de las preguntas.
- **Geografía y el Mundo**: 15% de las preguntas

¡Buena suerte!

Ahora que ya te has familiarizado con la prueba GED®, puedes comenzar con tu práctica integral. Los exámenes de este libro están diseñados para asemejarse lo más posible a las pruebas reales que verás el día del examen. Cada pregunta de los exámenes que se incluyen en el libro viene acompañada de una explicación muy detallada sobre sus respuestas: podrás ver no solo por qué la respuesta correcta es la adecuada sino también por qué las otras son incorrectas. Verás ensayos de ejemplo con diferentes niveles de puntuación para las preguntas de respuesta ampliada.

La mejor de las suertes en tu viaje de estudio para la prueba GED® y en la prueba en sí.

2 ▶ PRUEBA GED® SOBRE RAZONAMIENTO MATEMÁTICO 1

Esta prueba de práctica se preparó siguiendo el formato, el contenido y el tiempo de la prueba GED® oficial sobre Razonamiento matemático. Al igual que en la prueba oficial, las preguntas de esta práctica se enfocan en tus habilidades para resolver problemas cuantitativos y algebraicos.

Puedes consultar la hoja de fórmulas del Apéndice en la página 285 mientras completas este examen. Responde las preguntas 1 a 5 *sin* utilizar una calculadora. Puedes usar una calculadora científica (o de cualquier tipo) para las demás preguntas del examen.

Antes de comenzar, es importante que sepas que deberías trabajar cada pregunta en forma detallada, pero sin pasar demasiado tiempo en una misma pregunta. Debes responder todas las preguntas.

Coloca una alarma a los 115 minutos (1 hora y 55 minutos) e intenta completar este examen sin interrupciones, en silencio.

Después del examen, encontrarás explicaciones detalladas de las respuestas para todas las preguntas del examen. ¡Buena suerte!

45 preguntas
115 minutos

1. José posee v número de videojuegos. Harry tiene el doble del número de videojuegos que posee José menos 10… ¿Qué expresión representa el número de videojuegos que Harry posee en términos de *v*?
  a. $10v - 2$
  b. $2v - 10$
  c. $2(v - 10)$
  d. $10(v - 2)$

2. ¿Cuál de las siguientes expresiones es equivalente a $\frac{\sqrt[3]{9} \times \sqrt[3]{18}}{3}$?
  a. $\sqrt[3]{2}$
  b. $3\sqrt[3]{2}$
  c. $\sqrt[3]{6}$
  d. $\sqrt[3]{18}$

3. Escribe tu respuesta en la casilla.

Simplifica la expresión completamente. Asegúrate de formular tu respuesta usando radicales.

$$\frac{\sqrt{72}}{\sqrt{36}}$$

4. ¿Cuáles son las coordenadas del punto mostrado en la gráfica anterior?

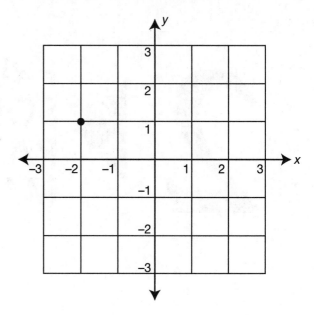

5. Como parte de un juego, Gilbert debe tomar un número y usar un procedimiento especial para obtener un nuevo número. Para llegar a dicho número, Gilbert toma el número original, lo eleva al cubo y le suma 5, y finalmente lo multiplica por 2. Si el número original es representado por *x*, ¿cuál de las siguientes expresiones representa el nuevo número de Gilbert?
  a. $2(3x + 5)$
  b. $2(x^3 + 5)$
  c. $2x^3 + 5$
  d. $x^6 + 5$

6. La suma del número *n* y 4 es menor que 5 veces el número *m*. Si *m* es 6, entonces ¿cuál de las siguientes expresiones es verdadera?
  a. *n* es mayor que 6
  b. $n + 4$ es menor que 26
  c. *n* es menor que 26
  d. *n* es igual a 26

7. Escribe tu respuesta en la casilla.

Una compañía paga a sus executivos de ventas un sueldo base de $450.00 por semana más un 4% de comisión sobre cualquier venta que haga el empleado. Si un empleado vende $1,020 en una semana, ¿de qué cantidad sería su cheque de pago total para esa semana?

8. El diámetro de un círculo es de 10 metros. En metros, ¿cuál de las siguientes es la circunferencia de este círculo?

a. 5π

b. 10π

c. 25π

d. 100π

9. ¿Cuál de las siguientes expresiones es equivalente a $(\frac{3}{4})^3$?

a. $\frac{3^3}{4^3}$

b. $\frac{3 \times 3}{4 \times 3}$

c. $\frac{3^3}{4}$

d. $\frac{3}{4 \times 3}$

10. Escribe tu respuesta en la casilla.

La línea n es paralela a la línea $y = 3x - 7$ y pasa por el punto $(5,1)$. ¿En qué punto se cruza la línea n con el eje y?

11. Una línea pasa por el punto $(4,0)$ y tiene una pendiente de $-\frac{1}{2}$. ¿Cuál es la ecuación de esta línea?

a. $y = -\frac{1}{2}x + 2$

b. $y = -\frac{1}{2}x - 2$

c. $y = -\frac{1}{2}x + 4$

d. $y = -\frac{1}{2}x - 4$

12. ¿Cuál es el valor de $f(-1)$ si $f(x) = 3(x - 1)^2 + 5$?

a. 8

b. 11

c. 15

d. 17

13. ¿Cuál es la ecuación de la línea que pasa por los puntos $(-2,1)$ y $(4,5)$ en el plano de coordinadas cartesianas?

a. $y = \frac{2}{3}x - \frac{4}{3}$

b. $y = \frac{2}{3}x - \frac{1}{3}$

c. $y = \frac{2}{3}x + \frac{7}{3}$

d. $y = \frac{2}{3}x + 4$

14. Una escalera de 9 pies es colocada sobre el lado de un edificio de manera que el extremo superior de la escalera alcanza una ventana que está a 6 pies del piso. Aproximando al decimal más cercano de un pie, ¿cuál es la distancia del extremo inferior de la escalera al edificio?

a. 1.7

b. 2.4

c. 6.7

d. 10.8

15. La siguiente figura representa la tasa de enfriamiento de un material particular después de que fue colocado en un baño super frío.

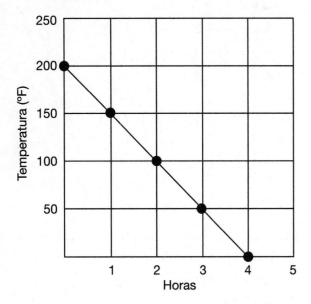

Si la temperatura, en Fahrenheit, es representada por T y el número de horas transcurridas es representado por H, entonces ¿cuál de la siguientes expresiones representaría a una situación donde la tasa de enfriamiento es más rápida que la tasa indicada en el gráfico?

a. $T = -25H + 150$

b. $T = -60H + 300$

c. $T = -10H + 200$

d. $T = -50H + 250$

16. En un estudio de sus empleados, una compañía encontró que cerca del 50% pasó más de 2 horas al día redactando y leyendo correos electrónicos. La distribución general del tiempo que los empleados invirtieron en estas actividades fue inclinado a un tiempo promedio de aproximadamente 2.5 horas.

Para crear un diagrama de cajas con esta información, ¿en qué valor debe usted colocar una línea vertical para indicar la mediana?

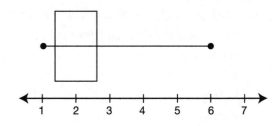

Horas al día gastadas en correos electrónicos

17. ¿Cuál es la ecuación de la línea presentada en la siguiente figura?

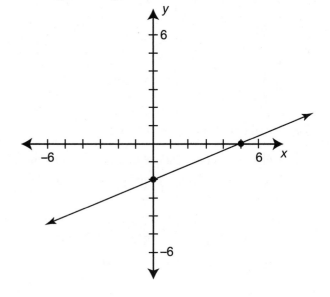

a. $y = \frac{2}{5}x - 2$

b. $y = -\frac{2}{5}x - 2$

c. $y = \frac{2}{5}x + 5$

d. $y = -\frac{2}{5}x - 5$

18. ¿Cuál es una solución positiva para la ecuación $x^2 - 5x = 14$?

a. 2

b. 7

c. 5

d. 9

19. ¿Cuál es la pendiente de la línea representada por la ecuación $10x - y = 2$?

a. -1

b. 2

c. 5

d. 10

20. ¿Cuál de las siguientes expresiones es equivalente a $5^{\frac{1}{2}} \times 5^2$?

a. $5^{-\frac{3}{2}}$

b. 5

c. $5^{\frac{5}{2}}$

d. $5^{\frac{1}{4}}$

21. Una pieza especializada para un proceso manufacturero tiene un grosor de 1.2×10^{-3} pulgadas. Aproximando a diez milésimo de una pulgada, ¿cuál sería el grosor de un paquete compuesto por diez de esas piezas colocadas juntas?

a. 0.0001

b. 0.0012

c. 0.0120

d. 0.1200

22. Una línea es perpendicular a la línea $y = \frac{5}{6}x + 1$ y tiene una intercepción con el eje y de $(0,-4)$. ¿Cuál es la ecuación de esta línea?

a. $y = -4x + 1$

b. $y = \frac{5}{6}x - 4$

c. $y = -\frac{6}{5}x + 1$

d. $y = -\frac{6}{5}x - 4$

23. ¿Cuál de las siguientes expresiones es equivalente a $\frac{3}{x} \div \frac{5x}{2}$ para una x diferente de cero?

a. $\frac{6}{5x^2}$

b. $\frac{15x^2}{2}$

c. $\frac{3}{2}$

d. $\frac{15}{2}$

24. Una fábrica es capaz de producir al menos 16 artículos, pero no más de 20, por cada hora que permanece abierta. Si la fábrica está abierta por 8 horas al día, ¿cuál de los siguientes son números posibles de artículos producidos por la fábrica en un período de 7 días de trabajo?

a. entre 128 y 160 artículos

b. entre 128 y 1,120 artículos

c. entre 750 y 910 artículos

d. entre 896 y 1,120 artículos

25. Una bolsa de papas de 32 onzas tiene un costo al consumidor de $3.45. Aproximando al centésimo más cercano en centavos, ¿cuál es el precio por onza de este artículo?

a. 9.3

b. 10.8

c. 28.5

d. 35.45

26.

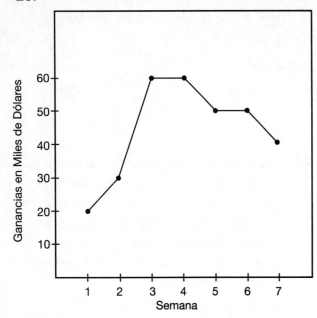

La gráfica mostrada aquí representa la ganancia total semanal de una compañía en un período de varias semanas. ¿En cuál de los siguientes períodos se ha incrementado la ganancia semanal?

a. entre las semanas 2 y 3
b. entre las semanas 3 y 4
c. entre las semanas 4 y 5
d. entre las semanas 6 y 7

27. Para la gráfica de la ecuación $3x - 2y = 1$, seleccione el valor correcto en el cual la línea intercepta el eje y.

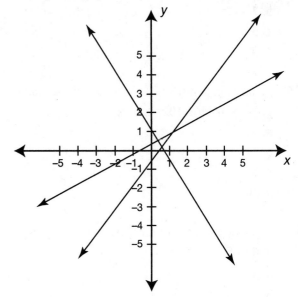

a. $-1\frac{1}{2}$

b. $-\frac{1}{2}$

c. $\frac{1}{2}$

d. $1\frac{1}{2}$

28. Una línea m es perpendicular a la línea $y = -x + 5$. Si m pasa por los puntos $(0,-2)$ and $(x,5)$, ¿Cuál es el valor de x?

a. 0
b. 3
c. 7
d. 10

29. ¿Cuál de las siguientes es equivalente a la expresión numérica $\sqrt{2}(\sqrt{18} - \sqrt{6})$?

a. $4\sqrt{3}$
b. $5\sqrt{6}$
c. $6 - \sqrt{3}$
d. $6 - \sqrt{6}$

30. Un fabricante de productos de belleza ha estado investigando la manera en que la gente usa varios de estos productos. Después de muchas encuestas, se han recopilado los datos que se muestran en el siguiente diagrama de dispersión, el cual muestra la cantidad de tiempo que los participantes pasaron en sus rutinas de belleza matutinas en una mañana típica versus la cantidad de dinero que los participantes gastaron por mes en productos de belleza.

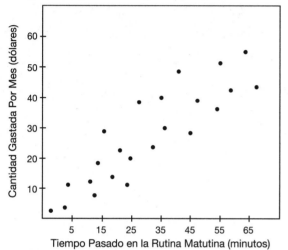

Dado este argumento, ¿cuál de los siguientes enunciados describe mejor la relación entre la cantidad de tiempo transcurrido y la cantidad de dinero gastado?

a. En general, cuanto más tiempo la gente pasa en su rutina de belleza matutina, más dinero gasta por mes en productos de belleza.

b. En general, cuanto más tiempo la gente pasa en su rutina de belleza matutina, menos dinero la gente gasta por mes en productos de belleza.

c. En general, la cantidad de tiempo que la gente pasa en su rutina de belleza matutina era casi la misma que la cantidad de dinero que la gente gasta en dólares en productos de belleza.

d. En general, no hay una relación clara entre la cantidad de tiempo que la gente pasa en su rutina de belleza y la cantidad de dinero que la gente gasta por mes en productos de belleza.

31. Una senda para caminar se extiende por 11,088 pies de largo. Si una milla es 5,280 pies, ¿cuántas millas de largo tiene la senda para caminar?
  a. 0.2
  b. 0.5
  c. 1.6
  d. 2.1

32. El producto de $x^2 - 6$ y x^4 es:
  a. $x^8 - 6$
  b. $x^6 - 6$
  c. $x^6 - 6x^4$
  d. $x^8 - 6x^4$

33. La siguiente tabla indica el comportamiento del precio de una acción de una compañía dada durante varias semanas

FIN DE	CAMBIO
Semana 1	Se incrementa $5.00
Semana 2	Disminuye en 10%
Semana 3	Disminuye $1.10
Semana 4	Duplica su valor

Si una acción de esa compañía valía $10.15 al inicio de la semana 1, ¿cuál era el valor de una acción de esta compañía al final del semana 4?

  a. $25.07
  b. $29.46
  c. $32.20
  d. $50.12

34. ¿Cuál es la moda del set de datos 9, 4, −1, 12, 4, 8, 7?
  a. −1
  b. 4
  c. 7
  d. 13

35. Hay un total de 48 solicitantes para un trabajo. De estos solicitantes, 20 tienen un título universitario, 15 tienen cinco años de experiencia profesional y 8 tienen un título universitario y cinco años de experiencia profesional. Si un solicitante para el trabajo es seleccionado al azar, ¿cuál es la probabilidad, aproximando al decimal más cercano, de que el solicitante tenga un título universitario o que tenga 5 años de experiencia profesional?

a. 41.7%
b. 56.3%
c. 72.9%
d. 89.6%

36. Un cliente usa dos cupones para comprar un producto de una abarrotería. El precio original del producto era $8.30. Si el precio final pagado por el cliente fue $7.00 y cada cupón le da el mismo descuento, ¿cuál fue el valor del descuento obtenido con un simple cupón?

a. $0.65
b. $0.90
c. $1.30
d. $2.60

37. Escribe tu respuesta en la casilla.

Lee está planeando comprar un nuevo televisor y ha estado viendo el precio de un modelo en particular desde el mes pasado. El mes pasado, el precio era de $309.99 mientras que este mes, el precio es $334.99. Aproximando al decimal más cercano, ¿en qué porcentaje se incrementó el precio en el último mes?

 %

38. ¿Cuál de las siguientes expresiones son dos soluciones para la ecuación $x^2 - 2x - 3 = 0$?

a. 3 y −1
b. −3 y 1
c. −3 y −2
d. 2 y 2

39. ¿Cuál de las siguientes expresiones representa el set de solución de la igualdad $x + 2 > 5$?

a. $\{x: x > 10\}$
b. $\{x: x > 7\}$
c. $\{x: x > 3\}$
d. $\{x: x > 2.5\}$

40. ¿Cuál es el valor de $\frac{x-5}{x^2-1}$ si $x = \frac{1}{2}$?

a. −10
b. $\frac{3}{2}$
c. 6
d. 0

41.

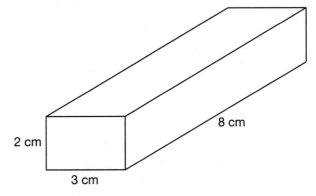

¿Aproximando al centímetro cúbico más cercano, cuál es el volumen de la figura anterior?

a. 6
b. 24
c. 48
d. 108

42. El gráfico de barras representa el valor total de las ventas en dólares de cuatro productos en julio.

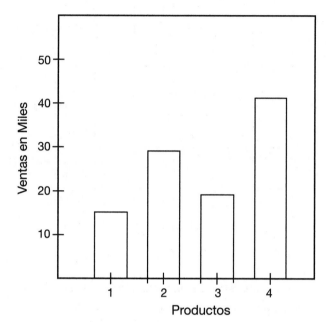

¿Cuáles son los dos productos que registraron más de $50,000 en ventas en julio?
a. Productos 1 y 2
b. Productos 2 y 3
c. Productos 2 y 4
d. Productos 1 y 3

43. La superficie del área de una esfera es de 36π metros cúbicos. Aproximando al metro más cercano ¿cuál es el diámetro de esta esfera?
a. 3
b. 6
c. 12
d. 24

44. ¿Qué valor de x satisface el sistema de ecuaciones $x - 2y = 8$ y $x + 2y = 14$?
a. −6
b. 11
c. Hay valores infinitos para x los cuales satisfacen este sistema.
d. No hay valores de x que satisfagan este sistema.

45. $(x^2 + 5) - (x^2 - x) =$
a. $5 + x$
b. $5 - x$
c. $2x^2 - 5x$
d. $2x^2 + x + 5$

Respuestas y Explicaciones

1. **La opción b es correcta.** "Menos 10" implica que 10 debe ser sustraído del próximo término expresado. Ese término es "2 veces el número de videojuegos que José posee" o $2v$.

   La opción **a** es incorrecta. Esta expresión representa 10 veces el número de videojuegos que José posee menos 2.

   La opción **c** es incorrecta. Esta expresión representa 2 veces el número de videojuegos que José posee menos 10.

   La opción **d** es incorrecta. Esta expresión representa 10 veces el número de videojuegos que José posee menos 2.

2. **La opción c es correcta.** El producto en el numerador puede ser escrito como $\sqrt[3]{3 \times 3 \times 3 \times 6} = 3\sqrt[3]{6}$. El 3 en el denominador cancela el 3 a la izquierda de la raíz.

   La opción **a** es incorrecta. El numerador es obtenido de un producto. El denominador sólo puede cancelar un factor del numerador.

   La opción **b** es incorrecta. El denominador no puede cancelar a un factor elevado a la raíz cúbica.

   La opción **d** es incorrecta. La raíz cúbica de 9 no es 3.

3. **Respuesta correcta:** $\sqrt{2}$

   Dos factores de 72 son 2 y 36. Además, $\frac{\sqrt{a}}{\sqrt{b}} = \sqrt{\frac{a}{b}}$ para números positivos de a y b.

   Usando estas propiedades, $\frac{\sqrt{72}}{\sqrt{36}} = \frac{\sqrt{2 \times 36}}{36} = \sqrt{2}$.

4.

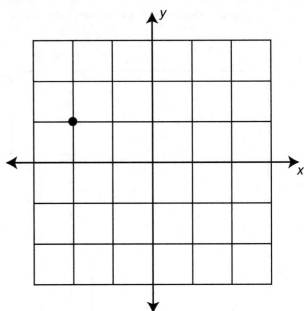

La respuesta a es correcta. El primer término del par ordenado es la coordenada x. Ya que este es negativo, el punto estará en el lado izquierdo del eje y. El segundo término es la coordenada y. Esto indica cuántas unidades arriba del eje x está localizado el punto.

La respuesta **b** es incorrecta. Este punto estará en el primer cuadrante, en el área superior derecha de la gráfica.

La respuesta **c** es incorrecta. Este punto estará en el cuarto cuadrante, en el área inferior derecha de la gráfica.

La respuesta **d** es incorrecta. Este punto estará en el tercer cuadrante, en el área inferior izquierda de la gráfica.

5. **La opción b es correcta.** Elevar al cubo significa elevar el número a la tercera potencia. Sumando 5 a esta expresión nos da $x^3 + 5$. Finalmente, multiplicando este por 2 nos lleva a $2(x^3 + 5)$.

   La opción **a** es incorrecta. Esta representa multiplicar el número por 3 como el primer paso. Elevar al cubo significa que el número debe ser elevado a la tercera potencia.

   La opción **c** es incorrecta. Esta resulta de multiplicar por dos antes de sumar 5.

   La opción **d** es incorrecta. Dos veces x al cubo no es equivalente a elevar x a la 60 potencia.

6. **La opción c es correcta.** El enunciado original puede ser escrito como $n + 4 < 5m$. Dado el valor de m, $5m = 5 \times 6 = 30$ así $n + 4 < 30$. Esto puede ser simplificado más a $n < 26$.

   La opción **a** es incorrecta. El enunciado original puede ser escrito como $n + 4 < 5m$. Nada en este enunciado define un valor en el cual n sea mayor.

   La opción **b** es incorrecta. El enunciado original puede ser escrito como $n + 4 < 5m$. Dado el valor de m, $5m = 5 \times 6 = 30$ así $n + 4 < 30$. Mientras $n < 26$, no es necesariamente cierto que $n + 4 < 26$.

   La opción **d** es incorrecta. El enunciado original puede ser escrito como $n + 4 < 5m$. Nada en este enunciado define un valor en el que n sea igual a 26.

7. **Respuesta correcta: $490.80**

   El empleado recibe un pago de 4% de comisión sobre sus ventas de $1,020. Por lo tanto, él recibirá un pago de $0.04 \times 1,020 = 40.80$ por sus ventas. Esto se suma a su sueldo base semanal de $450. Por lo tanto, su cheque de pago total será de $450 + 40.80 = 490.80$

8. **La opción b es correcta.** El radio del círculo es 5 y la circunferencia es $2 \times \pi \times$ (radio) o 10π. Esto también puede encontrarse simplemente multiplicando el diámetro por π.

   La opción **a** es incorrecta. El radio del círculo es 5 y debe ser duplicado para encontrar la circunferencia.

   La opción **c** es incorrecta. Esta es el área del círculo, la cual se encuentra elevando el radio al cuadrado y multiplicándolo por π.

   La opción **d** es incorrecta. El diámetro no necesita elevarse al cuadrado para encontrar la circunferencia.

9. **La opción a es correcta.** Cuando se aplica un exponente a una fracción, esto equivale a aplicar ese exponente al numerador y al denominador.

   La opción **b** es incorrecta. Un exponente de tres no es equivalente a multiplicar por 3.

   La opción **c** es incorrecta. El exponente debe ser aplicado a ambos: el numerador y el denominador.

   La opción **d** es incorrecta. Un exponente de tres no es equivalente a multiplicar por 3 y debe ser aplicado a ambos: el numerador y el denominador.

10. **Respuesta correcta: (0,–14)**

    Ya que n es paralela a la línea dada, debe tener la misma pendiente: 3. Dado esto y el punto por el que pasa n, nosotros podemos usar la fórmula de la pendiente del punto para determinar la ecuación para n.

    $$y - 1 = 3(x - 5)$$
    $$y - 1 = 3x - 15$$
    $$y = 3x - 14$$

    Ya que la ecuación tiene la forma $y = mx + b$, podemos ver que el eje y es interceptado en –14. Por definición, esto significa que la línea pasa sobre el eje y en el punto (0,–14).

11. La opción a es correcta. La respuesta está en la forma $y = mx + b$. Usando la información dada, cuando $x = 4$, $y = 0$, y la inclinación es de $m = -\frac{1}{2}$, esto da la ecuación $0 = -\frac{1}{2}(4) + b$, la cual tiene una solución de $b = 2$.

La opción **b** es incorrecta. Al resolver para b el punto de intercepción en el eje y, el -2 debe ser agregado a ambos lados de la ecuación.

La opción **c** es incorrecta. El punto dado $(4,0)$ no es un punto que intercepte al eje y, es un punto que intercepta al eje x. La ecuación $y = mx + b$ usa una intercepción en el eje y.

La opción **d** es incorrecta. Si la intercepción del eje x es $(4,0)$ como se ha dado, la intercepción del eje y será de -4 sólo si la pendiente es de 1. Aquí la pendiente es de $-\frac{1}{2}$.

12. La opción d es correcta. Se sustituye -1 por x, $f(-1) = 3(-1 - 1)^2 + 5 = 3(-2)^2 + 5 = 3(4) + 5 = 12 + 5 = 17$.

La opción **a** es incorrecta. Cuando sustituye -1 por x, $x - 1$ representa $-1 - 1 = -2$, es decir, no multiplica.

La opción **b** es incorrecta. No es cierto que $(x - 1)^2 = x^2 + 1$.

La opción **c** es incorrecta. Por el orden de las operaciones, la resta dentro de los paréntesis así como las operaciones de elevar al cuadrado deben ser realizadas antes de la multiplicación por 3.

13. La opción c es correcta. Primero usamos la fórmula de la pendiente: $m = \frac{5 - 1}{4 - (-2)} = \frac{4}{6} = \frac{2}{3}$. Luego, aplicamos la fórmula de punto-pendiente que tenemos.

$$y - 1 = \tfrac{2}{3}(x - (-2))$$
$$y - 1 = \tfrac{2}{3}(x + 2)$$
$$y - 1 = \tfrac{2}{3}x + \tfrac{4}{3}$$
$$y = \tfrac{2}{3}x + \tfrac{4}{3} + 1 = \tfrac{2}{3}x + \tfrac{7}{3}$$

La opción **a** es incorrecta. La fórmula de intercepción del punto x_1 y y_1 deben venir del mismo punto.

La opción **b** es incorrecta. Cuando el punto $(-2,1)$ es usado en la fórmula de pendiente del punto, el resultado es $y - 1 = m(x - (-2))$. Al lado derecho de esta ecuación, 2 acaba siendo positivo.

La opción **d** es incorrecta. La pendiente se encuentra usando el cambio en y en el numerador. $m = \frac{5 - 1}{4 - (-2)} = \frac{4}{6} = \frac{2}{3}$.

14. La opción c es correcta. Usando el teorema de Pitágoras, la hipotenusa de un triángulo recto formado por la escalera y el edificio es 9 mientras que la longitud de un lado es 6. Esto nos lleva a la ecuación $6^2 + b^2 = 9^2$ or $b^2 = 81 - 36 = 45$. Por lo tanto, $b = \sqrt{45} \approx 6.7$.

La opción **a** es incorrecta. Los términos en el teorema de Pitágoras son elevados al cuadrado.

La opción **b** es incorrecta. Aplicando el teorema de Pitágoras a este problema llegamos a la ecuación $6^2 + b^2 = 9^2$. El exponente de dos indica que el término se debe multiplicar por sí mismo, no por dos.

La opción **d** es incorrecta. La longitud de la escalera representa la hipotenusa, o c, en el teorema de Pitágoras.

15. La opción b es correcta. La tasa de enfriamiento indicada en el gráfico es la pendiente de la línea pasando por los puntos (0,200) y (4,0). Esta pendiente es –50, lo cual implica que el material está perdiendo 50 grados cada hora. La pendiente de la ecuación en esta respuesta es –60, lo cual implica que el material está perdiendo 60 grados cada hora, una tasa más rápida de enfriamiento.

La opción **a** es incorrecta. Esta pendiente implica que el material está perdiendo 25 grados cada hora, lo cual indica una tasa más lenta de enfriamiento.

La opción **c** es incorrecta. Esta pendiente implicaría que el material está perdiendo 10 grados cada hora, lo cual indica una tasa más lenta de enfriamiento.

La opción **d** es incorrecta. Esta pendiente indicaría que el material está perdiendo 50 grados cada hora, lo cual indica la misma tasa de enfriamiento que es dada en el gráfico.

16.

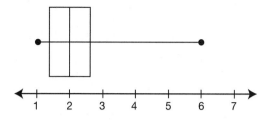

Horas al día gastadas en correos electrónicos

La opción b es correcta. La mediana es el punto en el cual el 50% de los datos están por encima del punto y el 50% por debajo. El enunciado "50% pasó más de 2 horas al día redactando o leyendo correos electrónicos" indica que la mediana del set de datos es 2.

La opción **a** es incorrecta. La mediana es el punto en el cual el 50% de los datos están por encima del punto y el 50% por debajo.

La opción **c** es incorrecta. La mediana es el punto en el cual el 50% de los datos están por encima del punto y el 50% por debajo. La media, o el promedio, de los datos es 2.5 horas, pero no es la mediana.

La opción **d** es incorrecta. La mediana es el punto en el cual el 50% de los datos están por encima del punto y el 50% por debajo.

17. La opción a es correcta. Usando los dos puntos dados, cada vez que y se incrementa en 2 unidades, x se incrementa en 5 unidades. Esto significa que la pendiente debe ser $m = \frac{2}{5}$ (el cambio en y se divide entre el cambio en x). Luego, la intercepción del eje y es $b = -2$. Usando la ecuación $y = mx + b$ nosotros tenemos $y = \frac{2}{5}x - 2$.

La opción **b** es incorrecta. La línea sube de izquierda a derecha, por lo tanto la pendiente debe ser positiva.

La opción **c** es incorrecta. La intercepción del eje x no se usa cuando se escribe la ecuación como $y = mx + b$. De hecho, b representa la intercepción en el eje y.

La opción **d** es incorrecta. La línea sube de izquierda a derecha; por lo tanto, la pendiente debe ser positiva. Adicionalmente, la intercepción en el eje y es -2 no 5.

18. La opción b es correcta. Si reescribimos la ecuación sustrayendo 14 de ambos lados nos lleva a la ecuación cuadrática $x^2 - 5x - 14 = 0$. El lado izquierdo de la ecuación puede ser factorizado así: $(x - 7)(x + 2)$, lo que indica que las soluciones son 7 y -2.

La opción **a** es incorrecta. Una vez que la ecuación cuadrática es reescrita y factorizada, la regla de producto cero enuncia que $x - 7 = 0$ o $x + 2 = 0$. Por lo tanto una de las soluciones es -2 en vez de 2.

La opción **c** es incorrecta. Para factorizar la ecuación cuadrática reescrita, encuentra factores de 14 que sumen -5 en vez de números que sumen -14.

La opción **d** es incorrecta. Para factorizar la ecuación cuadrática reescrita, encuentra los factores de 14 que suman -5 en vez de números que suman -14.

19. La opción d es correcta. Para encontrar la pendiente de la recta con esta ecuación, mueva la variable y hacia un lado por sí solo para poner la ecuación en la forma $y = mx + b$, donde m es la pendiente. Al agregar de y a ambos lados y restar 2 desde ambos lados obtenemos la ecuación y = 10x - 2, por lo que la pendiente es 10.

La opción **a** es incorrecta. El coeficiente de y representa la pendiente sólo cuando la ecuación es escrita en la forma $y = mx + b$.

La opción **b** es incorrecta. La pendiente no puede ser leída de la ecuación en la forma en que está escrita actualmente.

La opción **c** es incorrecta. Cuando se despeja y para encontrar la pendiente, 10 será dividido entre -1 y no entre 2.

20. La opción c es correcta. Cuando se multiplican términos con la misma base, los exponentes se suman. Por lo tanto, $5^{\frac{1}{2}} \times 5^2 = 5^{\frac{1}{2}+2} = 5^{\frac{1}{2}+\frac{4}{2}} = 5^{\frac{5}{2}}$.

La opción **a** es incorrecta. Cuando se multiplican términos con la misma base, los exponentes se suman, no se sustraen.

La opción **b** es incorrecta. Cuando se multiplican términos con la misma base, los exponentes se suman, no se multiplican.

La opción **d** es incorrecta. Cuando se multiplican términos con la misma base, los exponentes se suman, no se dividen.

21. La opción c es correcta. $1.2 \times 10^{-3} = 0.0012$ y $10 \times 0.0012 = 0.0120$.

La opción **a** es incorrecta. No es posible que el grosor de un paquete de diez partes sea más pequeño que el grosor de una parte.

La opción **b** es incorrecta. Este es el grosor de una parte solamente.

La opción **d** es incorrecta. Este es el grosor de un paquete de 100 partes.

22. **La opción d es correcta.** La pendiente será recíproca negativa de la pendiente dada y *b* en la ecuación $y = mx + b$ es −4.

La opción **a** es incorrecta. La pendiente de una línea particular será la recíproca negativa de la pendiente de la línea original.

La opción **b** es incorrecta. Las líneas paralelas tienen la misma pendiente mientras que las líneas perpendiculares tienen pendientes recíprocas negativas.

La opción **c** es incorrecta. El término sumado al término de *x* será la intercepción en el eje *y*, la cual no es −1.

23. **La opción a es correcta.** La división es equivalente a $\frac{3}{x} \times \frac{2}{5x} = \frac{6}{5x^2}$.

La opción **b** es incorrecta. La división de dos fracciones es equivalente a multiplicar la primera fracción por el recíproco de la segunda fracción.

La opción **c** es incorrecta. Este es el resultado de multiplicar y no de dividir las fracciones si el 5 se cancela. No hay términos que se cancelarían con el 5.

La opción **d** es incorrecta. Este es el resultado de multiplicar las dos fracciones.

24. **La opción d es correcta.** El mínimo número de artículos que una fábrica podría producir en este período es $16 \times 8 \times 7 = 896$ artículos, mientras que el máximo es $20 \times 8 \times 7 = 1{,}120$. Cualquier valor entero entre estos dos números es un número posible de artículos que la fábrica podría producir en ese período de tiempo.

La opción **a** es incorrecta. El mínimo número de artículos que la fábrica podría producir en un día es $16 \times 8 = 128$ artículos, mientras que el máximo para un día es $20 \times 8 = 160$ artículos. Pero la pregunta se refiere a un período de 7 días de trabajo.

La opción **b** es incorrecta. El valor mínimo mostrado para esta opción es el valor diario mínimo, mientras que el valor máximo es un valor semanal.

La opción **c** es incorrecta. Estos números no corresponden directamente al mínimo y al máximo valor dado; un total semanal de 750 artículos estaría por debajo del resultado mínimo semanal de la fábrica.

25. **La opción b es correcta.** El precio por unidad se encuentra dividiendo 3.45 entre 32.

La opción **a** es incorrecta. Dividiendo el número de onzas por el costo se obtiene el número de onzas por centavo.

La opción **c** es incorrecta. Restando los términos no se obtiene un valor interpretable.

La opción **d** es incorrecta. Sumando esos dos términos no se obtiene un valor interpretable.

26. **La opción a es correcta.** La ganancia se incrementa cuando la gráfica sube de izquierda a derecha. Esto ocurre entre las semanas 2 y 3. La opción **b** es incorrecta. La ganancia se incrementa cuando la gráfica sube de izquierda a derecha. Esto no ocurre entre las semanas 3 y 4. La opción **c** es incorrecta. La ganancia se incrementa cuando la gráfica sube de izquierda a derecha. Esto no ocurre entre las semanas 4 y 5. La opción **d** es incorrecta. La ganancia se incrementa cuando la gráfica sube de izquierda a derecha. Esto no ocurre entre las semanas 6 y 7.

27.

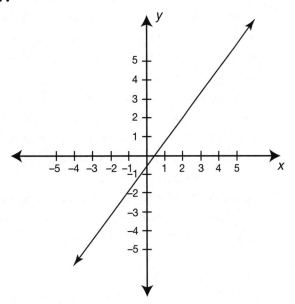

La opción b es correcta. Despejando la y en la ecuación dada nos lleva a la ecuación de la forma $y = mx + b$, donde b es la intercepción con el eje y. En este caso, esa ecuación es $y = -\frac{1}{2} + \frac{3}{2}x$. La intercepción del eje y ocurre cuando el valor de x es cero. Colocando esto en la ecuación nos lleva a la solución $-\frac{1}{2}$.

La opción **a** es incorrecta. Despejando la y en la ecuación dada nos lleva a la ecuación de la forma $y = mx + b$, donde b es la intercepción con el eje y. En este caso, esa ecuación es $y = -\frac{1}{2} + \frac{3}{2}x$. La respuesta $-1\frac{1}{2}$ no corresponde a esta ecuación.

La opción **c** es incorrecta. Despejando la y en la ecuación dada nos lleva a la ecuación de la forma $y = mx + b$, donde b es la intercepción con el eje y. En este caso, esa ecuación es $y = -\frac{1}{2} + \frac{3}{2}x$. La respuesta $\frac{1}{2}$ no corresponde a esta ecuación.

La opción **d** es incorrecta. Despejando la y en la ecuación dada nos lleva a la ecuación de la forma $y = mx + b$, donde b es la intercepción con el eje y. En este caso, esa ecuación es $y = -\frac{1}{2} + \frac{3}{2}x$. La respuesta $1\frac{1}{2}$ no corresponde a esta ecuación.

28. **La opción c es correcta.** Ya que m es perpendicular a $y = -x + 5$, este debe tener una pendiente de 1. El punto dado es $(0, -2)$ que tiene una intercepción en el eje y, ya que el valor en el eje x es 0, así la ecuación de m debe ser $y = x - 2$. Sustituyendo el valor de y dado de 5 en el punto $(x, 5)$ resulta la ecuación $5 = x - 2$, que tiene la solución $x = 7$.

La opción **a** es incorrecta. El punto de intercepción con el eje y es -2 y no 5. Una línea perpendicular no necesariamente tiene la misma intercepción en el eje y. Además el 5 en el punto $(x, 5)$ es un valor de y y no un valor de x.

La opción **b** es incorrecta. El 5 en el punto $(x, 5)$ es un valor de y y no un valor de x.

La opción **d** es incorrecta. La intercepción el eje y de la línea es -2 y no 5. Una línea perpendicular no necesariamente tiene la misma intercepción en y.

29. La opción C es correcta. Distribuye la raíz cuadrada de 2 y simplifica:
$\sqrt{2}(\sqrt{18} - \sqrt{6}) = \sqrt{36} - \sqrt{12} = 6 - \sqrt{4 \times 3}$
$= 6 - 2\sqrt{3}$.

La opción **a** es incorrecta. Radicales y números enteros no son términos semejantes y por lo tanto no pueden ser combinados.

La opción **b** es incorrecta. La raíz cuadrada de 2 debe ser distribuida a los dos términos. Adicionalmente, el radical y el número entero remanente no son términos semejantes.

La opción **d** es incorrecta. La raíz cuadrada de 2 debe ser distribuida a ambos términos en el paréntesis.

30. **La opción a es correcta.** El patrón en la diagrama de dispersión tiene una tendencia creciente general de izquierda a derecha. Esto indica una relación positiva. A medida que una variable se incrementa, la otra variable también se incrementa.

La opción **b** es incorrecta. Una relación negativa sería indicada por un patrón que está disminuyendo generalmente de izquierda a derecha.

La opción **c** es incorrecta. Esto sería verdadero si, para cada punto, las coordinadas x e y fueran las mismas. Pero hay muchos puntos donde este no es el caso.

La opción **d** es incorrecta. En patrón general de la pendiente indica una relación entre dos variables.

31. **La opción d es correcta.** La conversión dada puede escribirse como una proporción $\frac{1 \text{ mi}}{5,280 \text{ pies}}$. Usando esto se cancelan unidades: $11,088$ pies $\times \frac{1 \text{ mi}}{5,280 \text{ pies}} = \frac{11,088}{5,280}$ millas $= 2.1$ millas.

La opción **a** es incorrecta. No hay necesidad de dividir entre 12 ya que las unidades no son pulgadas.

La opción **b** es incorrecta. Al dividir 5,280 entre 11,088 las unidades quedan en términos de $\frac{1}{\text{miles}}$, lo cual no tiene sentido.

La opción **c** es incorrecta. Sustrayendo los dos valores no nos da un valor interpretable.

32. **La opción c es correcta.** Los dos pasos son distribuir y sumar los exponentes. $x^4(x^2 - 6) =$
$x^{4+2} - 6x^4 = x^6 - 6x^4$.

La opción **a** es incorrecta. Cuando dos términos con la misma base se multiplican, sus exponentes se suman. Luego, el término x^4 debe ser distribuido a cada término en el binomio $x^2 - 6$ dado.

La opción **b** es incorrecta. El término x^4 debe ser distribuido a cada término en el binomio $x^2 - 6$ dado.

La opción **d** es incorrecta. Cuando dos términos con la misma base se multiplican, sus exponentes se suman.

33. **La opción a es correcta.** Después de incrementarse en $5.00, la acción cuesta $15.15. Luego baja en valor un 10% ó $0.1 \times 15.15 = 1.515$. Por lo tanto, al final de la semana 2 una acción vale $15.15 - \$1.515 = \$13.635$. Al final de la semana 3, vale $\$13.635 - \$1.10 = \$12.535$. Finalmente, dobla su valor y llega a valer $2 \times \$12.535 = \$25.07$.

La opción **b** es incorrecta. El valor de la acción disminuyó en $1.10 al final de la semana 3. Esto representa una sustracción en el problema.

La opción **c** es incorrecta. Una disminución del 10% puede conseguirse multiplicando por 0.9 y el valor actual. Esta respuesta resulta de usar 1% ó 0.01 como la disminución.

La opción **d** es incorrecta. Duplicar significa multiplicarlo por 2 y no por 4.

34. **La opción b es correcta.** La moda es el valor más frecuente observado. En este caso, 4 es el valor que más se repite.

La opción **a** es incorrecta. Este es el valor mínimo de un set de datos.

La opción **c** es incorrecta. Esta es la mediana del set de datos.

La opción **d** es incorrecta. Este es el rango de un set de datos.

35. **La opción b es correcta.** Dada que la pregunta final es una probabilidad "o", la formula correcta para usar es:

$P(A$ o $B) = P(A) + P(B) - P(A$ y $B)$, dónde $P(A)$ representa la probabilidad de que ocurra el evento A. Aplicando esto aquí:

P(título o cinco años) $= P$(título universitario) $+ P$(cinco años) $- P$(título universitario y cinco años) $= \frac{20}{48} + \frac{15}{48} - \frac{8}{48} = \frac{27}{48} = 0.5625$.

Finalmente 0.5625 es equivalente a 56.3%.

La opción **a** es incorrecta. Aunque esto es una probabilidad "o" (excluyente), el número de graduados universitarios y con cinco años de experiencia profesional debe ser incluido.

La opción **c** es incorrecta. Cuando se buscan las probabilidades "o", la probabilidad del evento "y" debe ser restada.

La opción **d** es incorrecta. Cuando se buscan las probabilidades "o", la probabilidad del evento "y" debe ser restada no sumada.

36. **La opción a es correcta.** Si x representa el descuento obtenido con un simple cupón, luego $2x$ representa el descuento obtenido con los dos. Dado los precios antes y después, la siguiente ecuación puede ser escrita y resuelta.

$8.3 - 2x = 7$

$-2x = -1.3$

$x = 0.65$

La opción **b** es incorrecta. Si cada cupón da un descuento de 90 centavos, el precio final sería $8.30 - $1.80 = $6.50.

La opción **c** es incorrecta. Este es el valor de los dos cupones juntos.

La opción **d** es incorrecta. Los cupones dan un descuento de $1.30 juntos, no es posible que un cupón solo de un descuento dé un valor mayor.

37. **Respuesta Correcta: 8.1%.**

El aumento del porcentaje puede ser encontrado sacando la diferencia entre los dos precios y esa cantidad luego se divide entre el precio original.

$\frac{334.99 - 309.99}{309.99} = 0.0806$.

Multiplicando por 100 para convertir esto en porcentaje nos da 8.06%. Redondeando, esto es 8.1%.

38. **La opción a es correcta.** La ecuación puede ser factorizada y reescrita como $(x - 3)(x + 1) = 0$. Usando la regla de producto cero, esto resulta en las ecuaciones $x - 3 = 0$ y $x + 1 = 0$. La solución para estas ecuaciones es 3 y −1 respectivamente.

La opción **b** es incorrecta. Después de factorizar, debe aplicarse la regla de producto cero. Esto va a resultar en las ecuaciones $x - 3 = 0$ y $x + 1 = 0$.

La opción **c** es incorrecta. Las soluciones no pueden leer directamente de los coeficientes. En su lugar, se debe factorizar la fórmula cuadrática o completar el cuadrado para resolver una ecuación cuadrática como esta.

La opción **d** es incorrecta. Estas soluciones no pueden leerse directamente de los coeficientes. En su lugar, se debe factorizar la fórmula cuadrática o completar el cuadrado para resolver una ecuación cuadrada como esta.

39. **La opción c es correcta.** Restando 2 de ambos lados nos lleva a la solución $x > 3$.

La opción **a** es incorrecta. En esta desigualdad, el 2 se suma a la variable. Por lo tanto, al intentar despejar la x, ambos lados no deben multiplicarse por 2. En su lugar, el 2 debe restarse en ambos lados.

La opción **b** es incorrecta. En esta desigualdad, el 2 se suma a la variable. Por lo tanto al intentar despejar la x, el 2 debe restarse de ambos lados en lugar de ser sumado.

La opción **d** es incorrecta. En esta desigualdad, el 2 se suma a la variable. Por lo tanto, al intentar despejar la x, ambos lados no deben ser divididos entre 2. En su lugar, el 2 debe restarse en ambos lados.

40. **La opción c es correcta.** Después de sustituir el valor dado para x, debemos simplificar el resultado usando operaciones básicas con fracciones.

$$\frac{\frac{1}{2} - 5}{\frac{1}{4} - 1} = \frac{\frac{1}{2} - \frac{10}{2}}{\frac{1}{4} - \frac{4}{4}} = \frac{-\frac{9}{2}}{-\frac{3}{4}} = \frac{9}{2} \times \frac{4}{3} = \frac{36}{6} = 6$$

La opción **a** es incorrecta. Cuando se sustituye el valor dado de x, el 5 se sustrae, no se multiplica.

La opción **b** es incorrecta. Cuando se simplifica una fracción sobre una fracción, la fracción en el numerador se multiplicada por el recíproco de la fracción en el denominador. Dividir las fracciones una por una no es un método válido.

La opción **d** es incorrecta. Elevar un valor a la potencia de dos no es lo mismo que multiplicarlo por dos. Además, una fracción con un denominador de cero es indefinida, no es igual a cero.

41. **La opción c es correcta.** El área de la base es $2 \times 3 = 6$ centímetros cuadrados. Al multiplicar esto por la altura de 8 cm obtenemos el volumen en centímetros cúbicos: $6 \times 8 = 48$.

La opción **a** es incorrecta. Esta es el área de una de las caras más pequeñas.

La opción **b** es incorrecta. Esta es el área de una de las caras más grandes.

La opción **d** es incorrecta. Esta es la superficie del área de la figura dada.

42. **La opción c es correcta.** Ya que el producto 2 tuvo casi $30,000 en ventas y el producto 4 tuvo más de $40,000 en ventas, el total debe ser más de $50,000.

La opción **a** es incorrecta. El total de ventas en julio de estos dos productos fue de $45,000.

La opción **b** es incorrecta. El total de ventas en julio de estos dos productos fue un poco menos de $50,000.

La opción **d** es incorrecta. El total en ventas en julio de esos dos productos fue de $35,000.

43. **La opción b es correcta.** Usando la fórmula de área de la superficie.

$$36\pi = 4\pi r^2$$
$$9 = r^2$$
$$r = 3$$

Ya que el radio es 3, el diámetro es $3 \times 2 = 6$.

La opción **a** es incorrecta. Este es el radio de la esfera. El diámetro es dos veces mayor que el radio.

La opción **c** es incorrecta. Al resolver la ecuación $36\pi = 4\pi r^2$, ambos lados deben ser divididos entre 4 en lugar de multiplicados. Además, el diámetro será dos veces más grande que el radio.

La opción **d** es incorrecta. Al resolver la ecuación $36\pi = 4\pi r^2$, ambos lados deben ser divididos entre 4 en lugar de multiplicados.

44. **La opción b es correcta.** Usando el método de la adición, sumamos las dos ecuaciones y llegamos a $2x = 22$, cuya solución es $x = 11$.

La opción **a** es incorrecta. Sustrayendo las dos ecuaciones se eliminará la x de ambas ecuaciones, mientras que primero se debe despejar la y.

La opción **c** es incorrecta. Si hubiera infinitas soluciones, las ecuaciones serían múltiplos una con la otra.

La opción **d** es incorrecta. Si no hubiera una solución, la ecuación nos llevaría a un enunciado incorrecto como $0 = 1$ ó $-5 = 3$.

45. **La opción a es correcta.** Distribuyendo los signos negativos y combinando los términos semejantes resulta:

$(x^2 + 5) - (x^2 - x) = x^2 + 5 - x^2 - (-x) = 5 + x$

La opción **b** es incorrecta. Los signos negativos deben ser distribuidos a cada término contenido dentro del paréntesis.

La opción **c** es incorrecta. Ya que el segundo término ha sido sustraído, los términos x^2 se cancelarán. Además, el 5 y la x no se multiplican.

La opción **d** es incorrecta. Ya que el segundo término ha sido sustraído, el término x^2 se cancela.

PRUEBA GED®
SOBRE
RAZONAMIENTO A
TRAVÉS DE LAS
ARTES DEL
LENGUAJE 1

 sta prueba de práctica se preparó siguiendo el formato, el contenido y el tiempo de la prueba GED®
oficial de Razonamiento a través de las artes del lenguaje.

Parte I

Al igual que en el examen oficial, esta sección presenta una serie de preguntas que evalúan tu capacidad de leer,
escribir, editar y comprender el español escrito estándar. Las preguntas que deberás responder se basan en pasajes de
lectura informativos y literarios. Relee los pasajes todas las veces que lo necesites cuando respondas las preguntas.

Trabaja cada pregunta en forma detallada, pero sin pasar demasiado tiempo en una misma pregunta.
Debes responder todas las preguntas.

Coloca una alarma a los 95 minutos (1 hora y 35 minutos) e intenta completar este examen sin interrupciones, en silencio.

Parte II

La prueba oficial de razonamiento a través de las artes del lenguaje GED® también incluye una pregunta de ensayo
llamada la Respuesta Ampliada. Pon el cronómetro por 45 minutos. Trata de leer el pasaje dado y luego piensa en
diferentes ideas. Escribe y revisa tu ensayo sin interrupciones en un ambiente silencioso.

Luego del examen encontrarás explicaciones completas para respuestas a cada pregunta de la prueba, así como ensayos de muestra con diferentes niveles de calificación. ¡Buena suerte!

Parte I

48 preguntas
95 minutos

Por favor utilizar el texto a continuación para responder las preguntas 1 a la 6.

3 de mayo de 2013

1 Sra. Obama: Gracias por apoyar nuestros agricultores y nuestros ganaderos y por trabajar sin descanso para comerciar sus productos en todo el mundo, los cuales solo sean de paso, ayudan a crear empleos aquí en nuestro país. Gracias por proteger nuestro medio ambiente, promoviendo fuentes de energía renovables que van a proporcionarle energía a nuestro país por muchas generaciones. Eso causa un impacto no solo en nosotros, sino en nuestros hijos, nuestros nietos y los hijos de nuestros nietos. Gracias por ese trabajo. Gracias por levantar las comunidades rurales. Y gracias por asegurar nuestros alimentos. Y creo que esto es algo de lo que la mayoría en el país no se da cuenta: el trabajo que ustedes hacen aquí para proteger el medioambiente, para asegurar nuestros alimentos y para acabar con el hambre mejora la nutrición de las familias en todo el país.

2 Y el problema de la nutrición, como lo mencionó Tom, como todos saben, es algo importante y de mucha preocupación, no solamente como Primera Dama, sino como madre. De hecho, una de las primeras cosas que hice, como ustedes saben, como Primera Dama, fue plantar la huerta en la Casa Blanca. Y es realmente hermoso. (*Se ríe*). Espero que ustedes tengan la oportunidad de conocerlo está muy bonito ahora. Llovió por un par de días. Gracias. (*Se ríe*). Y la idea de plantar una huerta no fue solamente animar a los niños a comer más vegetales. Yo también quería enseñarles de dónde provienen sus alimentos.

3 Creo que ustedes lo saben. Nosotros vemos esto cuando viajamos por todo el país, algunos niños nunca han visto cómo luce un tomate de verdad de la planta. Ellos no saben de dónde sale un pepino. Y eso realmente afecta la manera en que ellos perciben los alimentos. Así una huerta les enseña realmente a ensuciarse las manos, literalmente, y entender todo el proceso de dónde provienen los alimentos. Y yo quiero que ellos vean lo desafiante y gratificante que es cultivar sus propios alimentos; así ellos tendrán más conocimiento de lo que nuestros agricultores están haciendo cada día en todo el país y valorarán ese trabajo, esa tradición; esa tradición estadounidense de cultivar nuestros propios alimentos y alimentarnos por nosotros mismos.

4 Y la huerta ayuda a iniciar una conversación en este país acerca de la alimentación saludable, la cual nos llevó a crear A moverse (*Let's Move*). Como ustedes saben, es una iniciativa nacional para acabar con la obesidad infantil en este país para nuestra generación, así todos nuestros niños pueden crecer más saludables. Y a todos ustedes en el USDA, quiero decirles que han sido una parte muy importante en este esfuerzo desde el inicio. Esto no hubiera sido posible, todas las conversaciones, todo el movimiento relacionado con la salud, todo esto es gracias a muchos de ustedes que están en esta sala, en este edificio, en dependencias y en centros en todo el país. Ustedes nos ayudaron a lanzar nuestro nuevo símbolo Mi Plato (*MyPlate*), el cual está cambiando la manera en que las familias sirven sus alimentos y les ofrece una forma realmente fácil para entender cómo se ve un platillo saludable.

Discurso de la Primera Dama en su visita de agradecimiento a los empleados del USDA.

1. ¿Cuál es el posible propósito o intento general del pasaje?
   a. hablar de los programas que la Sra. Obama ha iniciado con la meta de inspirar a los niños a alimentarse más saludablemente
   b. agradecerles a los agricultores por su trabajo
   c. presentar la iniciativa de nutrición de la Sra. Obama
   d. enfatizar la importancia del rol de los agricultores del USDA en la creación de una buena nutrición en los Estados Unidos

2. Escribe tu respuesta en la siguiente casilla.

   De acuerdo a la Sra. Obama,

   [   ] mencionó que el problema de la nutrición es algo importante y de mucha preocupación.

3. Con base en el pasaje, la Sra. Obama posiblemente
   a. llevará a sus hijas a ver un juego de baloncesto profesional.
   b. pasará una tarde enseñándoles a sus hijas cómo cocinar la cena.
   c. organizará una noche familiar de juegos.
   d. pasará una tarde jugando fútbol con su esposo el presidente.

4. ¿Cuál de los siguientes enunciados NO apoya la evidencia de que la salud de los ciudadanos estadounidenses es importante para la Primera Dama?
   a. "Gracias por proteger nuestro medioambiente, promoviendo las fuentes de energía renovable que van a energizar al país por muchas generaciones".
   b. "Y gracias por asegurar nuestros alimentos".
   c. "Y el problema de la nutrición, como lo mencionó Tom, como todos ustedes saben, es algo importante y de mucha preocupación, no sólo como Primera Dama, sino como madre".
   d. "Ustedes han ayudado a lanzar nuestro nuevo símbolo Mi Plato (MyPlate), el cual está cambiando la forma en que las familias sirven sus alimentos y les ofrece una forma realmente fácil para entender cómo se ve un platillo saludable".

5. ¿Cuál de las siguientes palabras es un sinónimo de **iniciativa** en la oración: "es una iniciativa en toda la nación para acabar con la obesidad infantil en este país en una generación, para que todos nuestros niños crezcan saludables"?
   a. programa
   b. entusiasmo
   c. desinterés
   d. participación

6. ¿De qué manera la inclusión del párrafo 3 afecta el tema en general del pasaje?
   a. Perjudica la afirmación de la Sra. Obama.
   b. Refuerza la posición de la Sra. Obama.
   c. No tiene un efecto en el tema en general.
   d. Intencionalmente confunde al lector.

Por favor utilizar el texto a continuación para responder las preguntas 7 a la 11.

Fragmento de "El barril de amontillado" de Edgar Allan Poe

1 Él tenía un punto débil, este Fortunato; aunque en otros aspectos era un hombre respetado y hasta temido, se enorgullecía de ser un conocedor de vinos. Pocos italianos tienen el verdadero espíritu virtuoso. La mayoría de veces su entusiasmo se adapta al momento y a la oportunidad, para practicar su impostura con los millonarios británicos y australianos. En cuanto a pinturas y gemas, Fortunato, como sus compatriotas, era un charlatán, pero con respecto a vinos añejos él era sincero. En este sentido yo no difiero de él materialmente; yo mismo era experto en añejos italianos y compraba mucho siempre que podía.

2 Era el crepúsculo, una vez en la caída de la noche durante la locura suprema de la temporada de carnaval, me encontré a mi amigo. Él me acosó con una calidez excesiva, porque había estado tomando demasiado. El hombre vestía de forma extraña. Él tenía una vestidura ajustada con rayas de diferentes colores y encima de su cabeza un gorro cónico y campanas. Estaba tan complacido de verlo que pensé que nunca iba a acabar de estrecharle la mano.

3 —Mi querido Fortunato—le dije—, por suerte te encontré. Qué fabuloso luces hoy. Pero he recibido un barril que pasa por amontillado y tengo mis dudas.

4 —¿Cómo?—dijo él—. Amontillado, ¿Un barril? ¡Imposible! ¡Y en medio del carnaval!.

5 —Yo tengo mis dudas—, le respondí—; y yo fui lo suficientemente tonto para pagar el precio total del amontillado sin consultarte en la materia. No pude encontrarte y tenía miedo de perder una ganga.

6 —¡Amontillado!

7 —Yo tengo mis dudas.

8 —¡Amontillado!

9 —Y debo satisfacerlos.

10 —¡Amontillado!

11 —Ya que estás ocupado, yo voy camino a ver a Luchresi. Si alguien tiene un sentido crítico, es él. Él va a decirme.

12 —Lucheresi no puede distinguir amontillado de *sherry*.

13 —Y todavía algunos tontos van a creer que su experiencia se compara con la tuya.

14 —Ven, vámonos.

15 —¿A dónde?

16 —A tus bóvedas.

17 —Mi amigo, no; no voy a obligarte por tu buen humor. Percibo que tienes un compromiso. Luchresi…

18 —No tengo ningún compromiso; ven.

19 —Mi amigo, no. No es el compromiso, sino el fuerte resfriado que percibo que te aqueja. Las bóvedas son insufriblemente húmedas. Están cubiertas de nitro.

20 —Vámonos, eso no importa. El resfrío no es nada. ¡Amontillado! Te lo han impuesto. Y acerca de Luchresi, él no puede distinguir entre *sherry* y amontillado.

21 Así hablando, Fortunato se agarró de mi brazo; se colocó una máscara blanca de seda y empezó a sacarse la capa muy cerca de mí; lo presioné para que acudiera de prisa a mi palacio.

7. ¿Quiénes son los "compatriotas" de Fortunato?
a. italianos
b. británicos
c. australianos
d. españoles

8. ¿Qué tienen Fortunato y el narrador en común?
a. un interés en la historia italiana
b. ellos están vistiendo la misma ropa
c. una pasión por el vino
d. amor por la época de carnaval

9. ¿Qué enunciado, en contexto, NO apoya la evidencia de que Fortunato siente pasión por el vino?
a. "Pero con respecto a vinos añejos, él era sincero".
b. "Estaba tan complacido de verlo que pensé que nunca iba a acabar de estrecharle la mano".
c. "Luchresi no puede distinguir amontillado de *sherry*".
d. "El resfriado no es nada. ¡Amontillado!"

10. En el contexto de la historia, ¿cuál de los siguientes es un ejemplo de ironía?
a. "Se enorgullecía de ser un conocedor de vinos".
b. "La mayoría de veces su entusiasmo se adapta al momento y a la oportunidad..."
c. "Mi querido Fortunato por suerte te encontré".
d. "Las bóvedas son insufriblemente húmedas".

11. ¿Por qué el narrador primero insiste que pedirá la opinión de Luchresi acerca del amontillado?
a. Luchresi tiene mucha más experiencia en vinos que Fortunato.
b. Fortunato y el narrador son enemigos conocidos.
c. Para ganarse la confianza de Fortunato.
d. Para provocar el orgullo de Fortunato.

Por favor utilizar el texto a continuación para responder las preguntas 12 a la 16.

De "Mi primera mentira, y cómo salí de ella" de Mark Twain

1   Yo no recuerdo mi primera mentira. Fue hace mucho tiempo. Pero yo recuerdo muy bien la segunda. Para entonces yo tenía nueve días y había notado que un alfiler estaba pinchándome y lo hice saber de la manera usual. Me consentían tiernamente, me acariciaban, se compadecían de mí de la forma más agradable y además me daban una ración extra entre las comidas.

2   Era parte de la naturaleza humana querer obtener esas riquezas, y yo caí. Yo mentí acerca del alfiler, anunciando que había uno cuando no lo había. Tú lo hubieras hecho; George Washington lo hizo, cualquiera lo hubiera hecho. Durante la primera mitad de mi vida yo nunca conocí a un niño que fuera capaz de resistirse a esa tentación y abstenerse de decir esa mentira. Hasta 1867, todos los niños civilizados que nacieran en el mundo eran mentirosos, incluyendo George. Luego vino el alfiler de seguridad y bloqueó el juego. ¿Pero esa reforma tiene algún valor? No; ya que es una reforma a la fuerza y no tiene virtud. Solamente acaba con esa forma de mentir, no afecta la disposición para mentir, ni un poquito. Es la aplicación, en los inicios, de conversión por la fuerza o del principio de la moderación por medio de la prohibición.

3   Regresando a esa mentira temprana. Ellos no encontraron un alfiler y se dieron cuenta de que otro mentiroso se había agregado al suministro mundial. Por la gracia de una extraña inspiración llegaron

continúa

a entender algo bastante común pero pocas veces observado, que casi todas las mentiras son actos y el lenguaje no es parte de ellas. Luego, si ellos examinaran un poco más, reconocerían que toda la gente es mentirosa desde la cuna, sin excepciones, y que comienzan a mentir tan pronto despiertan en la mañana y siguen sin descanso ni refrigerio hasta que se van a dormir en la noche. Si llegaron a esa verdad probablemente les afligió; sí, les afligió pues habían sido educados de manera descuidada e ignorante por sus libros y profesores; ¿por qué una persona debe afligirse por una cosa que por las leyes eternas de la creación no puede cambiar? Él no inventó las leyes; es solamente su deber ser obediente y mantenerse quieto, unirse a la conspiración universal y mantenerse tan quieto que engañará a sus compañeros conspiradores a imaginar que él no sabe que esa ley existe. Es lo que todos hacemos, nosotros los que lo sabemos. En la magnitud de su territorio es una de las más majestuosas mentiras en que la civilización pone un cuidado sagrado y ansioso por guardar, vigilar y propagar.

4 Por ejemplo. No sería posible para una persona humana e inteligente inventar una excusa racional para la esclavitud; sin embargo, ustedes van a recordar que en los primeros días luchando por la emancipación en el Norte los agitadores consiguieron poca ayuda y tolerancia de la gente. Por mucho que ellos discutían, alegaban y rezaban, no lograban romper la quietud universal que reinaba, desde el púlpito y la prensa hasta los sectores más bajos de la sociedad,—la fría quietud creada y mantenida por la mentira de la aseveración silenciosa—, la aseveración silenciosa que allá no estaba pasando nada en lo que la gente humana e inteligente estuviera interesada.

12. ¿Cuál de los siguientes enunciados puede ser inferido tras la lectura de los dos primeros párrafos?

a. El autor creció en el mismo estado que George Washington.

b. Antes de 1867, los padres castigaban a los infantes pinchándolos con alfileres.

c. Antes de 1867, los infantes usaban pañales con alfileres rectos.

d. Los alfileres de seguridad eran importantes para eliminar una disposición de los niños a mentir.

13. En los primeros dos párrafos, ¿cuál de los siguientes presenta el autor como evidencia de que los humanos nacen siendo mentirosos?

a. datos científicos

b. experiencia personal

c. evidencia física

d. documentación histórica

14. ¿Cuál de los siguientes expresa mejor la posición del autor respecto a mentir?

a. Debe ser prohibido.

b. Debe ser perdonado, pero solamente en los niños.

c. Debe ser estudiado así su causa puede ser encontrada y eliminada.

d. Debe ser aceptado como una parte fundamental de la naturaleza humana.

15. Con base en el cuarto párrafo, ¿por qué el autor piensa que se permitió que la esclavitud continuara por tanto tiempo?

a. porque la gente actuaba como pensaba y eso no era un problema importante

b. porque la gente entendía la importancia económica de los esclavos para el Sur

c. porque los dueños de los esclavos les mintieron a todos los demás acerca de cómo ellos trataban a sus esclavos

d. porque los agitadores del Norte no expresaron su caso

16. ¿Cuál de los siguientes detalles NO apoya la idea central del pasaje?

a. Hasta los bebés tienen una disposición para mentir.

b. La introducción de los alfileres de seguridad ocurrió en 1867.

c. La gente con frecuencia miente por medio de los actos en lugar de palabras.

d. Los anteriores oponentes a la esclavitud enfrentaron indiferencia de parte de la sociedad

Por favor utilizar el texto a continuación para responder las preguntas 17 a la 20.

Rebeca García, Directora Ejecutiva
Cuidado Infantil Abacus
2404 de la avenida Bellevue
Baton Rouge, LA 70810

(1) Me gustaría someter una solicitud para la posición de cuidado infantil que recientemente fue publicada en su página web. Yo he (2) con niños a varios niveles por casi cuatro años y me encantan los niños de todas las edades. Tengo un nivel muy alto de energía y una paciencia infinita, lo cual me permite dirigir con éxito a un grupo de niños.

(3), cuidé a dos gemelos en edad preescolar antes de que entraran al jardín. Durante ese tiempo, aprendí a desarrollar, con efectividad, actividades de entretenimiento y educativas, a manejar desacuerdos y a tratar con malos comportamientos de una manera cariñosa y firme manteniendo un ambiente de seguridad en casa. También ayudé a enseñarles a los niños buenos modales, aseo personal y aptitudes sociales apropiadas. Yo creo que el tiempo que pasé trabajando con la familia me ayudó a desarrollar excelentes habilidades de comunicación y capacidades administrativas.

Aparte de mi experiencia profesional, soy muy detallista y muy organizada. Estoy orgullosa de (4) habilidad para resolver problemas y me encanta trabajar muy duro para hacer valer mi entorno laboral. Soy muy confiable, muy puntual y cumplo con las promesas que hago.

Me encantaría hablar con usted con respecto a la posición, si usted cree que yo sería una buena candidata para formar parte de su equipo. He adjuntado mi currículo con mi información personal y tengo 3 referencias disponibles a solicitud.

Gracias por su atención,

Mallory Holloway

17. ¿Cuál es la opción correcta para (1)?
   a. Estimada Srita. Dyer:
   b. estimada srita. dyer:
   c. estimada srita. Dyer:
   d. Estimada srita. dyer:

18. ¿Cuál es la forma correcta del verbo "trabajar" en (2)?
   a. trabajar
   b. trabaja
   c. trabajado
   d. trabajan

19. ¿Cuál conector funciona mejor en (3)?
   a. Recientemente
   b. Actualmente
   c. Aunque
   d. Además

20. ¿Cuál de las siguientes es la opción correcta para (4)?
   a. tu
   b. ti
   c. mi
   d. mío

Por favor utilizar el texto a continuación para responder las preguntas 21 a la 24.

Discurso Inaugural de John F. Kennedy, 1961

1 Vicepresidente Johnson, Sr. Portavoz, Sr. Juez de Justicia, presidente Eisenhower, vicepresidente Nixon, presidente Truman, Reverendo Clero, compatriotas:

2 Hoy somos testigos no de la victoria de un partido, sino de la celebración de la libertad, simbolizando tanto un fin como un comienzo, que constituye una renovación y también un cambio. Pues ante ustedes y ante Dios Todopoderoso he prestado el mismo solemne juramento concebido por nuestros antepasados desde hace casi 175 años.

3 El mundo es muy diferente ahora. Porque el ser humano tiene en sus manos mortales el poder para abolir toda forma de pobreza humana y también para terminar con toda forma de vida humana. Aún así, se siguen debatiendo en el mundo las mismas convicciones revolucionarias por las que pelearon nuestros antepasados.

4 No debemos olvidar que somos los herederos de esa primera revolución. Dejemos aquí y ahora que corra la voz, a nuestros amigos y enemigos por igual, de que la antorcha ha pasado a una nueva generación de estadounidenses, nacidos en este siglo, templados por la guerra, instruidos por una paz dura y amarga, orgullosos de su antigua herencia, quienes no están dispuestos a presenciar ni permitir la lenta ruina de esos derechos humanos con los que nuestro pueblo ha estado siempre comprometido y con los que estamos comprometidos hoy en esta nación y en todo el mundo.

5 Todas las naciones han de saber, sean o no amigas, que pagaremos cualquier precio, sobrellevaremos cualquier carga, afrontaremos cualquier dificultad, apoyaremos a cualquier amigo y nos opondremos a cualquier enemigo para garantizar la supervivencia y el triunfo de la libertad.

6 Esto, y mucho más, es lo que prometemos.

7 A los viejos aliados con los que compartimos nuestro origen cultural y espiritual, les prometemos la lealtad de los amigos fieles. Es mucho lo que podemos hacer si estamos unidos en emprendimientos de cooperación, pero poco si estamos divididos. Pues no podríamos afrontar un poderoso desafío si estuviéramos distanciados y divididos.

8 A los nuevos estados que recibimos entre las filas de los libres, les damos nuestra palabra de que ninguna forma de control colonial habrá terminado simplemente para ser sustituida por una tiranía mucho más dura. No esperaremos que estén siempre de acuerdo con nosotros, pero sí esperamos la sólida defensa de su propia libertad. Recordemos que, en el pasado, aquellos insensatos que buscaron el poder cabalgando sobre el lomo de un tigre terminaron en sus fauces.

9 A los pueblos de chozas y aldeas en la mitad del mundo que luchan por liberarse de las cadenas de la miseria de masas, les prometemos hacer todo lo que esté a nuestro alcance para ayudarlos a ayudarse a sí mismos, durante el tiempo que sea necesario. No porque quizás lo hagan los comunistas, no porque queremos sus votos, sino porque es lo correcto. Si una sociedad libre no puede ayudar a los muchos que son pobres, no puede salvar a los pocos que son ricos.

10 A nuestras repúblicas hermanas al sur de nuestras fronteras les ofrecemos una promesa especial: convertir nuestras palabras en hechos en una nueva alianza para el progreso, con el fin de ayudar a las personas y gobiernos libres a romper las cadenas de la pobreza. Pero esta pacífica revolución de esperanza no puede convertirse en presa de potencias hostiles. Todos nuestros vecinos han de saber que nos uniremos a ellos para luchar contra la agresión o subversión en cualquier lugar de las Américas. Y que cualquier otra potencia sepa que este hemisferio pretende seguir siendo el amo en su propio hogar.

11 A esa asamblea mundial de estados soberanos, las Naciones Unidas, nuestra última gran esperanza en una era en la que los instrumentos de la guerra han superado a los instrumentos de la paz, le renovamos nuestra promesa de apoyo para evitar que se transforme en un simple foro de injurias, a fin de fortalecer la protección para los nuevos y los débiles, y expandir su área de influencia.

12 Por último, a esas naciones que se transformarán en nuestros adversarios, no les ofrecemos una promesa, sino una solicitud: que ambos bandos comencemos nuevamente la búsqueda de la paz, antes de que los poderes oscuros de la destrucción desatados por la ciencia envuelvan a toda la humanidad en su propio exterminio, deliberado o accidental.

21. ¿Cuál oración del pasaje representa mejor el tema del pasaje?

a. "Hoy somos testigos no de la victoria de un partido, sino de la celebración de la libertad, simbolizando tanto un fin como un comienzo, que constituye una renovación y también un cambio".

b. "No debemos olvidar que somos los herederos de esa primera revolución".

c. "Pero esta pacífica revolución de esperanza no puede convertirse en presa de potencias hostiles".

d. "Todos nuestros vecinos han de saber que nos uniremos a ellos para luchar contra la agresión o subversión en cualquier lugar de las Américas".

22. ¿Cuál es el significado para el lector de la palabra **tiranía** en la oración: "A los nuevos estados que recibimos entre las filas de los libres, les damos nuestra palabra de que ninguna forma de control colonial habrá terminado simplemente para ser sustituida por una tiranía mucho más dura"?

a. nuevos estados

b. filas de los libres

c. control colonial

d. dura

23. Cuál es el propósito de resaltar "es mucho lo que podemos hacer" y "pero es poco" en el discurso: "Es mucho lo que podemos hacer si estamos unidos en emprendimientos de cooperación, pero poco si estamos divididos. Pues no podríamos afrontar un poderoso desafío si estuviéramos distanciados y divididos".

a. para enfatizar la diferencia entre estar "unidos" y "divididos"

b. para resaltar que tan similar es estar "unidos" y "divididos"

c. para resaltar el rol de los Estados Unidos en la política externa

d. para hacer una promesas de lo que él quiere lograr durante su presidencia

24. ¿De qué manera contribuye el último párrafo al tema en general del texto?

a. debilita el tema de la cooperación

b. contribuye a la afirmación de Kennedy de que todos debemos trabajar juntos

c. enfatiza el rol de los Estados Unidos en el mundo

d. enfatiza el compromiso de Kennedy con la presidencia

Por favor utilizar el texto a continuación para responder las preguntas 25 a la 30.

El Discurso de Pearl Harbor de Franklin Delano Roosevelt a la Nación, 1941

1 Sr. Vicepresidente, Sr. Portavoz, Miembros del Senado y de la Casa de Representantes:

2 Ayer, 7 de diciembre de 1941 —una fecha que podrá vivir en la infamia— los Estados Unidos de América fueron atacados repentina y deliberadamente por fuerzas navales y aéreas del imperio de Japón.

3 Los Estados Unidos estaban en paz con ésta nación y a solicitud de Japón, todavía sosteníamos conversaciones con su gobierno y su Emperador procurando mantener la paz en el Pacífico.

4 De hecho, una hora después de que los escuadrones aéreos japoneses habían comenzado a bombardear la isla americana de Oahu, el Embajador japonés en los Estados Unidos y su colega entregaron a nuestro Secretario de Estado una respuesta formal a un mensaje americano anterior. Y, mientras que esta respuesta establecía que parecía inútil continuar las negociaciones diplomáticas existentes, ésta no contenía amenazas o indirectas de una guerra o de un ataque armado.

5 Podrá ser registrado que la distancia de Hawái desde Japón hace obvio que el ataque fue deliberadamente planeado desde hace muchos días o incluso semanas. Durante el tiempo que intervenía el gobierno japonés ha intentado deliberadamente engañar a los Estados Unidos mediante falsas declaraciones y expresiones de esperanza para el mantenimiento de la paz.

6 El ataque de ayer en las islas hawaianas ha causado severos daños a las fuerzas navales y militares americanas. Lamento decirles que muchas vidas americanas se han perdido. Adicionalmente, barcos americanos han sido reportados como torpedeados en alta mar entre San Francisco y Honolulu.

7 Ayer, el Gobierno japonés también lanzó un ataque contra Malasia.

8 Anoche, fuerzas japonesas atacaron Hong Kong.

9 Anoche, fuerzas japonesas atacaron Guam.

10 Anoche, fuerzas japonesas atacaron las islas Filipinas.

11 Anoche, los japoneses atacaron la isla Wake.

12 Y esta mañana, los japoneses atacaron la isla Midway.

13 Japón, por lo tanto, ha emprendido una ofensiva sorpresa para extenderse a través del área del Pacífico. Los hechos de ayer y hoy hablan por sí mismos. El pueblo de los Estados Unidos tiene ya formadas sus opiniones y podrá entender muy bien las implicaciones para sus vidas y para la seguridad de nuestra nación.

14 Como Comandante en Jefe del Ejército y de la Armada, he decidido tomar todas las medidas para nuestra defensa. Pero nuestra nación siempre recordará el carácter del ataque contra nosotros.

15 Sin importar cuanto tiempo pueda llevarnos superar esta invasión premeditada, el pueblo americano, con su poderosa fuerza, podrá ganar a través de la victoria absoluta.

16 Creo que interpreto la voluntad del Congreso y la del pueblo cuando afirmo que no sólo nos podremos defender al máximo pero podremos hacerlo con la certeza de que esta forma de traición nunca podrá ponernos en peligro otra vez.

17 Las hostilidades existen. No hay que parpadear para notar el hecho de que nuestro pueblo, nuestro territorio y nuestros intereses están en grave peligro.

18 Con confianza en nuestras fuerzas armadas, con la determinación desatada de nuestro pueblo, ganaremos el triunfo inevitable.

19 Yo le pido al Congreso que declare que desde el no provocado y cobarde ataque de Japón el domingo 7 de diciembre de 1941, un estado de guerra ha existido entre los Estados Unidos y el Imperio japonés.

25. ¿Cuál es el tono del discurso?
   a. de conmoción pero de afirmación
   b. tímido y miedoso
   c. de sorpresa y temor
   d. inseguro pero agresivo

26. ¿Qué propósito sirve la frase "de hecho" en el tercer párrafo?
   a. para concluir su idea anterior
   b. para alertar a los lectores de un nuevo párrafo
   c. para enfatizar la sorpresa del ataque
   d. para presentar un nuevo tema en el discurso

27. ¿Qué se puede deducir de la primera oración en el párrafo 5?
   a. Japón está cerca de Hawái.
   b. Japón y Hawái están separados por una gran distancia.
   c. Los Estados Unidos en tierra firme están tan cerca de Hawái como Japón.
   d. Japón anunció que iba a atacar.

28. ¿Cuál es el propósito de repetir la frase "Anoche, las fuerzas japonesas atacaron"?

a. para mostrar que las fuerza japonesas estaban desorganizadas

b. para enfatizar que es una cobardía atacar de noche

c. para demostrar que los países están unidos en contra de Japón

d. para enfatizar la extensión del ataque de Japón

29. ¿Cuál de los siguientes términos describe "el carácter del ataque contra nosotros"?

a. esperado

b. agresivo

c. arrepentido

d. accidental

30. ¿Cuál de los siguientes enunciados no es una evidencia de que el ataque fue sorpresivo?

a. "Estados Unidos estaba en paz con esa nación".

b. "Una hora después de que los escuadrones aéreos japoneses habían comenzado a bombardear la isla americana de Oahu, el Embajador japonés en los Estados Unidos y su colega entregaron a nuestro Secretario de Estado una respuesta formal a un mensaje americano anterior".

c. "Durante el tiempo de intervención el Gobierno japonés ha intentado deliberadamente engañar a los Estados Unidos mediante falsas declaraciones y expresiones de esperanza para el mantenimiento de la paz".

d. "Las hostilidades existen".

Por favor utilizar el texto a continuación para responder las preguntas 31 a la 44.

Memorándum: A todos los Empleados
De: Alexandra Chandler
Asunto: Horas de Trabajo

¡Hola a todos!

(1) Comenzando la próxima semana, haremos una encuesta en la oficina para poder recibir la opinión de todos mientras modificamos las horas de trabajo.

La compañía (2) que ellos quieren cambiar el horario para poder adaptarse mejor a las necesidades de los empleados. Vamos a tener tres opciones a escoger. La primera opción es mantener los horarios de trabajo actuales: de 9 a 5, lunes a viernes. La segunda opción es trabajar una hora más cada día de lunes a jueves, pero trabajar solamente medio día el viernes. La tercera opción es trabajar dos horas extras de lunes a jueves y tener libre el viernes.

Aunque (3) completamente abiertos a las tres opciones, la gerencia cree que la segunda opción se adaptará mejor a las metas de la compañía y de los empleados. Muchos de nosotros ya nos estamos quedando tarde en el trabajo al inicio de la semana y una hora extra no se sentirá de más. Nosotros también hemos notado que (4). Entendemos que esto es un comportamiento normal y queremos alterar las horas para poder servirles mejor.

Pensamos que la segunda opción se adaptará bien con el patrón que ya hemos observado; sin embargo, aún queremos escuchar sus opiniones. Vamos a enviar cuestionarios por correo electrónico para que los llenen dentro de una semana. Por favor tómense el tiempo de pensar en sus responsabilidades antes de completar la encuesta ya que queremos que los posibles cambios reflejen de la mejor manera las necesidades de la oficina.

Por favor manténganse pendientes del cuestionario y devuélvanlo al final de la próxima semana.

Gracias por su atención,

Alexandra Chandler

CEO, Poplar Inc.

31. ¿Cuál opción encaja correctamente en (1)?

a. Estamos anunciando algunos cambios realmente grandes que pueden realmente afectarnos en los próximos meses.

b. Nos gustaría anunciar algunos cambios potenciales que afectarán a nuestro equipo en los próximos meses.

c. Para su información, las cosas podrían ser diferentes pronto.

d. PS: Gracias por su cooperación.

32. Escoge la forma correcta de decidir para (2).

a. decidirá

b. ha decidido

c. decide

d. deciden

33. ¿Qué elección encaja de forma correcta en (3)?

a. allá

b. su

c. ellos está

d. ellos están

34. ¿Cuál elección encaja correctamente en el (4)?

a. los viernes, en la tarde la actividad de los empleados baja

b. los viernes en la tarde la actividad, de los empleados baja

c. los viernes en la tarde, la actividad de los empleados baja

d. los viernes en la tarde la actividad de los empleados, baja

Por favor utilizar el texto a continuación para responder las preguntas 35 a la 42.

Fragmento del primer discurso de inauguración de Barack Obama 20 de junio de 2009

1   Al reafirmar la grandeza de nuestra nación, sabemos que esa grandeza nunca es un regalo. Hay que ganársela. Nuestro viaje nunca ha estado hecho de atajos ni se ha conformado con lo más fácil. No ha sido nunca un camino para los pusilánimes, para los que prefieren el ocio al trabajo o no buscan más que los placeres de la riqueza y la fama. Han sido siempre los audaces, los más activos, los constructores de cosas, algunos reconocidos, pero, en su mayoría, hombres y mujeres cuyos esfuerzos permanecen en la oscuridad, los que nos han impulsado en el largo y arduo sendero hacia la prosperidad y la libertad.

2   Por nosotros, empaquetaron sus escasas posesiones terrenales y cruzaron océanos en busca de una nueva vida. Por nosotros, trabajaron en condiciones infrahumanas y colonizaron el Oeste; soportaron el látigo y labraron la dura tierra. Por nosotros, combatieron y murieron en lugares como Concord y Gettysburg, Normandía y Khe Sahn.

3   Una y otra vez, esos hombres y mujeres lucharon, se sacrificaron y trabajaron hasta tener las manos en carne viva, para que nosotros pudiéramos tener una vida mejor. Vieron que Estados Unidos era más grande que la suma de nuestras ambiciones individuales; más grande que todas las diferencias de origen, de riqueza o de partido.

4   Éste es el viaje que hoy continuamos. Seguimos siendo el país más próspero y poderoso de la Tierra. Nuestros trabajadores no son menos productivos que cuando comenzó esta crisis. Nuestras mentes no son menos imaginativas, nuestros bienes y servicios no son menos necesarios que la semana pasada, el mes pasado ni el año pasado. Nuestra capacidad no ha disminuido. Pero el periodo del inmovilismo, de proteger estrechos intereses y aplazar decisiones desagradables, seguramente ha terminado. A partir de hoy, debemos levantarnos, sacudirnos el polvo y empezar a trabajar para reconstruir Estados Unidos.

5   Porque miremos donde miremos, hay trabajo por hacer. El estado de la economía exige actuar con audacia y rapidez, y vamos a actuar; no sólo para crear nuevos puestos de trabajo, sino para

continúa

sentar nuevas bases de crecimiento. Construiremos las carreteras y los puentes, las redes eléctricas y las líneas digitales que nutren nuestro comercio y nos unen a todos. Volveremos a situar la ciencia en el lugar que le corresponde y utilizaremos las maravillas de la tecnología para elevar la calidad de la atención sanitaria y rebajar sus costos. Aprovecharemos el sol, los vientos y la tierra para hacer funcionar nuestros coches y nuestras fábricas. Y transformaremos nuestras escuelas y nuestras universidades para que respondan a las necesidades de una nueva era. Podemos hacer todo eso. Y todo lo vamos a hacer.

6 Ya sé que hay quienes ponen en duda la dimensión de nuestras ambiciones, quienes sugieren que nuestro sistema no puede soportar demasiados planes grandes. Tienen mala memoria. Porque se han olvidado de lo que ya ha hecho este país; de lo que los hombres y mujeres libres pueden lograr cuando la imaginación se une a un propósito común y la necesidad al valor. Lo que no entienden los escépticos es que el terreno que pisan ha cambiado, que las manidas discusiones políticas que nos han consumido durante tanto tiempo ya no sirven.

7 La pregunta que nos hacemos hoy no es si nuestro gobierno interviene demasiado o demasiado poco, sino si sirve de algo: si ayuda a las familias a encontrar trabajo con un sueldo decente, un cuidado de salud que puedan pagar, una jubilación digna. En los programas en los que la respuesta sea sí, seguiremos adelante. En los que la respuesta sea no, los programas se cancelarán. Y los que manejemos el dinero público tendremos que responder por ello, gastar con prudencia, cambiar malos hábitos y hacer nuestro trabajo a la luz del día, porque sólo entonces podremos restablecer la confianza vital entre el pueblo y su gobierno.

Fragmento del segundo discurso inaugural de Barack Obama 21 de enero de 2013

1 Nosotros, el pueblo, aún creemos que cada ciudadano merece una medida básica de seguridad y dignidad. Debemos tomar las decisiones difíciles para reducir los costos del cuidado médico y tomar control de nuestro déficit. Pero rechazamos la creencia que Estados Unidos debe escoger entre cuidar a la generación que construyó este país o invertir en la generación que construirá el futuro. Porque recordamos las lecciones de nuestro pasado, cuando años oscuros fueron caracterizados por la pobreza y los padres de un niño con impedimentos no tenían a quién acudir. No creemos que en este país la libertad esté reservada para los que tienen suerte o la felicidad sea para pocos. Reconocemos que sin importar qué tan responsablemente vivamos, cualquiera de nosotros, en cualquier momento, puede sufrir un despido o una enfermedad repentina o que nuestra casa se la lleve una tormenta terrible. Los compromisos que tenemos unos con otros, a través de Medicare y Medicaid y el Seguro Social, estas cosas no socavan nuestras iniciativas; nos fortalecen. No nos hacen una nación de aprovechados; nos liberan para tomar los riesgos que hacen grande a este país.

2 Nosotros, el pueblo, todavía creemos que nuestras obligaciones como estadounidenses no son sólo para nosotros, sino para toda la posteridad. Responderemos a la amenaza del cambio climático, sabiendo que dejar de hacerlo traicionaría a nuestros hijos y a las futuras generaciones. Algunos todavía pueden negar la abrumadora evidencia de la ciencia, pero nadie puede evitar el impacto devastador de los incendios forestales y de la paralizante sequía y de más potentes tormentas. El camino hacia las fuentes de energía sostenible será largo y algunas veces difícil. Pero Estados Unidos no puede resistirse a esta transición, debe liderarla. No podemos ceder a otras naciones la tecnología que impulsará nuevos trabajos y nuevas industrias, debemos reclamar este

derecho. Así es cómo mantendremos la vitalidad de nuestra economía y nuestros tesoros nacionales, nuestros bosques y nuestros ríos; nuestras tierras fértiles y nuestros picos nevados. Así es cómo preservaremos nuestro planeta que Dios nos ha ordenado cuidar. Eso es lo que le dará significado al credo que una vez declararon nuestros padres.

3   Nosotros, el pueblo, todavía creemos que la seguridad permanente y la paz duradera no requieren de una guerra perpetua. Nuestros valientes hombres y mujeres uniformados, templados por las llamas de la batalla, son inigualables en habilidades y coraje. Nuestros ciudadanos, forjados por la memoria de los que hemos perdido, conocen demasiado bien el precio que se paga por la libertad. El conocimiento del sacrificio nos mantendrá vigilantes contra aquellos que quieran hacernos daño. Pero también somos herederos de aquellos que ganaron la paz y no sólo la guerra, que convirtieron a nuestros peores enemigos en los amigos más confiables y debemos traer esas lecciones a ese tiempo también.

4   Defenderemos a nuestro pueblo y mantendremos nuestros valores a través de la fuerza de las armas y del cumplimiento de la ley. Mostraremos nuestro coraje para tratar y resolver nuestras diferencias con otras naciones de manera pacífica, no por ser ingenuos sobre los peligros que encaramos, sino porque el involucramiento puede funcionar mejor para borrar las sospechas y el miedo. Estados Unidos seguirá siendo el ancla de las fuertes alianzas en todos los rincones del mundo; y renovaremos estas instituciones que extienden nuestra capacidad para manejar crisis en el extranjero, porque nadie tiene más en juego en un mundo pacífico que su nación más poderosa. Apoyaremos la democracia desde Asia hasta África; desde las Américas hasta el Medio Oriente, porque nuestros intereses y nuestras conciencias nos obligan a actuar en nombre de aquellos que buscan libertad. Y debemos ser la fuente de esperanza para los pobres, los enfermos y los marginados, las víctimas del prejuicio, no solo por caridad, sino porque la paz en nuestros tiempos requiere del constante avance de estos principios que nuestro credo en común describe: tolerancia y oportunidad; dignidad humana y justicia.

35. ¿Cuál respuesta resume mejor la idea central expresada en el primer párrafo del primer discurso inaugural de Obama?

   a. La suerte hizo de los Estados Unidos una exitosa y gran nación.

   b. Aquellos que trabajaron duro y corrieron riesgos moldearon América.

   c. Los Estados Unidos es una gran nación y trabaja duro para seguirlo siendo.

   d. Obama se siente muy afortunado de haber sido elegido Presidente.

36. ¿Cuál es el significado de la oración que se refuerza con la frase "hombres y mujeres que se sacrificaron y lucharon" mencionado en los primeros tres párrafos en el primer discurso inaugural de Obama?

   a. "Nuestra capacidad no ha disminuido".

   b. "Porque miremos donde miremos, hay trabajo por hacer".

   c. "Tienen mala memoria. Porque se han olvidado de lo que ya ha hecho este país; de lo que los hombres y mujeres libres pueden lograr cuando la imaginación se une a un propósito común y la necesidad al valor".

   d. "Volveremos a situar la ciencia en el lugar que le corresponde y utilizaremos las maravillas de la tecnología para elevar la calidad de la atención sanitaria y rebajar sus costos".

37. En el primer discurso inaugural de Obama, ¿qué significa la palabra *ambiciones* en la oración: "Ahora, hay quienes ponen en duda la dimensión de nuestras ambiciones, quienes sugieren que nuestro sistema no puede tolerar demasiados planes grandes".
  a. una voluntad de luchar por un logro
  b. levantarse para la acción
  c. obsesionarse con los obstáculos
  d. todos los anteriores

38. ¿Cuál es el propósito de Obama al comenzar cada uno de los primeros tres párrafos de su Segundo Discurso Inaugural con "Nosotros, el pueblo"?
  a. mostrar el orgullo americano
  b. unificar la nación
  c. citar el Preámbulo
  d. contrastar los ciudadanos nacidos en los Estados Unidos con los inmigrantes

39. ¿Cuál es el efecto de repetir la palabra *generación* y el verbo *construir* para comparar "la generación que construyó este país" con "la generación que construirá el futuro"?
  a. porque Obama está hablando de la misma gente
  b. para crear una conexión entre el pasado y el futuro
  c. porque él piensa que la próxima generación será mejor que la anterior
  d. para enfatizar que ambas generaciones todavía tienen trabajo que hacer

40. ¿Cuál de las siguientes opciones apoya la afirmación de Obama en el segundo discurso inaugural de que los americanos se sienten obligados con las futuras generaciones?
  a. "Porque recordamos las lecciones de nuestro pasado, cuando años oscuros fueron caracterizados por la pobreza y los padres de un niño con impedimentos no tenían a quién acudir".
  b. "Responderemos a la amenaza del cambio climático, sabiendo que dejar de hacerlo traicionaría a nuestros hijos y a las futuras generaciones".
  c. "Una y otra vez, esos hombres y mujeres lucharon, se sacrificaron y trabajaron hasta tener las manos en carne viva, para que nosotros pudiéramos tener una vida mejor".
  d. "Defenderemos a nuestro pueblo y mantendremos nuestros valores a través de la fuerza de las armas y del cumplimiento de la ley".

41. ¿Dónde apoyará Obama la democracia, de acuerdo al segundo discurso inaugural?
  a. en las Américas
  b. alrededor del mundo
  c. en Europa
  d. en el Medio Oriente

42. ¿Cuál de las siguientes oraciones del segundo discurso inaugural encaja mejor en el tema del primer discurso inaugural?
  a. "Ellos no nos hacen una nación de aprovechados; ellos nos liberan para tomar los riesgos que hacen grande a este país".
  b. "Eso es lo que le dará significado al credo que una vez rezaron nuestros padres".
  c. "Nosotros, el pueblo, todavía creemos que la seguridad permanente y la paz duradera no requieren de una guerra perpetua".
  d. "Nosotros debemos tomar decisiones difíciles para reducir los costos del cuidado médico y el tamaño de nuestro déficit".

Por favor utilizar el texto a continuación para responder las preguntas 43 a la 48.

Discurso en la Firma del Acta de los Derechos Civiles (2 de julio de 1964) Lyndon Baines Johnson

1 Mis compatriotas americanos:

2 Estoy a punto de convertir en ley el Acta de los Derechos Civiles de 1964. Quiero aprovechar esta ocasión para hablarles acerca de lo que esa ley significa para todos los americanos.

3 Hace ciento ochenta y ocho años esta semana una pequeña banda de hombres valientes comenzaron una larga lucha por la libertad. Ellos comprometieron sus vidas, sus fortunas y su sagrado honor no sólo para fundar una nación, sino para forjar un ideal de libertad, no sólo por independencia política, sino por libertad personal, no sólo para eliminar el dominio extranjero, sino para establecer el gobierno de justicia en los asuntos del pueblo.

4 Esa lucha fue un punto decisivo en nuestra historia. Hoy en los últimos rincones de los lejanos continentes los ideales de esos patriotas americanos todavía forjan las luchas de los hombres que tienen hambre de libertad.

5 Éste es un triunfo enorgullecedor. Aún quienes fundaron nuestro continente sabían que la libertad estaría segura sólo si cada generación luchaba para renovarla y hacer más grande su significado. Desde los *minutemen* en Concord hasta los soldados en Vietnam, cada generación se ha ganado esa confianza.

6 Los americanos de cada raza y color han muerto en la batalla por proteger nuestra libertad. Los americanos de cada raza y color han trabajado para reconstruir una nación de grandes oportunidades. Ahora nuestra generación de americanos ha sido llamada para continuar la búsqueda interminable de justicia dentro de nuestras propias fronteras.

7 Nosotros creemos que todos los hombres son creados iguales. Pero aún a muchos se les niega un tratamiento igualitario.

8 Nosotros creemos que todos los hombres tienen ciertos derechos inalienables. Pero aún hay muchos americanos que no disfrutan de esos derechos.

9 Nosotros creemos que todos los hombres tienen el derecho de ser bendecidos con la libertad. Pero aún hay millones que están siendo privados de esa bendición, no por su propia culpa, sino por el color de su piel.

10 Las razones están profundamente arraigadas en la historia, la tradición y la naturaleza del hombre. Nosotros podemos entender, sin rencor ni odio, cómo todo esto ha pasado.

11 Pero esto no puede continuar. Nuestra constitución, la fundación de nuestra República, lo prohíbe. Los principios de nuestra libertad lo prohíben. La moral lo prohíbe. Y la ley que voy a firmar esta noche lo prohíbe.

43. ¿Cuál de los siguientes enunciados NO es un ejemplo de un ideal americano?

   a. "Nosotros creemos que todos los hombres son creados iguales".

   b. "Los principios de nuestra libertad lo prohíben".

   c. "No sólo por independencia política, sino por libertad personal".

   d. "Aún a muchos se les niega un tratamiento igualitario".

44. ¿Cuál de las siguientes oraciones tiene la misma idea central que "Aún a muchos se les niega tratamiento igualitario"?

   a. "Pero aún hay muchos americanos no disfrutan de esos derechos".

   b. "Nosotros creemos que todos los hombres tienen el derecho de ser bendecidos con la libertad".

   c. "Nosotros podemos entender, sin rencor ni odio, cómo todo esto ha pasado".

   d. "Los americanos de cada raza y color han muerto en la batalla por proteger nuestra libertad".

45. Con base en los comentarios de Johnson, ¿cuál es el mejor ejemplo de "la búsqueda interminable de justicia de los Estados Unidos dentro de nuestras propias fronteras"?

   a. la Guerra Civil

   b. el Gran Cañón

   c. el Acta de Los Derechos Civiles de 1964

   d. la Guerra de Vietnam

46. ¿Cuál respuesta representa mejor la idea central expresada en el párrafo que comienza con "Hace ciento ochenta y ocho años"?

   a. Los Estados Unidos se formaron hace mucho tiempo.

   b. Los padres fundadores trabajaron duro para crear esta nación.

   c. El país siempre ha tratado a todos de manera justa.

   d. Los hombres de todas las razas lucharon por la libertad hace 188 años.

47. ¿Cuál oración expresa mejor el tema del texto?

   a. Los ideales americanos incluyen un trato justo para todos.

   b. Los Estados Unidos es un gran país.

   c. Todos son tratados igual en los Estados Unidos.

   d. Lyndon B. Johnson fue uno de los mejores presidentes.

48. ¿Cuál de los siguientes ejemplos NO apoya la posición de Lyndon B. Johnson de que el Acta de los Derechos Civiles está de acuerdo con los valores americanos?

   a. "Ellos comprometieron sus vidas, sus fortunas y su sagrado honor no sólo para fundar una nación sino para forjar un ideal de libertad".

   b. "Hoy en los últimos rincones de los lejanos continentes los ideales de esos patriotas americanos todavía forjan las luchas de los hombres que tienen hambre de libertad".

   c. "Los americanos de cada raza y color han muerto en la batalla por proteger nuestra libertad".

   d. "Las razones están profundamente arraigadas en la historia, la tradición y la naturaleza del hombre".

Parte II

1 pregunta
45 minutos

Mediante esta prueba de práctica, te familiarizarás con la pregunta con respuesta ampliada que encontrarás en el Examen GED® de Razonamiento a través de las Artes del Lenguaje.

Esta práctica te permite elaborar la respuesta de una determinada actividad y luego compararla con los ejemplos de respuestas en diferentes niveles de puntaje. También recibirás una guía de puntaje para esta actividad, la cual incluye una explicación detallada acerca de cómo los evaluadores oficiales de GED® puntuarán tu respuesta. Puedes usar esta guía de puntaje para puntuar tus respuestas.

Antes de comenzar, es importante que tengas presente que en la prueba oficial esta actividad se debe completar en 45 minutos, como máximo. Pero no te apresures a responder; tómate tiempo para leer detenidamente los pasajes y la consigna. Después, piensa cómo te gustaría responder la consigna.

Mientras redactas tu ensayo, asegúrate de

- Decidir cuál de las posturas presentadas en los pasajes está mejor respaldada por indicios.
- Explicar por qué la postura que elegiste está mejor respaldada.
- Reconocer que la postura mejor respaldada quizá no es la postura que apruebas.

- Presentar muchos indicios del pasaje para defender tus afirmaciones.
- Elaborar con detenimiento las ideas principales y organizarlas de manera lógica, con detalles de respaldo sólidos.
- Conectar las oraciones, los párrafos y las ideas con conectores.
- Expresar las ideas con claridad y elegir palabras cuidadosamente.
- Usar estructuras oracionales variadas para aumentar la claridad de la respuesta.
- Volver a leer y repasar la respuesta.

¡Buena suerte!

Por favor utilizar el texto a continuación para responder la pregunta con respuesta ampliada.

Un Análisis de Energía Nuclear

1   América funciona con energía. De hecho, los Estados Unidos es el segundo país con mayor consumo de energía en el mundo, después de China. En años recientes, se puede afirmar que necesitamos disminuir nuestra dependencia de los países extranjeros que nos proveen petróleo y producir energía en casa. ¿Pero de dónde podemos obtener la energía que necesitamos?

Beneficios de la energía nuclear

2   El Departamento de Energía de los Estados Unidos (DOE) promueve la producción de energía nuclear segura a nivel nacional, y hay muchos que apoyan la idea de que la energía nuclear es la respuesta. Comparada con combustibles fósiles como el gas, el carbón y el petróleo, la energía nuclear es la forma más eficiente de producir electricidad. Por ejemplo, el Laboratorio Nacional de Idaho reporta que "una munición de combustible de uranio, de casi el tamaño de la punta del dedo meñique de un adulto, contiene la misma cantidad de energía que 17,000 pies cúbicos de gas natural, 1,780 libras de carbón o 149 galones de petróleo".

3   Los partidarios de la energía nuclear citan que los generadores nucleares no crean grandes cantidades de dióxido de carbono, óxido de nitrógeno ni dióxido de azufre tóxicos como las que se producen al quemar combustibles fósiles. El DOE reporta que un generador nuclear produce 30 toneladas de combustible gastado al año en comparación con las 300,000 toneladas de ceniza de carbón producidas por una planta eléctrica alimentada con carbón.

4   En términos de seguridad, la Comisión Regulatoria Nuclear asegura que todos y cada uno de los reactores mantengan estrictas normas de seguridad. Los desechos radiactivos se aíslan bajo tierra a grandes profundidades bajo muros de concreto de 1.2 metros de espesor reforzados con acero. El DOE también señala que "la ceniza producida de la quema de carbón en una planta de energía emite 100 veces más radiación al medioambiente que una planta de energía nuclear".

continúa

Argumentos en contra de la energía nuclear

5 Los oponentes de la energía nuclear argumentan que los reactores nucleares ponen en peligro toda la vida en la Tierra por tres razones básicas. Primero, la radiactividad nuclear es mortal y debe ser aislada por miles de años. Segundo, sin importar cuántas medidas de seguridad se apliquen, los accidentes pasan y las fusiones nucleares son catástrofes medioambientales a nivel mundial. Finalmente, el combustible nuclear usado para generar electricidad también puede usarse para fabricar bombas atómicas.

6 Los generadores nucleares usan plutonio y uranio radiactivos como combustible. Los científicos dicen que la exposición a una millonésima de una onza de plutonio causa cáncer. Hasta los defensores de la energía nuclear están de acuerdo en que los desechos nucleares que amenazan la vida deben ser aislados por medio millón de años antes de que se considere seguro para quienes estén cerca. Los basureros radiactivos duran generaciones.

7 Los oponentes de la energía nuclear también citan la constante amenaza de fusiones. El esparcimiento de la contaminación radiactiva y la muerte causada por los accidentes nucleares en Three Mile Island, Chernobyl y Fukushima son lecciones de advertencia. Los investigadores están en desacuerdo en cuanto a cuán posible es aislar la radiactividad de manera segura, pero es innegable que la fusión nuclear causa una extensa contaminación del aire, el agua y la tierra con radioactividad mortal. También es verificable que los accidentes nucleares han causado catástrofes ambientales que continúan hasta estos días.

8 Posiblemente todavía más perturbador que la amenaza de desechos tóxicos y fusiones es el uso de uranio para propósitos siniestros. El 7 de diciembre de 2013, Reuters reportó que "...en las noticias que pueden preocupar a las potencias del mundo... Irán avanza probando tecnología más eficiente para el enriquecimiento del uranio..." De hecho, las Naciones Unidas y el mundo entero están preocupados acerca del enriquecimiento de uranio en Irán para usarlo en plantas de energía nuclear porque el mismo uranio enriquecido puede usarse para fabricar armas atómicas.

9 Los oponentes argumentan que de la misma manera que nosotros aprendimos que los combustibles fósiles son limitados y destruyendo el medioambiente, también debemos aprender de los desastres nucleares. Los oponentes dicen que la respuesta es crear fuentes de energía alternativa que sean seguras, limpias y renovables como la energía solar, eólica, mareomotriz y geotérmica. ¿Por qué arriesgarse? El futuro del mundo está en juego.

PREGUNTA:

Los defensores de la energía nuclear argumentan que es segura y eficiente, mientras que los oponentes argumentan a favor de fuentes de energía alternativa, citando las consecuencias mortales de los desastres nucleares.

En tu respuesta, analiza ambas posiciones presentadas en el artículo para determinar cuál es la más apoyada. Usa evidencia relevante y específica de ambos artículos para apoyar tu respuesta.

Escribe tu respuesta en la casilla siguiente. Debes prever unos 45 minutos para planear, redactar y editar tu respuesta.

_____

_____

_____

_____

_____

_____

_____

_____

_____

_____

_____

_____

_____

_____

_____

Respuestas y explicaciones

Parte I

1. **La opción d es correcta.** Ésta es la única respuesta que abarca todas las cosas que la Sra. Obama menciona, desde agradecer a los trabajadores del USDA hasta explicarles cómo las iniciativas saludables no podrían tener éxito sin ellos.

    La opción **a** es incorrecta. Aunque la Sra. Obama habla de los diferentes programas que ella ha creado con esa meta, ella usa esos ejemplos para demostrar el tema más importante.

    La opción **b** es incorrecta. La Sra. Obama muestra su apreciación por los trabajadores del USDA, pero esta respuesta ignora muchas otras ideas e información presentadas a lo largo del pasaje.

    La opción **c** es incorrecta. El pasaje menciona la iniciativa *A moverse* (*Let's Move*), pero es claro por los comentarios de la Sra. Obama que la iniciativa ya está en marcha; por lo tanto, el propósito del pasaje no es presentar la iniciativa *A moverse* (*Let's Move*).

2. Respuesta: De acuerdo a la Sra. Obama, un hombre llamado **Tom** mencionó que el problema de la nutrición es algo importante y de mucha preocupación. En el segundo párrafo la Sra. Obama enuncia: "... el problema de la nutrición, como lo mencionó *Tom*, como todos ustedes saben, es algo importante y de mucha preocupación…"

3. **La opción b es correcta.** Al seleccionar esta respuesta el lector demuestra que comprende la importancia que la Sra. Obama pone en la familia y en adoptar hábitos saludables.

    La opción **a** es incorrecta. Esta respuesta ignora los temas principales del pasaje, los cuales incluyen un énfasis en participar de un estilo de vida activo, no solamente mirarlo.

La opción **c** es incorrecta. Esta respuesta sólo identifica un tema e ignora el enfoque en la nutrición.

La opción **d** es incorrecta. Aunque esta respuesta incorpora los dos temas que son la familia y tener hábitos saludables, ignora el énfasis de la Sra. Obama en enseñarles hábitos saludables a los niños.

4. **La opción a es correcta.** Aunque la Sra. Obama está enunciando otra de las contribuciones del USDA, esta respuesta no se enfoca en la salud ni en los alimentos, sino en las fuentes renovables. También, las otras tres respuestas claramente apoyan la conclusión de la pregunta.

    La opción **b** es incorrecta. Este enunciado demuestra la preocupación de la Sra. Obama por medio de su gratitud.

    La opción **c** es incorrecta. Este enunciado enuncia explícitamente el interés personal de la Sra. Obama en la salud en los Estados Unidos.

    La opción **d** es incorrecta. En este enunciado la Sra. Obama da un ejemplo específico de la manera en la cual ella, junto con el USDA, ha trabajado para enseñarles hábitos saludables a los ciudadanos.

5. **La opción a es correcta.** Si tú reemplazas la palabra "iniciativa" con la palabra "programa", la oración va a mantener su significado.

    La opción **b** es incorrecta. En este contexto, "entusiasmo" no representa la connotación de la palabra y "programa" es una mejor elección.

    La opción **c** es incorrecta. "Desinterés" es un antónimo de "iniciativa", o el significado opuesto.

    La opción **d** es incorrecta. Reemplazando "iniciativa" con "participación" se pierde todo el significado de la oración.

6. La opción b es correcta. Demuestra la necesidad de los programas agrícolas resaltando la ignorancia de algunos niños en cuanto a la forma en que se cultivan los alimentos o de dónde provienen éstos. La Sra. Obama proporciona más evidencia en cómo estos han mejorado el entendimiento de los niños en cuanto a la nutrición y los alimentos que consumen.

La opción **a** es incorrecta. Esta respuesta ignora el énfasis de la Sra. Obama en por qué los programas nutricionales son importantes.

La opción **c** es incorrecta. Esta respuesta demuestra que el lector no comprende el tema en general del pasaje, ya que los párrafos proporcionan evidencia de por qué son necesarios los programas y lo que hacen los trabajadores del USDA.

La opción **d** es incorrecta. La Sra. Obama enuncia de manera clara y explícita que los niños no solamente no saben de nutrición, sino que no saben de dónde provienen los alimentos. Esto vincula el tema general de la salud y demuestra que la Sra. Obama cree que estos programas son necesarios.

7. La opción a es correcta. Unas pocas oraciones antes de "compatriotas", el narrador dice "Pocos italianos tienen el verdadero espíritu virtuoso". Las siguientes oraciones, incluyendo la que usa "compatriotas", son descripciones de características que los italianos tienen o no tienen.

La opción **b** es incorrecta. Unas pocas oraciones antes de "compatriotas", el narrador dice "Pocos italianos tienen el verdadero espíritu virtuoso". Las siguientes oraciones hablan de cómo el entusiasmo de muchos italianos es con frecuencia falso para aprovecharse de los británicos y de los australianos.

La opción **c** es incorrecta. Unas pocas oraciones antes de "compatriotas", el narrador dice "Pocos italianos tienen el verdadero espíritu virtuoso". Las siguientes oraciones hablan de cómo el entusiasmo de muchos italianos es con

frecuencia falso para aprovecharse de los británicos y de los australianos.

La opción **d** es incorrecta. No se menciona ni se indica en el pasaje que Fortunato es un español.

8. La opción c es correcta. El narrador enuncia que Fortunato es "sincero" en su conocimiento de "los vinos añejos", y que "En este sentido yo no difiero de él materialmente".

La opción **a** es incorrecta. En ningún momento el narrador dice nada acerca de la historia italiana.

La opción **b** es incorrecta. El narrador describe "la vestimenta a rayas de diferentes colores" de Fortunato pero no describe su propia ropa.

La opción **d** es incorrecta. El narrador enuncia los eventos ocurridos "una noche durante la locura suprema de la época de carnaval" pero no hace declaraciones acerca de sus sentimientos respecto a la época.

9. La opción b es correcta. Esto describe la reacción del narrador al encontrar a Fortunato, no los sentimientos de Fortunato con respecto al vino.

La opción **a** es incorrecta. El narrador está enunciando claramente el conocimiento de Fortunato con respecto al vino.

La opción **c** es incorrecta. Fortunato está intentando probar que él conoce de vinos y convencer al narrador de que lo lleve con él a donde está el barril de amontillado en lugar de a su amigo Luchresi.

La opción **d** es incorrecta. Después de que el narrador advierte a Fortunato de que su salud estaría en peligro si van a la bóveda por causa del resfriado, Fortunato ignora la preocupación a favor del vino.

10. **La opción c es correcta.** Fortunato es realmente muy desafortunado ya que él acaba de tropezarse con un hombre que quiere matarlo, y lo hace más tarde.

La opción **a** es incorrecta. El narrador está siendo sincero.

La opción **b** es incorrecta. Éste es un seguimiento del enunciado usado para explicar la afirmación del narrador de que "pocos italianos tienen el verdadero espíritu virtuoso".

La opción **d** es incorrecta. Aunque el narrador realmente no quiere impedir el viaje de Fortunato hacia la muerte, en el texto no hay razón para creer que las bóvedas no son frías y húmedas.

11. **La opción d es correcta.** Anteriormente en el texto, el narrador enuncia que Fortunato "tenía un punto débil, este Fortunato, aunque en otros aspectos era un hombre respetado y hasta temido. Él se enorgullecía de ser un conocedor de vinos".

La opción **a** es incorrecta. No hay nada en el texto que indique que Luchresi tuviera más experiencia en vinos que Fortunato. De hecho, el mismo narrador enuncia que "con respecto a los vinos añejos [Fortunato] era sincero".

La opción **b** es incorrecta. Por el contrario, si el narrador y Fortunato fueran enemigos conocidos, Fortunato no hubiera confiado en él y no hubiera ido con él a las bóvedas.

La opción **c** es incorrecta. Los dos hombres ya se conocen y confíaban el uno en el otro, lo cual es evidente en su interacción y en su diálogo.

12. **La opción c es correcta.** El autor sugiere que antes de 1867 muchos bebés eran pinchados con alfileres y luego se inventaron los alfileres de seguridad y ahí terminó el problema. Uno puede inferir que la razón por la cual anteriormente los bebés eran pinchados era porque sus pañales eran sujetados con alfileres rectos.

La opción **a** es incorrecta. La única conexión que hace el autor entre sí mismo y George Washington es que él, como Washington, vino al mundo siendo un mentiroso.

La opción **b** es incorrecta. Aunque el autor sugiere que antes de 1867 los infantes eran con frecuencia pinchados con alfileres, él no implica que una pinchada de alfiler era la forma de castigo de parte de los padres.

La opción **d** es incorrecta. Aunque el autor menciona que los alfileres de seguridad impiden que los niños "mientan" poniéndose a llorar como si hubieran sido pinchados por un alfiler, el autor también enuncia que esto "no afecta la disposición para mentir".

13. **La opción b es correcta.** El autor enuncia: "Durante la primera parte de mi vida, nunca conocí a un niño que pudiera resistirse a la tentación de decir esa mentira".

La opción **a** es incorrecta. El autor no ofrece ningún dato científico para apoyar esta afirmación.

La opción **c** es incorrecta. El autor no presenta ninguna evidencia física para apoyar su afirmación.

La opción **d** es incorrecta. Aunque el autor menciona que George Washington mintió siendo un infante, él no ofrece documentación histórica para apoyar este enunciado.

14. La opción **d** es correcta. El autor enuncia que "toda la gente es mentirosa desde la cuna" y también se pregunta: "¿Por qué una persona debe afligirse por una cosa que por las leyes eternas de la creación no puede cambiar?"

La opción **a** es incorrecta. El autor no sugiere que mentir debería ser prohibido y de hecho, argumenta que impedir que una persona mienta no le quita la disposición para hacerlo.

La opción **b** es incorrecta. El autor no sugiere que diferentes reglas deban ser aplicadas a los adultos y a los niños.

La opción **c** es incorrecta. El autor no sugiere que eliminar la mentira sea una meta que la gente se esfuerce por lograr.

15. La opción **a** es correcta. El autor argumenta que aquellos que no hablaron acerca de la esclavitud implicaron "que allá no estaba pasando nada en lo que la gente humana e inteligente estuviera interesada", lo que era una forma tranquila de enfrentar a los activistas anti-esclavos.

La opción **b** es incorrecta. El autor no menciona la economía como un problema relacionado con la esclavitud.

La opción **c** es incorrecta. El autor no sugiere que los dueños de los esclavos les mientan a otros; la idea central del párrafo es que la gente se miente a sí misma acerca de la esclavitud.

La opción **d** es incorrecta. El autor dice que los agitadores anti-esclavitud en el Norte discutían, alegaban y rezaban", pero ellos no consiguieron suficiente apoyo en respuesta.

16. La opción **b** es correcta. Aunque este detalle es mencionado en el pasaje, esto no refleja la idea central del pasaje, la cual es que mentir es parte de la naturaleza humana.

La opción **a** es incorrecta. Este detalle apoya la idea central del pasaje, la cual es que mentir es parte de la naturaleza humana.

La opción **c** es incorrecta. Este detalle apoya la idea central del pasaje, la cual es que mentir es parte de la naturaleza humana.

La opción **d** es incorrecta. Este detalle apoya la idea central del pasaje, el cual es que mentir es parte de la naturaleza humana.

17. La opción **a** es correcta. Las tres palabras necesitan escribirse con mayúscula: La primera letra de una oración siempre debe escribirse con mayúscula como también los nombres de las personas y los títulos.

La opción **b** es incorrecta. Esta respuesta carece de todas las mayúsculas necesarias. Las tres palabras necesitan usar mayúscula; la primera letra de una oración siempre debe escribirse con mayúscula como también los nombres de las personas y los títulos.

La opción **c** es incorrecta. Las tres palabras necesitan usar mayúscula en la primera letra.

La opción **d** es incorrecta. Las tres palabras necesitan usar mayúscula en la primera letra.

18. La opción **c** es correcta. Ésta es la forma correcta para tiempo pasado y para un sujeto singular.

La opción **a** es incorrecta. "He trabajar con niños" no tiene sentido en este contexto. La autora está explicando lo que ella ha hecho en el pasado.

La opción **b** es incorrecta. Esta respuesta no tiene sentido en el contexto.

La opción **d** es incorrecta. Esta respuesta no tiene sentido en el contexto.

19. La opción a es correcta. Esta palabra tiene una correspondencia correcta con el verbo en tiempo pasado "cuidé".

La opción **b** es incorrecta. Esta palabra no tiene correspondencia con el verbo en tiempo pasado "cuidé".

La opción **c** es incorrecta. La palabra "aunque" indica contraste con un enunciado previo. Las ideas en la oración complementan las oraciones anteriores y no ofrecen un contraste.

La opción **d** es incorrecta. Esta respuesta no tiene sentido en el contexto. Para mantener la forma, "recientemente" es una mejor respuesta.

20. La opción c es correcta. "Mi" es el pronombre posesivo correcto.

La opción **a** es incorrecta. Éste no es el pronombre posesivo correcto. La persona está hablando de sus habilidades.

La opción **b** es incorrecta. "Ti" no es pronombre posesivo. Es claro que las habilidades le pertenecen a alguien.

La opción **d** es incorrecta. Aunque "mío" es posesivo, una persona lo usa para indicar objetos que le pertenecen y sería incorrecto decir "mío habilidades."

21. La opción a es correcta. Esta opción resume el pasaje en su totalidad, identificando el énfasis que hace Kennedy en el pasado y en el presente al aceptar la presidencia.

La opción **b** es incorrecta. Esta opción ignora el enfoque de Kennedy en el futuro de la nación y del mundo.

La opción **c** es incorrecta. Kennedy enfatiza que esperanza y cosas buenas están por venir en todo el texto; sin embargo, esto es sólo una pequeña parte de todo lo que él dice y no es el tema central.

La opción **d** es incorrecta. Aunque Kennedy habla acerca del rol de los Estados Unidos y el rol de sus aliados en el alcance de la paz y la democracia, esta opción ignora el peso que pone Kennedy en cómo el pasado ha moldeado al país.

22. La opción c es correcta. El uso de las palabras "sustituir" y "más" significa que el "control colonial" y la tiranía tienen un significado similar, ya que un control colonial es una forma menor de tiranía.

La opción **a** es incorrecta. La oración es claramente dirigida "a todos los nuevos estados"; estos son a quienes se les promete montar guardia en contra de la tiranía.

La opción **b** es incorrecta. Esta frase representa lo opuesto de la tiranía, el estado al cual las naciones han sido "bienvenidas". La segunda parte de la oración es una promesa de protegerlas y de montar guardia en contra de la tiranía.

La opción **d** es incorrecta. "Dura" es un adjetivo usado para describir la tiranía. Le pone énfasis a la tiranía, pero no la define.

23. La opción a es correcta. Kennedy compara estar unidos con estar divididos para enfatizar un punto de por qué las naciones deben cooperar (porque ellos pueden lograr cualquier cosa "estando unidos en emprendimientos de cooperación").

La opción **b** es incorrecta. Esto es lo opuesto a la intención de Kennedy.

La opción **c** es incorrecta. Kennedy se enfoca en todos trabajando juntos y no en la política exterior.

La opción **d** es incorrecta. Aunque Kennedy dice en el pasaje que él está comprometido con la paz y la cooperación, este discurso se enfoca en hablar de los riesgos de no trabajar juntos.

24. **La opción b es correcta.** Evitando amenazas y proponiendo un nuevo comienzo de paz, Kennedy señala la importancia de la cooperación global en lugar de la competencia.

La opción **a** es incorrecta. Esta respuesta ignora cómo Kennedy evita hacer acusaciones fuertes o amenazas, sino que ofrece paz.

La opción **c** es incorrecta. Este párrafo claramente se enfoca en "esas naciones que se transformarán en nuestros adversarios", no los Estados Unidos.

La opción **d** es incorrecta. El punto central del párrafo es las otras naciones, no Kennedy ni los Estados Unidos.

25. **La opción a es correcta.** Roosevelt enfatiza que el ataque fue una completa sorpresa ya que entre ambas naciones no hubo advertencias, pero él enuncia que ha "decidido tomar todas las medidas para nuestra defensa". Aunque él no esperaba este evento, él sabe que "las hostilidades existen" y ha manejado la situación.

La opción **b** es incorrecta. Roosevelt dice que los Estados Unidos tienen "confianza en nuestras fuerzas armadas" y "la determinación de nuestro pueblo" y vamos a "lograr la victoria inevitable". Éstas no son palabras de una persona tímida y miedosa.

La opción **c** es incorrecta. Aunque él afirma muchas veces que el ataque vino por sorpresa, él no demuestra temor en sus palabras. En su lugar, él demuestra confianza en el país.

La opción **d** es incorrecta. Algo de lo que Roosevelt dice es agresivo, como cuando le pide al Congreso que declare la guerra, pero él parece confiado en las habilidades de la nación en vez de inseguro.

26. **La opción c es correcta.** Roosevelt está efectivamente enfatizando cómo "Estados Unidos estaba en paz con esa nación" cuando señala que el embajador japonés respondió al mensaje de los Estados Unidos.

La opción **a** es incorrecta. El tercer párrafo es un ejemplo de que "había negociaciones diplomáticas", un ejemplo de cómo Japón estaba "todavía en conversaciones", como se enunció en el párrafo anterior.

La opción **b** es incorrecta. El tercer párrafo apoya la hipótesis del segundo párrafo.

La opción **d** es incorrecta. El tercer párrafo apoya el tema de los párrafos anteriores.

27. **La opción b es correcta.** Roosevelt está implicando que las dos islas están lo suficientemente lejos para que el ataque fuera "deliberadamente planeado".

La opción **a** es incorrecta. El ataque no hubiera tenido que ser planeado "días o hasta semanas atrás" si la isla estuviera cerca y fuera fácil para los japoneses atacarla.

La opción **c** es incorrecta. No se mencionan los Estados Unidos en tierra firme y es irrelevante en este contexto.

La opción **d** es incorrecta. No hay evidencia en el discurso que apoye esta respuesta. Lo opuesto es verdadero.

28. **La opción d es correcta.** El ritmo de la repetición enfatiza el gran número de ataques en un país tras otro.

La opción **a** es incorrecta. No hay evidencia en el discurso de que Japón esté desorganizado. De hecho, la evidencia en el discurso apoya la conclusión de que lo opuesto es verdadero.

La opción **b** es incorrecta. No hay evidencia en el discurso que apoye esta conclusión.

La opción **c** es incorrecta. No se menciona cómo los otros países manejaron o iban a manejar el ataque.

29. **La opción b es correcta.** Roosevelt enuncia muchas veces que el ataque fue un movimiento intencional que puso "nuestros intereses… en grave peligro".

La opción **a** es incorrecta. Contrario a esta respuesta, la evidencia en el discurso apoya la conclusión de que Japón lanzó un ataque sorpresa en contra de los Estados Unidos.

La opción **c** es incorrecta. No hay evidencia en el discurso que apoye esta conclusión.

La opción **d** es incorrecta. Es claro que el ataque fue planeado.

30. **La opción d es correcta.** Esta oración viene después de describir cómo el ataque sorpresivo se llevó a cabo, admitiendo que el resultado era un peligro claro y presente.

La opción **a** es incorrecta. No se espera un ataque de parte de una nación en paz de acuerdo a los Estados Unidos.

La opción **b** es incorrecta. Esta oración muestra que las naciones estaban trabajando juntas para encontrar una solución antes del ataque.

La opción **c** es incorrecta. Este enunciado muestra que la nación de Japón se esforzó para asegurarse de que el ataque sería sorpresivo engañando a los Estados Unidos.

31. **La opción b es correcta.** El tono es apropiado para un correo electrónico de trabajo.

La opción **a** es incorrecta. Las frases "Estamos anunciando algo realmente grande" y "que realmente puede afectarnos" son informales e inapropiadas.

La opción **c** es incorrecta. El tono es demasiado informal para un correo electrónico de trabajo.

La opción **d** es incorrecta. Una postdata (PS) va al final de la carta, no al principio.

32. **La opción b es correcta.** Éste es el tiempo pasado del verbo. La decisión "ha" sido tomada ya.

La opción **a** es incorrecta. Éste es el tiempo futuro y la decisión ya ha sido tomada.

La opción **c** es incorrecta. Éste es el presente y la acción no está pasando ahora.

La opción **d** es incorrecta. Ésta es la forma presente del verbo.

33. **La opción d es correcta.** Ésta incluye el pronombre plural correcto con el verbo en la forma plural correcta.

La opción **a** es incorrecta. "Allá" es usado para denotar lugar, como "allá está".

La opción **b** es incorrecta. "Su" es un pronombre posesivo.

La opción **c** es incorrecta. Aunque esta respuesta tiene el pronombre plural correcto, "está" se usa para sujetos singulares.

34. **La opción c es correcta.** Esta respuesta completa correctamente el pensamiento de la primera parte de la oración introduciendo la segunda parte de la oración. Esta muestra una pausa natural.

La opción **a** es incorrecta. "Los viernes" modifica "tardes", por lo que no se pueden separar por una coma.

La opción **b** es incorrecta. "Empleado" sirve como un adjetivo para "actividad". Estos no pueden separarse.

La opción **d** es incorrecta. "Actividad" es el nombre y "baja" es el verbo; estos no deben separarse.

35. **La opción b es correcta.** Obama comenta que la grandeza no es un regalo y debe ganarse, implicando que Estados Unidos no es grande por azar, sino por su trabajo y determinación.

La opción **a** es incorrecta. El futuro de nuestra gran nación está asegurado.

La opción **c** es incorrecta. El futuro no es mencionado en el primer párrafo.

La opción **d** es incorrecta. Obama no habla de sus sentimientos personales acerca de ganar la presidencia en el discurso.

36. **La opción c es correcta.** La oración más adelante en el pasaje recuerda los hombres y las mujeres mencionados antes para enfatizar que los escépticos están equivocados al pensar que las cosas grandes no pueden ser alcanzadas.

La opción **a** es incorrecta. Aunque ésta reconoce el tema de la oración, que los Estados Unidos tiene una "capacidad" grande e histórica de grandeza, no se refiere explícitamente a una imagen de gente trabajando o modifica esta idea. Hay una mejor respuesta.

La opción **b** es incorrecta. Esta respuesta ignora la conexión que hace Obama entre la gente que trabaja duro y moldea América y los escépticos que están ignorando sus luchas al dudar de los cambios.

La opción **d** es incorrecta. Esta frase en la pregunta no tiene nada que ver con el costo del cuidado de salud ni de la tecnología.

37. **La opción a es correcta.** El término "planes grandes" es una clave que la ambición significa querer alcanzar la meta o metas.

La opción **b** es incorrecta. La ambición puede ser una motivación para levantarse para la acción, pero la ambición no siempre está acompañada del hecho de levantarse para la acción.

La opción **c** es incorrecta. Esta respuesta no tiene sentido en el contexto de "hacer planes grandes".

La opción **d** es incorrecta. Esta respuesta no puede ser cierta porque dos de las otras opciones son incorrectas.

38. **La opción b es correcta.** Obama cita el Preámbulo de la Constitución para que los estadounidenses juntos recordemos nuestras raíces.

La opción **a** es incorrecta. Aunque Obama elogia la nación en todo el texto, el punto del pasaje es hablar de los futuros retos y de cómo los éxitos pasados nos permiten enfrentar esos retos.

La opción **c** es incorrecta. Ésta es la herramienta que Obama está utilizando, no el efecto de utilizar esa herramienta.

La opción **d** es incorrecta. No hay evidencia en el discurso para apoyar esta conclusión.

39. **La opción b es correcta.** Obama usa las palabras, o la retórica, para mostrar que él piensa que ambos están conectados y que sus intereses importan.

La opción **a** es incorrecta. Esta respuesta ignora el cambio del tiempo del verbo de "construyó" a "construirá". Esto muestra que él está hablando acerca de la gente/acciones del pasado y la gente/acciones del futuro.

La opción **c** es incorrecta. Esta oración no hace un juicio válido en ningún grupo y no enuncia que una es mejor que la otra.

La opción **d** es incorrecta. Las acciones de una generación están en el pasado, ya que "construyó" es un verbo que está en pasado; su trabajo está hecho.

40. La opción b es correcta. Obama está mirando al futuro, argumentando que no ponerle un alto al cambio climático "traicionaría a nuestros hijos y a las futuras generaciones".

La opción **a** es incorrecta. En esta oración, Obama mira al pasado para enfatizar lo que hemos aprendido y cómo podemos aplicar las experiencias pasadas a los problemas actuales.

La opción **c** es incorrecta. Aquí, Obama mencionó el pasado como una razón por la cual los ciudadanos estadounidenses deben luchar por el futuro.

La opción **d** es incorrecta. Obama está enfatizando que los americanos pueden y tienen la voluntad de usar su poder, no habla de las obligaciones con las generaciones futuras.

41. La opción b es correcta. Específicamente, Obama dice: "Nosotros vamos a apoyar la democracia desde Asia hasta África; desde las Américas hasta el Medio Oriente…"

La opción **a** es incorrecta. Obama dice: "Nosotros vamos a apoyar la democracia desde Asia hasta África; desde las Américas hasta el Medio Oriente…"

La opción **c** es incorrecta. Obama dice: "Nosotros vamos a apoyar la democracia desde Asia hasta África; desde las Américas hasta el Medio Oriente…"

La opción **d** es incorrecta. Obama dice: "Nosotros vamos a apoyar la democracia desde Asia hasta África; desde las Américas hasta el Medio Oriente…"

42. La opción b es correcta. Esta oración apoya el tema del primer discurso inaugural de continuar con el trabajo duro del pasado para asegurar la prosperidad y la libertad del mañana.

La opción **a** es incorrecta. Esta oración se refiere al cuidado de salud y al cuidado de los ciudadanos del país; esto es mencionado en el primer discurso, pero no es el tema.

La opción **c** es incorrecta. El Primer Discurso Inaugural de Obama no se enfoca en la guerra.

La opción **d** es incorrecta. Estos detalles no son el tema del primer discurso.

43. La opción d es correcta. No es un ideal americano negar la libertad. Lo opuesto es verdadero. La libertad es el tema de los ideales americanos.

La opción **a** es incorrecta. Este ideal americano es citado en el párrafo 7.

La opción **b** es incorrecta. Este ideal americano es citado en el último párrafo.

La opción **c** es incorrecta. Este ideal americano es citado en el párrafo 3.

44. La opción a es correcta. La gente que no tiene los mismos derechos que otra significa a grosso modo lo mismo que negarle un tratamiento igualitario.

La opción **b** es incorrecta. Esto es lo opuesto de la idea, ya que enuncia que todos los hombres deben recibir un tratamiento igualitario.

La opción **c** es incorrecta. En esta oración, Johnson está explicando que había razones por lo que pasó en vez de reafirmar el problema de que la gente sea tratada diferente.

La opción **d** es incorrecta. Johnson está afirmando que americanos de todas las razas han contribuido con su país.

45. La opción c es correcta. Ésta es la mejor respuesta porque uno de los puntos principales del pasaje es explicar que el Acta de los Derechos Civiles llevará a los Estados Unidos más cerca de alcanzar sus metas y valores.

La opción **a** es incorrecta. Johnson no menciona la Guerra Civil en el pasaje.

La opción **b** es incorrecta. El Gran Cañón es una de las maravillas naturales de América, no se relaciona con la búsqueda incansable de justicia dentro de los Estados Unidos.

La opción **d** es incorrecta. Johnson hace alusión a la Guerra de Vietnam en el texto y la usa como ejemplo de cómo los valores americanos están expandiéndose en el mundo, pero esto es un pequeño detalle en el pasaje en vez de una idea central. Además, Vietnam está afuera de "nuestras fronteras".

46. La opción b es correcta. Esta respuesta es correcta porque resume el párrafo. En ésta Johnson habla de los valores en que los antepasados se enfocaron cuando formaron la nación.

La opción **a** es incorrecta. Éste es un detalle del pasaje pero no el tema central.

La opción **c** es incorrecta. Esta idea no se enuncia en el párrafo y va en contra del punto completo de este discurso.

La opción **d** es incorrecta. No hay evidencia que apoye esta conclusión en los comentarios.

47. La opción a es correcta. Johnson expresa muchas veces y de muchas maneras que la igualdad es uno de los fundamentos de los valores americanos.

La opción **b** es incorrecta. Johnson habla acerca de cómo él cree que América es un gran país, pero no es la idea central del texto.

La opción **c** es incorrecta. Esto es directamente lo opuesto a lo que se trata en el pasaje.

La opción **d** es incorrecta. Johnson no hace un juicio de valores acerca de sí mismo.

48. La opción d es correcta. Ésta es la corta explicación de Johnson de cómo la desigualdad ocurrió, en vez de una explicación de cómo la ley se ajusta a los valores americanos.

La opción **a** es incorrecta. Johnson usa la historia y la visión de los antepasados para ilustrar que la libertad es un valor fundamental americano y que la libertad incluye la igualdad.

La opción **b** es incorrecta. Johnson dice que porque los valores americanos están forjando las luchas de los hombres, los Estados Unidos deben continuar para asegurarse que mantienen sus propios valores. Éste es un ejemplo que Johnson usa.

La opción **c** es incorrecta. Johnson usa esta oración para decir que toda clase de gente, sin importar su raza, ha luchado por el país. Éste es un ejemplo del Acta de los Derechos Civiles. Refleja los ideales americanos, por lo que no es la respuesta correcta.

Parte II

Tu Respuesta Ampliada se calificará con base en tres normas o elementos:

Criterio 1: Creación de argumentos y uso de evidencia

Criterio 2: Desarrollo de ideas y estructura organizativa

Criterio 3: Claridad y dominio de las convenciones del español estándar

Tu ensayo se calificará con base en una escala de 6 puntos. Cada criterio vale 2 puntos. La calificación final se cuenta dos veces, de manera que la cantidad máxima de puntos que puede obtener es 12.

El Criterio 1 prueba tu habilidad para escribir un ensayo que asuma una posición con base en la información en los pasajes de lectura. Para obtener la mayor calificación posible, debes leer la información cuidadosamente y expresar una opinión clara sobre lo que has leído. Serás calificado dependiendo de cuán bien utilices la información de los pasajes para apoyar tu argumento.

Tus respuestas también serán calificadas dependiendo de cuán bien analices los argumentos del autor en los pasajes. Para obtener la mayor calificación posible, debes analizar si crees que el autor tiene un buen argumento y explicar por qué sí o no.

Como referencia, esta es una tabla que utilizarán los lectores cuando califiquen tu ensayo con un 2, 1 ó 0.

CRITERIO 1: CREACIÓN DE ARGUMENTOS Y USO DE EVIDENCIA	
2	• Elabora argumentos basados en el texto y tiene una intención relacionada con la consigna. • Presenta evidencia específicos y afines del texto fuente para respaldar el argumento (puede incluir unos pocos evidencia no relacionados o afirmaciones no respaldadas). • Analiza el tema y la solidez del argumento dentro del texto fuente (por ej., distingue las declaraciones respaldadas de las no respaldadas, hace deducciones válidas sobre asunciones subyacentes, identifica el razonamiento falso, evalúa la credibilidad de los textos).
1	• Elabora un argumento que guarda cierta relación con la consigna. • Presenta algunos evidencia del texto fuente para respaldar el argumento (puede incluir una mezcla de evidencia relacionados y no relacionados con o sin citas textuales). • Analiza de forma parcial el tema y la solidez del argumento dentro del texto fuente; puede ser limitado, excesivamente simplificado o impreciso.
0	• Intenta elaborar un argumento O carece de intención o conexión con la consigna, O BIEN no intenta ninguna de las anteriores. • Presenta pocos evidencia del texto fuente o no presenta ninguno (es posible que se copien fragmentos del texto original directamente). • Apenas analiza el tema y la solidez del argumento dentro del texto fuente; quizá no presente ningún análisis, o manifieste la comprensión escasa del argumento brindado o la falta de comprensión de él.
No es calificable	• La respuesta consta únicamente de texto copiado de la consigna o del (los) texto(s) fuente • La respuesta muestra que el examinando no ha leído la consigna o está totalmente fuera del tema • La respuesta es incomprensible • La respuesta no está en español • No se ha brindado una respuesta (se dejó en blanco)

El Criterio 2 prueba si respondes a la consigna de escritura con un ensayo bien estructurado. Debes apoyar tu tesis con evidencia provista en los pasajes, así como opiniones y experiencias personales que refuercen tu idea central. Debes explicar tus ideas por completo e incluir detalles específicos. Tu ensayo debe incluir palabras y frases que permitan que sus detalles e ideas fluyan de forma natural. Esta es una tabla que detalla lo que aplica para obtener una calificación de 2, 1 ó 0.

CRITERIO 2: DESARROLLO DE IDEAS Y ESTRUCTURA ORGANIZATIVA	
2	• Contiene ideas mayormente lógicas y bien desarrolladas; gran parte de las ideas están ampliadas. • Contiene una secuencia lógica de ideas con conexiones claras entre los detalles particulares y las ideas principales. • Desarrolla una estructura organizativa que transmite el mensaje y el objetivo de la respuesta; usa correctamente los conectores. • Desarrolla y mantiene un estilo y tono adecuados que revelan el conocimiento de la audiencia y del propósito de la actividad. • Utiliza palabras apropiadas para expresar ideas con claridad.
1	• Contiene ideas parcialmente desarrolladas y puede demostrar una lógica poco clara o simplista; solo se amplían algunas ideas. • Contiene algunos evidencia de una secuencia de ideas, pero es posible que los detalles específicos no guarden relación con las ideas principales. • Desarrolla una estructura organizativa en la cual se agrupan ideas de forma parcial o que no es muy efectiva al transmitir el mensaje de la respuesta; usa conectores de manera irregular. • Puede mantener de modo inconsistente un estilo y tono adecuados que revelan el conocimiento de la audiencia y del propósito de la actividad. • Puede contener palabras mal empleadas y palabras que no expresan las ideas con claridad.

0	• Contiene ideas que no están desarrolladas de forma efectiva ni lógica, con poca elaboración de las ideas principales o falta de elaboración de ellas. • Contiene una secuencia de ideas confusa en el mejor de los casos; es posible que los detalles específicos no se incluyan o no estén relacionados con las ideas principales. • Desarrolla una estructura organizativa ineficaz en el mejor de los casos; no usa adecuadamente los conectores o ni siquiera los usa. • Emplea un estilo y tono inadecuados que revelan el conocimiento limitado de la audiencia y del propósito o el desconocimiento de ellos. • Puede contener muchas palabras mal empleadas, uso excesivo de expresiones populares y expresar ideas de manera confusa o repetitiva.
No es calificable	• La respuesta consta únicamente de texto copiado de la consigna o del (los) texto(s) fuente • La respuesta muestra que el examinando no ha leído la consigna o está totalmente fuera del tema • La respuesta es incomprensible • La respuesta no está en español • No se ha brindado una respuesta (se dejó en blanco)

El Criterio 3 prueba cómo creas las oraciones que conforman tu ensayo. Para obtener una calificación alta, deberás escribir oraciones variadas: algunas cortas, algunas largas, algunas sencillas y otras complejas. También deberás probar que tienes un buen dominio del español estándar, incluidas una correcta selección de vocabulario, gramática y estructura de las oraciones.

Esta es una tabla que detalla lo que aplica para obtener una calificación de 2, 1 ó 0.

	CRITERIO 3: CLARIDAD Y DOMINIO DE LAS CONVENCIONES DEL ESPAÑOL ESTÁNDAR
2	• Demuestra una estructura oracional correcta, en su mayoría, y una fluidez general que mejora la claridad en cuanto a las siguientes habilidades: 1) Estructuras oracionales diversas dentro de un párrafo o más 2) Uso correcto de subordinación, coordinación y paralelismo 3) Omisión de estructuras oracionales extrañas y expresiones redundantes 4) Uso de conectores adverbios conjuntivos y otras palabras para mejorar la claridad y la lógica 5) Omisión de oraciones corridas, fragmentos de oraciones y oraciones fusionadas. • Demuestra competencia en el uso de convenciones respecto a las siguientes habilidades: 1) Concordancia entre sujeto y verbo 2) Ubicación de modificadores y orden de palabras correcto 3) Uso de pronombres, incluida la concordancia entre pronombre y antecedente, referencias pronominales confusas y caso pronominal 4) Homónimos y palabras confusas 5) Uso de posesivos 6) Uso de la puntuación (por ej., comas en una enumeración, en construcciones apositivas y demás elementos secundarios, marcas de fin de párrafo y puntuación de la separación de cláusulas) 7) Uso de mayúsculas (por ej., al comienzo de la oración, en sustantivos propios y en títulos) • Puede contener algunos errores prácticos y asociados a las convenciones que no impiden la comprensión; el uso general es adecuado para la redacción de prueba requerida.
1	• Demuestra una estructura oracional inconsistente; puede contener algunas oraciones cortas y muy simples, repetitivas, extrañas o corridas que limiten la claridad; manifiesta el uso incoherente de las habilidades 1-5 enumeradas en el Criterio 3, punto de puntaje 2. • Demuestra el uso inconsistente de las convenciones básicas en cuanto a las habilidades 1-7 enumeradas en el Criterio 3, punto de puntaje 2. • Puede contener muchos errores prácticos y asociados a las convenciones que, de vez en cuando, impiden la comprensión; el uso general es de aceptación mínima para la redacción de prueba requerida.

0	• Demuestra una estructura oracional tan inadecuada que hasta el significado puede ser confuso; manifiesta el uso escaso de las habilidades 1-5 enumeradas en el Criterio 3, punto de puntaje 2. • Demuestra el uso escaso de las convenciones básicas en cuanto a las habilidades 1-7 enumeradas en el Criterio 3, punto de puntaje 2. • Contiene una enorme cantidad de errores prácticos y asociados a las convenciones que impiden la comprensión; el uso general es inaceptable para la redacción de prueba requerida. o • La respuesta no alcanza para mostrar el nivel de competencia que comprende las convenciones y el uso.
No es calificable	• La respuesta consta únicamente de texto copiado de la consigna o del (los) texto(s) fuente • La respuesta muestra que el examinando no ha leído la consigna o está totalmente fuera del tema • La respuesta es incomprensible • La respuesta no está en español • No se ha brindado una respuesta (se dejó en blanco)

Ensayo de Muestra con Calificación 6

Pesando los argumentos a favor y en contra presentados en el artículo, concluyo que la argumentación contra la energía nuclear es más convincente que la argumentación a favor de la energía nuclear. Aunque ambas posiciones están bien razonadas, organizadas y apoyadas con ejemplos y citas confiables, la evidencia irreprochable contra la energía nuclear, luego de reflexionar, es mucho mayor.

Ambas posiciones están de acuerdo en que los combustibles fósiles no son sanos para el ambiente ni las personas. Los oponentes y proponentes también están de acuerdo en que la radiactividad es mortal, aunque los proponentes encubren este hecho describiendo únicamente la necesidad de mantener la radiactividad bajo control al indicar en el párrafo 4 que "Los desechos radiactivos se aíslan bajo tierra a grandes profundidades bajo muros de concreto de 1.2 metros de espesor reforzados con acero". Por otra parte, el segundo ensayo habla de forma más clara, "Primero, la radiactividad nuclear es mortal y debe ser aislada por miles de años". De hecho, el segundo ensayo utiliza evidencia encontrada en el primer ensayo para apoyar su hipótesis.

La posición a favor de la energía nuclear evita además los temas de fusión y construcción de bombas atómicas a partir de materiales radioactivos utilizados en plantas de energía nuclear. No tratar y disimular estos temas hace que el primer ensayo parezca más publicidad a favor de la industria nuclear en lugar de

una evaluación objetiva de hechos bien conocidos e inquietantes. En el párrafo 7, el escritor señala lo que todos sabemos, que "El esparcimiento de la contaminación radiactiva y la muerte causada por los accidentes nucleares en Three Mile Island, Chernobyl, y Fukushima son lecciones de advertencia" y que "es innegable que la fusión nuclear causa una extensa contaminación del aire, el agua y la tierra con radiactividad mortal. También es verificable que los accidentes nucleares han causado catástrofes ambientales que continúan hasta estos días". Para mí, no es necesario decir más sobre la verdad absoluta acerca del verdadero peligro de la energía nuclear, pero el autor del segundo ensayo de hecho provee evidencia actualizada de Reuters con respecto a los temores internacionales de que Irán esté desarrollando armamento atómico bajo el pretexto de construir plantas de energía nuclear. Al fin y al cabo, la posición oponente ofrece una solución segura y sensata a los combustibles fósiles y la energía nuclear.

Sobre este ensayo:

Este ensayo ha obtenido la cantidad máxima de puntos en cada criterio para un total de 6 puntos.

Criterio 1: Creación de Argumentos y Uso de Evidencia

Esta respuesta evalúa los argumentos en el texto fuente, desarrolla una posición efectiva apoyada por el texto, y cumple con las normas para obtener 2 puntos para el Criterio 1.

Esta respuesta establece su posición en la primera oración (*concluyo que la argumentación contra la energía nuclear es más convincente que la argumentación a favor de la energía nuclear*) y provee un resumen de apoyo para esa posición (*Aunque ambas posiciones están bien razonadas, organizadas y apoyadas con ejemplos y citas confiables, la evidencia irreprochable contra la energía nuclear, luego de reflexionar, es mucho mayor*).

También pesa la validez de la evidencia (*aunque los proponentes encubren este hecho describiendo únicamente la necesidad de mantener la radiactividad bajo control*) y critica las omisiones (*No tratar y disimular estos temas hace que el primer ensayo parezca más publicidad a favor de la industria nuclear en lugar de una evaluación objetiva de hechos bien conocidos e inquietantes*).

Criterio 2: Desarrollo de Ideas y Estructura Organizativa

Esta respuesta está bien desarrollada y cumple con las normas para obtener 2 puntos para el Criterio 2. Está bien organizada, desde el claro punto de vista del escritor en el primer párrafo hasta la comparación paso a paso de los pros y contras presentados en el texto fuente. El vocabulario y las estructuras de las oraciones del escritor son sofisticados, y el tono muestra un sentido de urgencia.

Criterio 3: Claridad y Dominio de las Convenciones del Español Estándar

Esta respuesta entonces cumple con las normas para la escritura de un borrador y obtiene 2 puntos para el Criterio 3. Además de utilizar estructuras de oración sofisticadas (*Ambas posiciones están de acuerdo en que los combustibles fósiles no son sanos para el ambiente ni las personas. Los oponentes y proponentes también están de acuerdo en que la radiactividad es mortal, aunque los proponentes encubren este hecho describiendo únicamente la necesidad de mantener la* radiactividad bajo control al indicar en el párrafo 4 que...) esta respuesta utiliza conectores claros en su construcción de comparación y contraste (*Por otra parte, el segundo ensayo habla de forma más clara...*)

Además, el escritor hace buen uso de la gramática.

Ensayo de Muestra con Calificación 4

Los partidarios de la energía nuclear demuestran mejor cómo ésta es superior a otras formas de energía. Solo hemos comenzado a utilizar la energía nuclear, y aunque la posición en contra describe únicamente el peligro de la radiactividad, es cierto desde otro punto de vista que los científicos aprenden más cada día acerca de cómo mantener bajo control estos tipos de materiales. Apenas hemos comenzado a cumplir con la promesa de energía nuclear.

En el primer párrafo el autor indica que "El Departamento de Energía de los Estados Unidos (DOE) promueve la producción de energía nuclear segura a nivel nacional..." El gobierno de los Estados Unidos y sus agencias son autoridades poderosas y bien respetadas, de manera que si la DOE dice que la energía nuclear está bien, no tengo un argumento con eso.

La posición opuesta a la energía nuclear indica que la radiactividad es peligrosa, que es difícil mantener bajo control el peligro y que los malhechores pueden crear bombas atómicas del uranio enriquecido son tácticas para impartir miedo. Primero que todo, la "Comisión Regulatoria Nuclear asegura que todos y cada uno de los reactores mantengan estrictas normas de seguridad". Los accidentes nucleares son una cosa del pasado ya que los científicos trabajan duro para poder controlar las plantas de energía nuclear. Sin mencionar que hasta ahora, allí nadie ha construido una bomba de plutonio robado utilizado en una planta de energía nuclear.

Después de todo, no se realizó un fuerte argumento en contra de la energía nuclear y el argumento a favor de la energía nuclear continúa construyéndose sobre la autoridad de la ciencia.

Sobre este ensayo:
Este ensayo obtuvo 1 punto para el Criterio 1 y el Criterio 2, y 2 puntos para el Criterio 3.

Criterio 1: Creación de Argumentos y Uso de Evidencia

Esta respuesta presenta un argumento, lo apoya con alguna evidencia del texto fuente, y ofrece un análisis parcial del argumento opuesto, por lo que obtiene 1 punto para el Criterio 1.

La escritora declara su posición con base en el tema en la primera oración: *Los partidarios de la energía nuclear demuestran mejor cómo ésta es superior a otras formas de energía.* Continúa citando evidencia textual en el segundo párrafo como apoyo (*El Departamento de Energía de los EE.UU. (DOE) promueve el desarrollo de energía nuclear nacional y segura...*) pero luego se ampara en la falacia de la autoridad para validar su posición (*El gobierno de los Estados Unidos y sus agencias son autoridades poderosas y bien respetadas, de manera que si la DOE dice que la energía nuclear está bien, no tengo un argumento con eso*).

El resumen de argumentos opuestos en el párrafo 4 es superficial y simplista: *La posición opuesta a la energía nuclear indica que la radiactividad es peligrosa, que es difícil mantener bajo control el peligro y que los malhechores pueden crear bombas atómicas del uranio enriquecido son tácticas para impartir miedo.*

Criterio 2: Desarrollo de Ideas y Estructura Organizativa

La conclusión general de la respuesta no tiene apoyo y en general demuestra solamente un conocimiento adecuado de vocabulario, aunque el tono es apropiado para la audiencia. La respuesta es bastante organizada, pero las ideas se basan en la autoridad, por lo cual esta respuesta obtiene 1 punto para el Criterio 2.

La escritora establece una posición al comienzo de la respuesta y organiza el material a grosso modo en una estructura de comparación y contraste basada vagamente en una especulación que no se encuentra en el texto fuente: *Solo hemos comenzado a utilizar la energía nuclear, y aunque la posición en contra describe únicamente el peligro de la radiactividad, es cierto desde otro punto de vista que los científicos aprenden más cada día acerca de cómo mantener bajo control estos tipos de materiales.*

Criterio 3: Claridad y Dominio de las Convenciones del Español Estándar

Como la respuesta cumple con las normas de nivel para escribir un borrador a solicitud, obtiene los 2 puntos completos para el Criterio 3.

En general, esta respuesta muestra una estructura de oraciones adecuada así como un uso apropiado de conectores: *Solo hemos comenzado a utilizar la energía nuclear, y aunque la posición en contra describe únicamente el peligro de la radiactividad, es cierto desde otro punto de vista que los científicos aprenden más cada día acerca de cómo mantener bajo control estos tipos de materiales.*

En general, la respuesta demuestra un uso apropiado de las convenciones, incluidas la concordancia del sujeto y el verbo, pronombres y uso de la puntuación.

Ensayo de Muestra con Calificación 3

Los beneficios de la energía nuclear son por mucho más beneficiosos para satisfacer la necesidad de energía de los Estados Unidos que la energía fósil, solar o cualquier otra clase de fuente alternativa de energía. Como indica la introducción, "puede ser discutido que necesitamos disminuir nuestra dependencia de los países extranjeros que nos proveen petróleo y producir energía en casa". Eso es sentido común y prácticamente prueba el punto. Los partidarios demuestran cómo la energía nuclear es segura y eficiente y brinda estadísticas acerca de cuantos desechos provienen de la energía nuclear y cuantos provienen de los combustibles fósiles. Los opositores suponen que las plantas de energía nuclear tendrán fusiones y contaminarán el ambiente. Ellos también se preocupa por la gente irresponsable que está haciendo bombas nucleares.

Después de leer ambas partes sin embargo me convencí de que comparada con combustibles fósiles como el gas, el carbón y el petróleo, la energía nuclear es la forma más eficiente de producir electricidad, La energía nuclear deja menos desechos también.

Para concluir, estoy de acuerdo con la primera opinión y espero que desastres como Three Mile Island, Chernobyl y Fukishima sean una cosa del pasado.

Sobre este ensayo:
Este ensayo obtuvo 1 punto para el Criterio 1, el Criterio 2 y el Criterio 3.

Criterio 1: Creación de Argumentos y Uso de Evidencia

Este borrador cumple con las normas del Criterio 1 al generar un argumento en la oración inicial que demuestra una conexión con la consigna: *Los beneficios de la energía nuclear son por mucho más beneficiosos para satisfacer la necesidad de energía de los Estados Unidos que la energía fósil, solar o cualquier otra clase de fuente alternativa de energía.*

El argumento luego es apoyado por el texto fuente (*puede ser discutido que necesitamos disminuir nuestra dependencia de los países extranjeros que nos proveen petróleo y producir energía en casa*), pero el análisis del texto fuente que hace el escritor es simplista y limitado: Eso es sentido común y prácticamente prueba el punto.

Criterio 2: Desarrollo de Ideas y Estructura Organizativa

En general, el escritor demuestra conocimiento de la audiencia y del propósito, por lo que esta respuesta obtiene 1 punto para el Criterio 2.

El escritor simplemente resume los argumentos en pro y en contra sin utilizar citas (Los partidarios demuestran cómo la energía nuclear es segura y eficiente y brinda estadísticas acerca de cuantos desechos provienen de la energía nuclear y cuantos provienen de los combustibles fósiles. Los opositores suponen que las plantas de energía nuclear tendrán fusiones y contaminarán el ambiente. Ellos también se preocupa por la gente irresponsable que está haciendo bombas nucleares.); sin embargo, demuestra un flujo lógico de ideas.

La conclusión a favor de la posición de apoyo es abrupta y sin fundamento, aunque la oración final del escritor muestra atención al material fuente y una genuina consideración de ambos lados del asunto: *Para concluir, estoy de acuerdo con la primera opinión y espero que desastres como Three Mile Island, Chernobyl y Fukishima sean una cosa del pasado.*

El vocabulario es adecuado a lo largo de la redacción, y aunque las ideas progresan y se desarrollan hasta cierto punto, los pensamientos no se ejecutan por completo hasta una conclusión respaldada.

Criterio 3: Claridad y Dominio de las Convenciones del Español Estándar

Esta respuesta de muestra es comprensible y mantiene un nivel aceptable de pertinencia para obtener 1 punto para el Criterio 3.

La respuesta corta del escritor carece de una variedad de estructuras de oraciones y aunque la mayoría de las oraciones son gramaticalmente correctas, hay errores de uso y puntuación en el texto. Por ejemplo: *Los partidarios demuestran cómo la energía nuclear es segura y eficiente y brinda estadísticas y Ellos también se preocupa por...*

Además, el texto fuente es citado sin comillas: *Después de leer ambos ensayos sin embargo me convencí que["] comparada con combustibles fósiles como el gas, el carbón y el petróleo, la energía nuclear es la forma más eficiente de producir electricidad, ["]La energía nuclear deja menos desechos también.*

Ensayo de Muestra Calificación 0

La mejor forma de pensar si la energía solar es mejor qe la energía nuclear o si los combustibles fósiles es mejor qe la energía eólica son mirar a los hechos no solo escuchar las opiniones de la gente que no saben lo que están hablando o que no son científicos que saben sobre energía en el sentido más amplio del término... Estos hechos. Mucha gente no tiene idea que la energía nuclear es mucho más fuerte que la energía de combustibles fósiles porque solo un poquitito de uranio puede producir más energía que barriles de petróleo o toneladas de carbón. Se lo apuesto.

Si quieres conocer los peligros sobre la energía nuclear, lee la segunda parte de la historia. La gente puede hacer bombas con uranio. Algunos dicen que debemos tirar los dados con la energía nuclear sin embargo porque debemos ser independientes.

Por qué no queremos hacer explotar la Tierra. Pero necesitamos electricidad y gasolina para vivir nuestras vidas diarias. Es por eso que los Estados Unidos necesita agarrar el toro por el cuerno y hacer que los científicos produzcan energía nuclear. Mejor para futuras generaciones.

Sobre este ensayo:

Este ensayo obtuvo 0 puntos para el Criterio 1, el Criterio 2 y el Criterio 3.

Criterio 1: Creación de Argumentos y Uso de Evidencia

En general, esta respuesta provee un resumen mínimo del texto fuente y carece de entendimiento y análisis del tema, por lo cual obtiene 0 puntos para el Criterio 1.

El escritor no resume el texto fuente en una estructura coherente y organizada. Aunque esta respuesta aborda el material fuente, el escritor no cita evidencia para apoyar los argumentos.

Criterio 2: Desarrollo de Ideas y Estructura Organizativa

En general, la respuesta está mal desarrollada, es desorganizada, y carece de cualquier progresión clara de ideas, por lo cual obtiene 0 puntos para el Criterio 2.

El escritor utiliza lenguaje informal y coloquial (*Se lo apuesto*) y no demuestra conocimiento de la audiencia y del propósito. La respuesta carece de una estructura organizativa y de una progresión clara de ideas.

Criterio 3: Claridad y Dominio de las Convenciones del Español Estándar

Muchas oraciones carecen de sentido y fluidez y son incorrectas y torpes. El escritor utiliza mal y confunde palabras, puntuación, y el uso así como las convenciones del español en general, lo cual hace que la respuesta sea casi incomprensible; por lo cual obtiene 0 puntos para el Criterio 3.

Esta respuesta corta muestra una estructura de oraciones errónea, incluidas oraciones excesivamente largas y sin puntuación (*La mejor forma de pensar si la energía solar es mejor qe la energía nuclear o si los combustibles fósiles es mejor qe la energía eólica son mirar a los hechos no solo escuchar las opiniones de la gente que no saben lo que están hablando o que no son científicos que saben sobre energía en el sentido más amplio del término...*) y fragmentos (*Estos hechos y Mejor para futuras generaciones*).

4 ▶ PRUEBA GED®
SOBRE CIENCIAS 1

Esta prueba de práctica basada en el formato, el contenido y el tiempo de la prueba GED® oficial sobre Ciencias, al igual que el examen oficial, presenta una serie de preguntas que se centran en los principios básicos del razonamiento científico.

Trabaja cada pregunta en forma detallada, pero sin pasar demasiado tiempo en una misma pregunta. Debes responder todas las preguntas.

Coloca una alarma a los 90 minutos (1 hora y 30 minutos) e intenta completar este examen sin interrupciones, en silencio.

Después del examen, encontrarás explicaciones detalladas de las respuestas para todas las preguntas del examen. ¡Buena suerte!

35 preguntas
90 minutos

Por favor utilizar el texto a continuación para responder las preguntas 1 a la 3.

Una relación no depredadora entre dos organismos que beneficia al menos a uno de estos se llama *relación simbiótica*. Estas relaciones pueden ser categorizadas más a fondo según el efecto que la relación causa en el segundo organismo. La tabla muestra los tres tipos de relaciones simbióticas y sus efectos en cada organismo.

RELACIONES SIMBIÓTICAS	ESPECIE 1	ESPECIE 2
Mutualismo	+	+
Comensalismo	+	0
Parasitismo	+	–

CLAVE
+ beneficios
– perjuicios
0 sin efecto

Las clínicas veterinarias con frecuencia tratan a mascotas que sufren enfermedades resultantes del parasitismo. Los tres parásitos más comúnmente diagnosticados en perros son: la pulga de perro, la garrapata de venado y los ácaros de *Cheyletiella*.

Las pulgas de perro y las garrapatas de venado se alimentan de la sangre del animal portador (el perro) y pueden transmitirle enfermedades a éste por medio de sus picaduras. Las pulgas de perro ponen sus huevos en el cuerpo del animal portador y pueden sobrevivir en él o en las superficies con las que el animal entra en contacto, como la cama, por ejemplo. Las garrapatas de venado ponen sus huevos en el suelo y éstas solamente se adhieren al animal portador mientras se alimentan.

Los ácaros de *Cheyletiella* viven en la capa de queratina de la piel del animal portador y se alimentan de ésta. Los ácaros de *Cheyletiella* se reproducen en el animal portador y lejos de éste solamente pueden sobrevivir por un corto período de tiempo.

1. Lea la descripción de una relación simbiótica y seleccione el término correcto para esa relación de la lista que se muestra a continuación.
La bacteria E. coli *vive dentro del tracto intestinal de los humanos, obteniendo nutrientes de las partículas de comida que pasan por los intestinos. La vitamina K producida por el* E. coli *es absorbida por las paredes intestinales para usarse en el cuerpo humano.*

a. comensalismo
b. mutualismo
c. parasitismo
d. espiritualismo

2. De acuerdo al pasaje, ¿qué beneficios obtienen todos los parásitos de perro de sus relaciones simbióticas con el perro portador?

a. un hábitat para vivir

b. un portador de enfermedades

c. una fuente de nutrientes

d. un sitio para reproducirse

3. Un técnico veterinario está preparándose para examinar a un perro que se sospecha que tiene ácaros Cheyletiella. Tomando en cuenta la información antes dada, ¿qué precauciones serían más efectivas para prevenir la transmisión de ácaros a otros animales en la clínica?

a. aplicar una vacuna al perro infectado

b. usar guantes desechables mientras examine al perro

c. evitar contacto con las heridas abiertas del perro

d. esterilizar la sala de exámenes antes de examinar al perro

4. ¿Cuál de las siguientes es una descripción precisa de un eclipse solar?

a. La Tierra pasa entre la luna y el sol, proyectando su sombra sobre la luna.

b. La Tierra pasa entre la luna y el sol, proyectando su sombra sobre el sol.

c. La luna pasa entre el sol y la Tierra, proyectando su sombra sobre la Tierra.

d. El sol pasa por debajo de la línea del horizonte de la Tierra, quedando en la sombra.

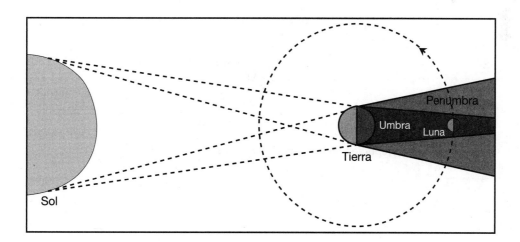

5. La tabla a continuación compara las características de cuatro diferentes especies de plantas. Un "1" indica que la característica está presente y un "0" indica que la característica está ausente.

ESPECIE DE PLANTA	TEJIDO VASCULAR	SEMILLAS	FLORES
Coniferas	1	1	0
Helechos	1	0	0
Plantas Florales	1	1	1
Musgos	0	0	0

Un cladograma ilustra la relación de los organismos basándose en las características compartidas. Las ramas por debajo de las características dadas representan los organismos que no muestran dicha característica. Las ramas por encima de una característica dada representan los organismos que sí muestran esas características. Cada rama representa un tipo de planta.

Usa la información en el cladograma para seleccionar la respuesta correcta de la siguiente lista.
a. Las plantas de floración presentan la mayoría de las características que figuran en la tabla.
b. Las coníferas presentan la mayoría de las características que figuran en la tabla.
c. Los helechos presentan la mayoría de las características que figuran en la tabla.
d. Los musgos presentan la mayoría de características que figuran en la tabla.

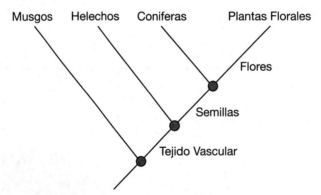

Especies de Plantas Ancestrales

Por favor utilizar el texto a continuación para responder las preguntas 6 a la 7.

La cantidad de oxígeno disuelto en un cuerpo acuático puede proporcionar información acerca de la salud del ecosistema acuático. En general se asume que, cuanto más cercano el nivel de oxígeno al nivel máximo, más productivo y menos contaminado está el ecosistema.

La siguiente tabla muestra la cantidad máxima de oxígeno que puede ser disuelto en agua a varias temperaturas.

TEMPERATURA DEL AGUA (°C)	SOLUBILIDAD MÁXIMA DE OXÍGENO (MG/L)
0	14.6
10	11.3
20	9.2
30	7.6
40	6.4
100	0

6. ¿Cuál de los siguientes enunciados está apoyado por los datos de la tabla anterior acerca de la relación entre la temperatura del agua y la solubilidad del oxígeno?

a. Los cuerpos acuáticos con una temperatura promedio más baja pueden permitir una concentración más alta de oxígeno disuelto.

b. Los cuerpos acuáticos con una temperatura superior a 40°C no contienen oxígeno disuelto.

c. Un incremento de 10°C en la temperatura del agua resulta en aproximadamente un cambio de 3 mg/L en la solubilidad del oxígeno.

d. La solubilidad del oxígeno en un cuerpo acuático está afectada por muchas variables incluyendo la temperatura del agua.

7. Los investigadores encuentran que un cuerpo de agua dulce con una temperatura promedio de 21°C tiene una concentración de oxígeno disuelto de 7.2 mg/L. ¿Cuál sería una predicción razonable de la concentración de oxígeno disuelto en el agua después de que la cantidad de matorrales de agua dulce se duplique?

a. 6.3 mg/L

b. 7.2 mg/L

c. 8.5 mg/L

d. 14.4 mg/L

8. La siguiente tabla muestra cómo el color de la luz emitida por una estrella depende de la temperatura de la estrella.

CLASE	COLOR	TEMPERATURA DE LA SUPERFICIE (K)
O	Azul	> 25,000 K
B	Azul-blanco	11,000–25,000 K
A	Blanco	7,500–11,000 K
F	Blanco	6,000–7,500 K
G	Amarillo	5,000–6,000 K
K	Anaranjado	3,500–5,000 K
M	Rojo	< 3,500 K

¿Cuál de los siguientes enunciados es apoyado por los datos mostrados en la tabla?

a. En general, las estrellas blancas son más calientes que las estrellas azul-blancas.

b. Una estrella con una temperatura superficial de 3,700 K produce una luz roja.

c. La luz amarilla es producida por estrellas que tienen el rango más estrecho de temperatura.

d. La mayor temperatura superficial conocida de una estrella es de 25,000 K.

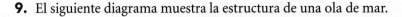

9. El siguiente diagrama muestra la estructura de una ola de mar.

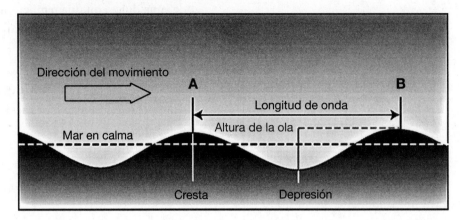

El *período* de una ola es el tiempo requerido para que la cresta de la ola vaya del punto A al punto B. El período de la ola también se puede describir como la cantidad de tiempo requerido para que una ola realice cuál de las siguientes acciones:

a. alcance la orilla

b. viaje la distancia de una longitud de onda

c. regrese al nivel del mar en calma

d. viaje de una cresta a una depresión

Por favor utilizar el texto a continuación para responder las preguntas 10 a la 11.

La Encuesta Geológica de los Estados Unidos (USGS) registra la ocurrencia anual y los efectos de los desastres naturales en los Estados Unidos. Con base en sus datos, el USGS ha calculado la probabilidad de que un desastre natural ocurra en cualquier año dado que podría causar 10 fatalidades o más. La tabla siguiente muestra las probabilidades para los cuatro desastres naturales más comunes ocurridos.

EVENTO	PROBABILIDAD DE UN EVENTO ANUAL CON ≥ 10 FATALIDADES EN LOS ESTADOS UNIDOS
Terremoto	0.11
Huracán	0.39
Inundación	0.86
Tornado	0.96

0 = no hay probabilidad de ocurrencia / 1 = 100% probabilidad de ocurrencia

10. ¿Cuál es la probabilidad de que ocurra un huracán y un tornado, cada uno con 10 o más fatalidades, el mismo año?

a. 0

b. 0.37

c. 0.96

d. 1.35

11. Escribe en la siguiente casilla el desastre natural apropiado de la tabla.

El punto de encuentro de las placas tectónicas entre el Pacífico y América del Norte se extiende a lo largo de la costa oeste de los Estados Unidos continentales. La probabilidad de que un evento _____ con 10 o más fatalidades se produzca es mucho mayor en esta región que la probabilidad de que ocurra en los Estados Unidos como un todo.

12. El corredor de un maratón consume alimentos con un alto contenido de carbohidratos antes y durante una carrera para prevenir la fatiga de los músculos. ¿A cuál de las siguientes transformaciones de energía en el cuerpo del corredor apoya esta práctica, llamada carga de carbohidratos?

a. química a térmica
b. térmica a cinética
c. cinética a térmica
d. química a cinética

Por favor utilizar el texto a continuación para responder las preguntas 13 a la 15.

La red alimenticia para un ecosistema de un bosque bordeando el área de una granja se muestra a continuación.

Los consumidores en un ecosistema están clasificados por su nivel de alimentación. Los consumidores primarios se alimentan de productores. Los consumidores secundarios se alimentan de los consumidores primarios, y los consumidores terciarios se alimentan de los consumidores secundarios. Los consumidores en una red alimenticia están clasificados de acuerdo a su nivel más alto de alimentación.

El tamaño de la población de los consumidores está determinado en gran medida por las relaciones complejas que existen dentro del ecosistema de la red alimenticia. El tamaño de la población es obviamente limitado en su mayor parte por el tamaño de la(s) fuente(s) de los alimentos del consumidor. Un incremento o una disminución en una población de la fuente de alimentos con frecuencia conduce a un cambio similar en la población de los consumidores. La disponibilidad de una fuente de alimentos puede ser limitada por otras poblaciones de consumidores que compiten por la misma fuente de alimentos. Un incremento en una población competidora puede conducir a una reducción de la disponibilidad de una fuente de alimentos compartidos. El tamaño de la población está también limitado por el tamaño de la población del predador, o de los predadores, del consumidor. La depredación por consumidores de un nivel más alto controla la población de consumidores de un nivel inferior y así evita su crecimiento descontrolado y el perjuicio del balance del ecosistema.

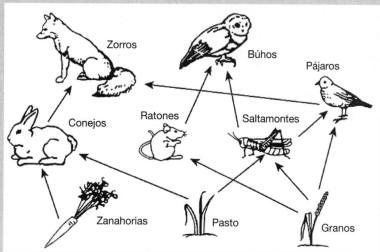

(Dijubos no a escala)

13. De acuerdo al pasaje, los conejos son considerados consumidores primarios porque ellos
a. se alimentan de pasto y zanahorias.
b. son consumidos solamente por zorros.
c. compiten solamente con los saltamontes.
d. son los únicos consumidores de zanahorias.

14. ¿Cuáles son los tres organismos en la red alimenticia que obtienen energía directamente o indirectamente de los saltamontes?
a. búhos, pájaros y ratones
b. búhos, pájaros y granos
c. zorros, conejos y ratones
d. zorros, búhos y pájaros

15. Una enfermedad bacteriana ha destruido la mayoría de la cosecha de zanahorias por las pasadas dos temporadas. Como resultado, la población de conejos se ha visto forzada a depender mayormente del pasto como una fuente de alimentación.

¿Cómo afectaría esto al resto del ecosistema de la red alimenticia?
a. La población de ratones se incrementaría, resultando en más comida para los búhos.
b. La población de conejos se incrementaría, resultando en menos comida para los saltamontes.
c. La población de saltamontes consumiría más granos, resultando en menos comida para los ratones.
d. La población de conejos alteraría su dieta para consumir granos.

16. La siguiente tabla ilustra el rango de la temperatura normal del cuerpo en grados Fahrenheit para diferentes grupos de edad.

TEMPERATURA NORMAL DEL CUERPO	
GRUPOS DE EDAD	TEMPERATURA (EN GRADOS FAHRENHEIT)
Recien nacidos	97.7° F–99.5° F
Infantes (1 año o menos)	97.0° F–99.0° F
Niños (1 – 17 años)	97.5° F–98.6° F
Adultos (Más de 18 años)	97.6° F–99° F
Ancianos (Más de 70 años)	96.8° F–97.5° F

La fórmula para convertir grados Fahrenheit a Celsius se muestra a continuación.

$$(°F - 32) \times \frac{5}{9} = °C$$

El rango de la temperatura normal del cuerpo de un recién nacido es de _____°C a _____°C. (Se puede usar una calculadora para responder esta pregunta.)

17. El proceso de meiosis se describe en el siguiente diagrama.

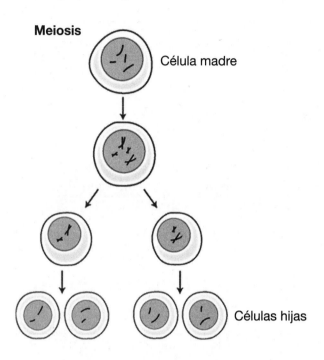

Meiosis

Célula madre

Células hijas

¿Con qué propósito son usadas las células hijas producidas durante la meiosis?

a. crecimiento

b. reparación del tejido

c. diferenciación

d. reproducción

18. El oficial de una patrulla de caminos está monitoreando la velocidad de los vehículos a lo largo de un tramo de la autopista con una velocidad límite de 55 mph. Los resultados se muestran a continuación.

Vehículo 1: 61 mph

Vehículo 2: 48 mph

Vehículo 3: 61 mph

Vehículo 4: 51 mph

Vehículo 5: 59 mph

¿Cuál es la velocidad promedio de los 5 vehículos?

a. 55 millas por hora

b. 56 millas por hora

c. 59 millas por hora

d. 61 millas por hora

19. La meiosis produce células que contienen un cromosoma de cada par de cromosomas. El siguiente diagrama muestra las combinaciones de cromosomas que pueden ser producidas partiendo de una célula que contiene dos pares de cromosomas.

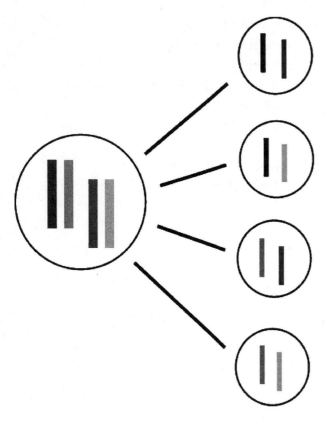

Una planta de cebada tiene siete pares de cromosomas. ¿Cuántas combinaciones únicas de cromosomas pueden resultar de la meiosis en la cebada?

a. 7
b. 14
c. 49
d. 128

Por favor utilizar el texto a continuación para responder las preguntas 20 a la 22.

La respiración es el proceso celular usado por organismos vivos para convertir la energía química en una forma de alimento que pueda ser usado por las células. Adenosin trifosfato (ATP) es la molécula de alta energía que todos los organismos vivos usan para alimentar los procesos celulares. Durante la respiración, una molécula de glucosa se convierte en molécula de ATP para ser usada por la célula.

Dependiendo de las condiciones, la respiración ocurre de dos maneras diferentes: aeróbica y anaeróbica. Cuando una célula tiene suficiente oxígeno, ocurre la respiración aeróbica. Esta forma usa oxígeno como un reactivo, junto con la glucosa, para producir de 36 a 38 moléculas de ATP por cada molécula de glucosa. La respiración aeróbica es la forma preferida de la mayoría de las células. La ecuación general para la respiración aeróbica se muestra a continuación.

$C_6H12O_6 + 6O_2 \rightarrow$ energía $+ 6CO_2 + 6H_2O$

Cuando no hay suficiente oxígeno disponible, ocurre la respiración anaeróbica. Esta forma produce dos moléculas de ATP por cada molécula de glucosa. La respiración anaeróbica a veces ocurre en las células de los músculos humanos. Durante el ejercicio, las células de los músculos usan energía más rápido de lo que la fuente de oxígeno puede reponer, causando que las células cambien temporalmente a la respiración anaeróbica.

20. Un estudiante dibuja el modelo mostrado a continuación para representar el proceso de respiración aeróbica.

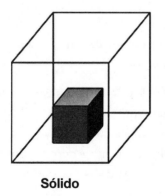

¿Qué cambio mejoraría la exactitud del modelo del estudiante?

a. conectar todos los círculos unos con otros para mostrar los vínculos

b. mover el símbolo de energía para el lado izquierdo de la ecuación

c. sumar cinco triángulos para balancear el lado derecho de la ecuación

d. hacer los rectángulos más pequeños para mostrar los tamaños moleculares relativos

21. ¿En qué forma está la energía producida por la respiración?

a. ATP

b. oxígeno

c. glucosa

d. dióxido de carbono

22. ¿Cuál de los siguientes es el beneficio principal de tener dos formas de respiración en el cuerpo humano en vez de una?

a. Esto le permite al cuerpo humano producir ATP.

b. Esto le permite al cuerpo humano mantener una fuente suficiente de oxígeno.

c. Esto le permite al cuerpo humano funcionar apropiadamente bajo diversas condiciones.

d. Esto le permite al cuerpo humano producir glucosa sin oxígeno de manera más eficiente.

Por favor utilizar el texto a continuación para responder las preguntas 23 a la 24.

La materia existe en los estados sólido, líquido y gaseoso. Una sustancia puede cambiar entre estos tres estados. Los estados pueden alterar las propiedades físicas de una sustancia, como se muestra en los siguientes modelos.

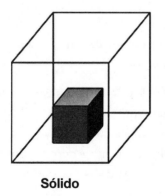
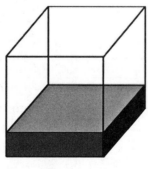
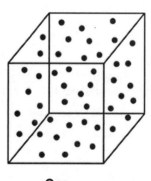

Sólido   **Líquido**   **Gas**

23. ¿Cuál de las siguientes afirmaciones sintetiza mejor lo que puede verse en el gráfico?

a. Los líquidos tienen una forma fija como los sólidos, pero asumen el volumen del contenedor como los gases.

b. Los líquidos tienen un volumen y una forma fija, como los sólidos. Los gases asumen el volumen y la forma del contenedor.

c. Los líquidos tienen un volumen fijo como los sólidos, pero asumen la forma del contenedor como los gases.

d. Los líquidos asumen el volumen y la forma del contenedor, como los gases. Los sólidos tienen un volumen y una forma fija.

24. Con base en el modelo anterior, ¿cuál cambio de estado incrementa la densidad de una sustancia?

a. gas a líquido
b. sólido a gas
c. líquido a gas
d. sólido a líquido

Por favor utilizar el texto a continuación para responder las preguntas 25 a la 26.

En la siguiente tabla se muestra la información acerca de cinco fuentes diferentes de combustible.

	ENERGÍA CONTENIDA (KJ/G)	CO₂ EMÍTIDO (MOL/10³KJ)
Hidrógeno	120	------
Gas Natural	51.6	1.2
Petróleo	43.6	1.6
Carbón	39.3	2.0
Etanol	27.3	1.6

25. ¿Cuál enunciado representa un hecho apoyado por los datos presentados en la tabla?

a. En el futuro todos los automóviles usarán células de hidrógeno.

b. El petróleo es mejor fuente de combustible para automóviles que el etanol.

c. El gas natural es demasiado caro para usarse como fuente de combustible para automóviles.

d. El etanol como combustible le proporciona al automóvil menos energía por gramo que el petróleo.

26. El gas natural, el petróleo y el carbón son combustibles fósiles. El etanol es un derivado de la biomasa.

Con base en los datos de la tabla, ¿cuál es el mejor estimado de la energía contenida en los combustibles fósiles?

a. 40 kJ/g
b. 42 kJ/g
c. 45 kJ/g
d. 50 kJ/g

27. El término *exotérmico* describe un proceso en el cual la energía es liberada, usualmente como energía termal. El término *endotérmico* describe un proceso en el cual la energía termal es absorbida.

¿Cuál de los siguientes es un ejemplo de un proceso exotérmico?

a. una candela quemándose
b. un banco de nieve derritiéndose
c. una hogaza de pan horneándose
d. una planta produciendo azúcar

28. El siguiente gráfico representa el movimiento de un automóvil a control remoto. La aceleración del automóvil o el cambio de velocidad se indica por la inclinación de la gráfica.

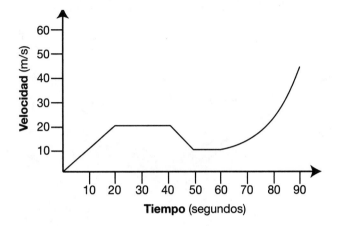

¿Durante qué período de tiempo el automóvil estaba experimentando una aceleración positiva constante?

a. entre 0 y 20 segundos

b. entre 20 y 40 segundos

c. entre 40 y 50 segundos

d. entre 50 y 90 segundos

Por favor utilizar el texto a continuación para responder las preguntas 29 a la 30.

La ventaja mecánica de una máquina (MA) es una medida de cuánto la máquina multiplica la fuerza de entrada.

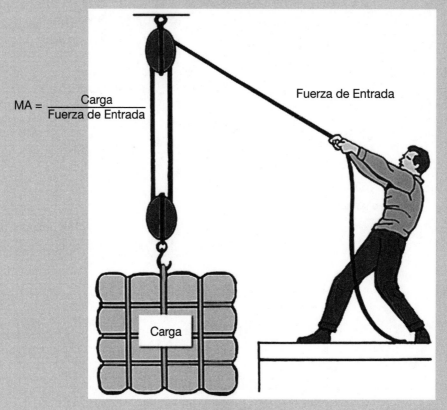

$$MA = \frac{Carga}{Fuerza\ de\ Entrada}$$

La siguiente tabla muestra la fuerza de entrada requerida para levantar diferentes cargas usando el sistema de poleas presentado anteriormente.

CARGA (N)	FUERZA DE ENTRADA (N)
30	10
60	20
90	30
150	50

29. Con base en los datos de la tabla, ¿qué le sucede a la ventaja mecánica del sistema de poleas a medida que el tamaño de la carga se incrementa?

    a. La ventaja mecánica se incrementa a una tasa constante.

    b. La ventaja mecánica del sistema no cambia.

    c. El sistema de poleas multiplica la ventaja mecánica.

    d. La ventaja mecánica disminuye a una tasa constante.

30. Una carga de 1 newton tiene una masa de 10 gramos. De acuerdo a la tabla, ¿cuál es la masa máxima que puede ser levantada por el sistema de poleas usando una fuerza de entrada de 50 newtons?

    a. 15 gramos

    b. 50 gramos

    c. 150 gramos

    d. 1,500 gramos

31. La selección artificial es el proceso de cruzar plantas y animales para incrementar la ocurrencia de una característica deseada. Los granjeros usan la selección artificial para producir nuevos cultivos a partir de especies de plantas existentes. El siguiente diagrama ilustra seis cultivos que han sido derivados de la planta de mostaza silvestre común.

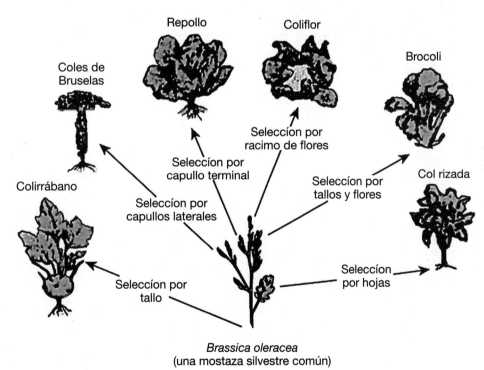

Brassica oleracea
(una mostaza silvestre común)

Con base en la información del pasaje, ¿cómo los granjeros produjeron la col rizada?

    a. Los granjeros removieron los tallos y las flores de unas plantas de mostaza a medida que estas crecían.

    b. Los granjeros les permitieron reproducirse solamente a las plantas de mostaza silvestre con hojas grandes.

    c. Los granjeros cruzaron plantas de hojas pequeñas con plantas de hojas grandes para incrementar el tamaño de las hojas.

    d. Los granjeros evitaron que las plantas de mostaza salvaje de hojas largas se reprodujeran.

32.

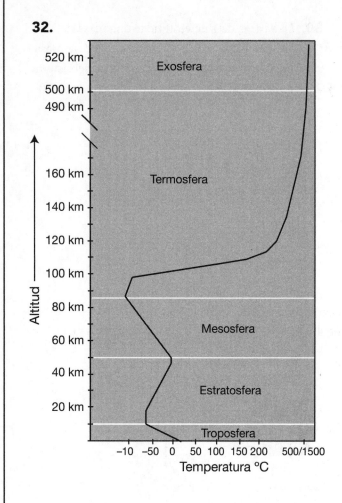

De acuerdo a la gráfica, ¿en cuáles de las capas atmosféricas disminuye la temperatura a medida que la altitud aumenta?

a. mesósfera y exósfera

b. tropósfera y termósfera

c. estratósfera y termósfera

d. tropósfera y mesósfera

33. Las corrientes superficiales oceánicas están clasificadas como corrientes cálidas y corrientes frías. En general, las corrientes cálidas tienden a viajar desde el ecuador hacia los polos a lo largo de la costa este de los continentes. Las corrientes frías tienden a viajar de los polos hacia el ecuador a lo largo de la costa oeste de los continentes.

El siguiente mapa muestra las mayores corrientes oceánicas superficiales del mundo.

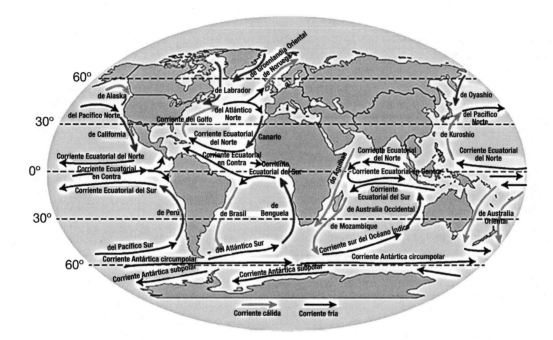

Con base en el pasaje, ¿cuál de los siguientes enunciados acerca de la corriente de Alaska es verdadero?

a. La corriente de Alaska es una corriente fría típica porque viaja a lo largo de la costa oeste del continente.

b. La corriente de Alaska no es una corriente superficial verdadera porque no sigue el patrón general de las corrientes superficiales.

c. La corriente de Alaska es una excepción a los patrones generales porque las corrientes cálidas típicamente viajan a lo largo de la costa este de los continentes.

d. La corriente de Alaska transporta agua del polo norte hacia el ecuador porque viaja a lo largo de la costa occidental del continente.

34. Cada persona tiene dos copias, o dos alelos, de genes con tipo de sangre ABO. Una persona con tipo de sangre ABO es determinada por su combinación específica de alelos. La siguiente tabla muestra las combinaciones de alelos que causan los cuatro diferentes tipos de sangre ABO.

TIPO DE SANGRE	GENOTIPO
A	$I^A I^A$ or $I^A i$
B	$I^B I^B$ or $I^B i$
AB	$I^A I^B$
O	ii

La combinación de alelos de la madre es $I^A i$ y la combinación de alelos del padre es $I^A I^B$. ¿Cuál de los siguientes enunciados es verdadero acerca del tipo de sangre de su primer hijo?

a. El niño tendrá el mismo tipo de sangre de la madre.

b. El niño no puede tener el mismo tipo de sangre del padre.

c. El niño tendrá un tipo de sangre diferente al de ambos padres.

d. El niño no puede tener sangre tipo O.

35. Los niveles de glucosa en la sangre están estrictamente regulados en el cuerpo humano por las hormonas de insulina y glucagón. Cuando los niveles de glucosa son muy altos o muy bajos, el páncreas produce la hormona apropiada para hacer regresar al cuerpo a la homeóstasis. El siguiente diagrama muestra el mecanismo de retroalimentación para regular los niveles de glucosa en la sangre.

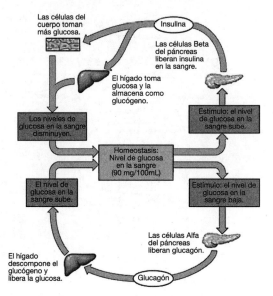

La diabetes mellitus es una enfermedad en la cual el páncreas no puede producir la insulina necesaria para regular los niveles de azúcar en la sangre. ¿Qué resultados ocurrirían al aplicarle una inyección de insulina a una persona diabética con altos niveles de azúcar en la sangre?

a. La insulina viaja al hígado donde se une a él y destruye el exceso de glucosa en el torrente sanguíneo.

b. La insulina ordena al páncreas que produzca glucagón, el cual incrementa el nivel de glucosa en el torrente sanguíneo.

c. La insulina causa que el hígado convierta la glucosa en glucógeno y así remueve el exceso de glucosa del torrente sanguíneo.

d. La insulina convierte el glucógeno en glucosa y así libera glucosa almacenada en el torrente sanguíneo.

Respuestas y explicaciones

1. La opción b es correcta. El mutualismo ocurre cuando ambos organismos se benefician de una relación simbiótica. El E. coli y el humano ambos se benefician en la situación anterior.

La opción **a** es incorrecta. El comensalismo ocurre cuando un organismo se beneficia, pero el otro organismo no se beneficia ni se perjudica. El E. coli y el humano ambos se benefician en la situación anterior.

La opción **c** es incorrecta. El parasitismo ocurre cuando un organismo se beneficia y otro organismo se perjudica. El E. coli y el humano ambos se benefician en la situación anterior.

La opción **d** es incorrecta. El espiritualismo no es un tipo de relación simbiótica.

2. La opción c es correcta. Las pulgas y las garrapatas obtienen nutrientes de la sangre del animal portador y los ácaros obtienen nutrientes de la piel del animal portador.

La opción **a** es incorrecta. Aunque las pulgas y los ácaros pueden vivir en el cuerpo del animal portador, las garrapatas no.

La opción **b** es incorrecta. Los parásitos pueden trasmitirle enfermedades al animal portador, pero esto no le proporciona un beneficio al parásito.

La opción **d** es incorrecta. Aunque las pulgas y los ácaros se reproducen en el cuerpo del animal portador, las garrapatas no lo hacen.

3. La opción b es correcta. El pasaje enuncia que los ácaros *Cheyletiella* habitan dentro de la capa exterior de la piel del perro y tienen dificultad para sobrevivir lejos del cuerpo del animal portador. Usar guantes que se desechan después de examinar al perro ayuda a prevenir que los ácaros que se transfieran a las manos del técnico se transfieran a su vez a otros animales en la clínica.

La opción **a** es incorrecta. Las vacunas pueden ser aplicadas a los individuos que no están infectados para prevenir la transmisión de enfermedades causadas por un virus. Los ácaros son artrópodos que viven en el cuerpo del animal portador y no pueden ser eliminados con una vacuna.

La opción **c** es incorrecta. Evitar el contacto con las heridas abiertas ayudaría a prevenir la transmisión de agentes patógenos de la sangre, como aquellos que se transmiten por medio de las pulgas y las garrapatas.

La opción **d** es incorrecta. Esterilizar la sala de exámenes después de examinar al perro infectado (no antes) puede ayudar a prevenir la transmisión de ácaros a otros animales en la clínica.

4. La opción c es correcta. Cuando la luna pasa entre el sol y la Tierra, proyecta su sombra sobre la Tierra y crea un eclipse solar.

La opción **a** es incorrecta. Cuando la Tierra pasa entre la luna y el sol, proyecta su sombra sobre la luna y el resultado es un eclipse lunar.

La opción **b** es incorrecta. Cuando la Tierra pasa entre la luna y el sol, no se proyecta ninguna sombra en el sol, porque el sol es la principal fuente de luz.

La opción **d** es incorrecta. Cuando el sol pasa por debajo del horizonte para un observador desde la Tierra, el resultado es la caída de la noche.

5. La opción a es correcta. En un cladograma, el grupo que muestra el menor número de características aparece en la parte inferior izquierda de la rama y el grupo que muestra la mayoría de las características aparece en la parte superior derecha.

La opción **b** es incorrecta. En un cladograma, el grupo que muestra el menor número de características aparece en la parte inferior izquierda de la rama y el grupo que muestra la mayoría de las características aparece en la parte superior derecha. Las coníferas figuran como segundas desde la derecha.

La opción **c** es incorrecta. En un cladograma, el grupo que muestra el menor número de características aparece en la parte inferior izquierda de la rama y el grupo que muestra la mayoría de las características aparece en la parte superior derecha. Los helechos figuran como segundos desde la izquierda.

La opción **d** es incorrecta. En un cladograma, el grupo que muestra el menor número de características aparece en la parte inferior izquierda de la rama y el grupo que muestra la mayoría de las características aparece en la parte superior derecha. Los musgos figuran en el lado inferior izquierdo.

6. La opción a es correcta. La descripción del patrón en los datos permite la identificación de la relación entre la temperatura del agua y la solubilidad del oxígeno. Según se puede observar en la tabla, a medida que la temperatura del agua se incrementa, la solubilidad máxima del oxígeno disminuye. Esto muestra que la temperatura del agua y la concentración del oxígeno disuelto tienen una relación negativa, con las máximas concentraciones de oxígeno disuelto ocurriendo en las temperaturas más bajas.

La opción **b** es incorrecta. De acuerdo a la tabla, los cuerpos acuáticos con una temperatura promedio de 40°C tienen un máximo de solubilidad de oxígeno de 6.4 mg/L y los cuerpos acuáticos con una temperatura promedio de 100°C no contienen oxígeno disuelto. Las temperaturas entre esos dos datos deben permitir concentraciones de oxígeno entre 6.4 y 0 mg/L.

La opción **c** es incorrecta. Aunque un incremento de 0 a 10°C resulta en un incremento de 3 mg/L en la solubilidad del oxígeno, la solubilidad no continúa incrementándose a ese mismo índice con cada incremento de 10°C en la temperatura.

La opción **d** es incorrecta. Aunque muchas variables pueden afectar la solubilidad del oxígeno, la tabla se enfoca en la relación entre la solubilidad del oxígeno y la temperatura del agua.

7. La opción c es correcta. Los matorrales emiten oxígeno al medioambiente como un derivado de la fotosíntesis. Usando este razonamiento, se puede predecir que un incremento en los matorrales de agua dulce va a aumentar la concentración de oxígeno disuelto en el agua. Con base en los datos de la tabla, un incremento de 8.5 mg/L traería a la concentración de oxígeno disuelto más cerca del máximo de la solubilidad de oxígeno de un cuerpo acuático con una temperatura promedio de 21°C.

La opción **a** es incorrecta. Las plantas acuáticas como los matorrales de agua dulce emiten oxígeno al medioambiente. Una concentración de oxígeno disuelto de 6.3 mg/L resultaría de un evento que disminuya la cantidad de oxígeno disuelto en el agua.

La opción **b** es incorrecta. Una concentración de oxígeno disuelto de 7.2 mg/L indicaría que no ha habido cambio en el ecosistema. Un cambio en la cantidad de los matorrales de agua dulce alteraría la cantidad de oxígeno disuelto en el agua.

La opción **d** es incorrecta. El doble de la cantidad de matorrales de agua dulce provocaría un incremento en la concentración de oxígeno disuelto, pero no el doble. De acuerdo a la tabla una concentración de oxígeno disuelto de 14.4 mg/L excedería por mucho el máximo de la solubilidad del oxígeno de un cuerpo acuático con una temperatura promedio de 21°C.

8. La opción **c** es correcta. El rango puede ser determinado calculando la diferencia entre el valor más alto y el valor más bajo del set de datos. La tabla muestra que la temperatura de una estrella amarilla está entre 5,000 K y 6,000 K. De los mostrados en la tabla éste es el rango menor (o el más estrecho), con 1,000 K de diferencia.

La opción **a** es incorrecta. Las estrellas blancas tienen una temperatura máxima de 11,000 K.

La temperatura mínima de una estrella azul-blanca es de 11,000K.

La opción **b** es incorrecta. Las estrellas rojas tienen una temperatura máxima de 3,500 K. Una estrella con una temperatura de 3,700 K estaría en el rango de una estrella anaranjada.

La opción **d** es incorrecta. La tabla no proporciona información acerca de la temperatura más alta registrada de la superficie de una estrella. Se muestra que la temperatura mínima de una estrella azul es de 25,000 K. Esto indica que las estrellas azules pueden tener temperaturas más altas de 25,000 K.

9. La opción b es correcta. En el contexto de este diagrama de olas del mar, una longitud de onda es la distancia horizontal entre dos crestas (A y B). Usando la definición dada de período de ola, se puede determinar que el período de la ola es la cantidad de tiempo requerida para viajar una longitud de onda.

La opción **a** es incorrecta. Una orilla no se muestra ni se menciona en el diagrama.

La opción **c** es incorrecta. El período de una ola se refiere al movimiento horizontal de la ola, mientras que el nivel del mar en calma es un punto de referencia usado para medir el movimiento vertical de una ola.

La opción **d** es incorrecta. En el diagrama, los puntos A y B usados para medir el período de la ola son las dos crestas. El tiempo requerido para viajar de la cresta a la depresión sería la mitad de un período de ola.

10. **La opción b es correcta.** Un huracán y un tornado con ≥10 fatalidades donde ambos ocurren en el mismo año sería considerado un evento compuesto porque dos eventos están ocurriendo juntos. La probabilidad de un evento compuesto puede ser determinado al multiplicar las probabilidades de cada evento ocurriendo individualmente. La probabilidad de un huracán (0.39) multiplicada por la probabilidad de un tornado (0.96) proporciona una probabilidad compuesta de 0.3744.

La opción **a** es incorrecta. Una probabilidad de 0 indica que no hay posibilidad de que un evento ocurra. Ya que hay una posibilidad de que un huracán ocurra y una posibilidad de que un tornado ocurra individualmente, hay también una posibilidad de que ambos eventos ocurran en el mismo año.

La opción **c** es incorrecta. Esta es la probabilidad de que solamente un tornado ocurra durante cualquier año dado. La probabilidad de que ambos, un tornado y un huracán, ocurran en el mismo año sería mucho más baja porque la probabilidad de un huracán es mucho menor (0.39) que la probabilidad de un tornado (0.96).

La opción **d** es incorrecta. Una probabilidad mayor de 1 indica que un evento está garantizado a ocurrir. Ya que las probabilidades individuales de que un huracán o de que un tornado ocurra son ambas menores que 1, la probabilidad de que ambos ocurran el mismo año también será menor que 1.

11. El desastre natural que mejor completa este enunciado es *terremoto*. La corteza terrestre está compuesta por placas tectónicas. El punto donde dos o más placas tectónicas se encuentran se llama *borde de la placa*. Cuando la presión se acumula en el borde de la placa ésta se hace demasiado grande entonces la energía se desata en forma de un terremoto.

Se puede esperar que los terremotos ocurran con más frecuencia a lo largo de los bordes de la placa. Debido a que la costa oeste de los Estados Unidos continentales descansa sobre los bordes de una placa, la probabilidad de que un terremoto ocurra en esta región será mucho mayor que la probabilidad en los Estados Unidos como un todo, la mayor parte del cual no descansa sobre los bordes de las placas.

La ocurrencia de los huracanes, las inundaciones y los tornados no está específicamente vinculada a las actividades de las placas tectónicas. Un incremento en la probabilidad de cualquiera de esos desastres naturales a lo largo de los bordes de la placa en comparación con la de los Estados Unidos como un todo no es una predicción razonable.

12. La opción d es correcta. El corredor ingiere energía química en forma de carbohidratos. Esta energía química es transformada a energía cinética a medida que los músculos del corredor se contraen y se relajan, causando que el corredor se mueva. Los corredores cargan carbohidratos para asegurarse que su cuerpo tenga la suficiente energía química para ser transformada en la energía cinética requerida para correr un maratón.

La opción **a** es incorrecta. El corredor toma energía química en forma de carbohidratos. Aunque un poco de esta energía química es transformada en energía térmica en forma de calor corporal, el propósito de la carga de carbohidratos es mejorar el desempeño de los músculos, no incrementar el calor del cuerpo.

La opción **b** es incorrecta. El propósito de la carga de carbohidratos es incrementar la cantidad de energía disponible para su transformación a energía cinética (movimiento). La carga de carbohidratos incrementa la disponibilidad de energía química pero no de energía térmica. Los carbohidratos contienen energía almacenada en sus uniones químicas, no como calor.

La opción **c** es incorrecta. La meta de la carga de carbohidratos es mejorar el rendimiento de los músculos (movimiento), no incrementar el calor corporal. El rendimiento de los músculos se mejora al incrementar la energía química disponible para transformarse en energía cinética.

13. La opción a es correcta. Un consumidor de nivel primario se alimenta de productores que, como las plantas, fabrican sus propios alimentos usando la energía de la luz del sol. Los conejos se alimentan de dos productores, zanahorias y pasto, lo cual convierte a los conejos en consumidores de nivel primario.

La opción **b** es incorrecta. El nivel de alimentación de un organismo está determinado por cómo éste obtiene su alimento, no por los organismos para los cuales éste provee alimento. Aunque los conejos en la red o cadena de alimentos son consumidos por los zorros, esto no determina el nivel de alimentación de los conejos.

La opción **c** es incorrecta. La competencia con otros organismos no afecta la clasificación del nivel de alimentación del organismo.

La opción **d** es incorrecta. La presencia de otros organismos que consumen la misma fuente de alimentos no afecta la clasificación del nivel de alimentación del organismo.

14. La opción d es correcta. Un organismo proporciona energía a todos los organismos que aparecen arriba de él en la red alimenticia. En esta red alimenticia, los saltamontes proporcionan energía a los pájaros, a los búhos y a los zorros. Los pájaros y los búhos obtienen energía de manera directa cuando se comen a los saltamontes. Los zorros obtienen energía indirectamente cuando ellos consumen pájaros que previamente han consumido saltamontes.

La opción **a** es incorrecta. Los búhos y los pájaros obtienen energía de los saltamontes pero los ratones no.

La opción **b** es incorrecta. Los granos les proporcionan energía a los saltamontes, pero no obtienen energía de los saltamontes.

La opción **c** es incorrecta. Los conejos y los ratones no obtienen energía de los saltamontes de manera directa ni tampoco indirecta.

15. **La opción c es correcta.** Si los conejos consumen más pasto, los saltamontes tendrían que consumir más granos como parte de su dieta. Ya que los ratones dependen solamente de los granos, esto afectaría la cantidad de granos disponible para que coman los ratones.

La opción **a** es incorrecta. No hay evidencia que indique que la población de ratones aumentaría. Cuando una fuente clave en una red alimenticia ya no está disponible, es probable que resulte en una disminución de la población entre todos los organismos directa o indirectamente relacionados.

La opción **b** es incorrecta. No hay evidencia que indique que la población de conejos aumentaría. Cuando una fuente clave en una red alimenticia ya no está disponible, es probable que resulte en una disminución de la población entre todos los organismos directa o indirectamente relacionados.

La opción **d** es incorrecta. No hay evidencia proporcionada en la red alimenticia de que los conejos puedan alterar su dieta para incluir una nueva fuente de energía.

16. **En blanco 1:**

El valor apropiado para completar este enunciado es **36.5**.

La fórmula para convertir la temperatura de grados Fahrenheit a grados Celsius está dada como $(°F - 32) \times \frac{5}{9} = °C$. Reemplazando la variable de menos valor en grados °F con 97.7 al resolver obtenemos $(97.7 - 32) \times \frac{5}{9} = 36.5$.

En blanco 2:

El valor apropiado para completar este enunciado es **37.5**.

La fórmula para convertir la temperatura de grados Fahrenheit a grados Celsius está dada como $(°F - 32) \times \frac{5}{9} = °C$. Reemplazando la variable de más valor en grados °F con 99.5 al resolver obtenemos $(99.5 - 32) \times \frac{5}{9} = 37.5$. Esto proporciona el rango de la temperatura normal del cuerpo de un recién nacido en grados Celsius.

17. **La opción d es correcta.** Como se indica en el diagrama, cada una de las células hijas producidas durante la meiosis tiene la mitad del número total de cromosomas de la célula madre. Estas células hijas se llaman gametos y son usadas en la reproducción. Cuando la reproducción ocurre, dos gametos (huevo y esperma) se unen para crear una célula con un set completo de cromosomas.

La opción **a** es incorrecta. Para permitirle a un organismo que crezca, las células hijas producidas deben ser idénticas a la célula madre. Las células usadas para el crecimiento son producidas mediante el proceso de mitosis.

La opción **b** es incorrecta. Para permitirle a un organismo que repare los tejidos, las células hijas producidas deben ser idénticas a las células madre. Las células usadas para la reparación de tejidos son producidas mediante el proceso de mitosis.

La opción **c** es incorrecta. La diferenciación de las células ocurre cuando una célula simple, no especializada es convertida en una célula de tipo especializada, como una célula sanguínea o una célula cutánea. Las células hijas no son producidas durante el proceso de diferenciación.

18. **La opción b es correcta.** La velocidad promedio puede ser determinada sumando las velocidades individuales de cada vehículo y dividendo esta cantidad entre el número total de vehículos.

Esto se calcula así:

$$\frac{61 + 48 + 61 + 51 + 59}{5} = 56 \text{ mph}.$$

La opción **a** es incorrecta. Ésta es la velocidad límite en la autopista, no el promedio de velocidad de los cinco vehículos mostrados.

La opción **c** es incorrecta. Ésta es la mediana de la velocidad de los 5 vehículos, no la velocidad promedio (media).

La opción **d** es incorrecta. Ésta es la moda de la velocidad de los 5 vehículos, no la velocidad promedio (media).

19. La opción **d** es correcta. Cada nueva célula creada por medio de la meiosis debe contener un cromosoma de cada uno de los siete pares de cromosomas. Como se ilustra en el diagrama, ese simple cromosoma puede ser combinado de múltiples maneras. Para determinar el número total de combinaciones únicas de cromosomas, el número total de cromosomas en cada set (par) debe ser multiplicado. Siete sets de dos cromosomas cada uno significa que el 2 debe ser multiplicado siete veces ($2 \times 2 \times 2 \times 2 \times 2 \times 2 \times 2 = 128$) para determinar el número total de posibles combinaciones únicas de cromosomas.
La opción **a** es incorrecta. Hay siete cromosomas en total en una célula producida por meiosis, pero el cromosoma específico presente en cada par de cromosomas puede variar.
La opción **b** es incorrecta. Dos cromosomas en cada uno de los siete pares da un total de 14 cromosomas, pero el cromosoma específico presente en cada par puede variar.
La opción **c** es incorrecta. Multiplicando 7×7 no nos da el número total de combinaciones posibles de cromosomas. Para determinar esto, el número de cromosomas en cada par debe ser multiplicado por el número de cromosomas en cada otro par.

20. **La opción c es correcta.** Los productos de la respiración son seis moléculas de dióxido de carbono, seis moléculas de agua y energía. En el lado derecho del modelo, se presentan seis rectángulos pero solamente un triángulo. Para representar con precisión una ecuación balanceada, todas las moléculas deben estar representadas en el modelo.
La opción **a** es incorrecta. Los círculos representan las seis moléculas del oxígeno reactivo. Conectar los círculos no mejoraría la exactitud del modelo porque éste separa moléculas no vinculadas las unas con las otras.
La opción **b** es incorrecta. La energía es un producto de la reacción respiratoria y por lo tanto está apropiadamente colocada en el lado derecho de la ecuación. Mover el símbolo de energía a la izquierda de la ecuación indicaría que la energía es un reactivo.
La opción **d** es incorrecta. Reducir el tamaño de los rectángulos no es el cambio más necesario ya que las otras moléculas no están representadas a escala.

21. **La opción a es correcta.** El propósito de la respiración es convertir la energía en una forma que sea útil para las células. La respiración produce ATP, una molécula de alta energía, la cual la célula puede usar para llevar a cabo sus funciones celulares.
La opción **b** es incorrecta. El oxígeno es un reactivo de la respiración aeróbica, no un producto, y no le proporciona energía a la célula.
La opción **c** es incorrecta. La respiración usa la glucosa en la comida para producir ATP. La respiración no produce glucosa.
La opción **d** es incorrecta. Aunque la respiración no produce dióxido de carbono, esta molécula no le proporciona energía a la célula.

22. **La opción c es correcta.** Al permitir que la energía sea creada con y sin oxígeno, dos formas de respiración le permiten al cuerpo humano continuar funcionando apropiadamente bajo diferentes condiciones.

La opción **a** es incorrecta. La respiración le permite al cuerpo humano producir ATP, pero esto puede lograrse con una forma de respiración simple.

La opción **b** es incorrecta. La respiración no ayuda a mantener una fuente de oxígeno; la respiración aeróbica requiere un suministro de oxígeno para crear energía, mientras que la respiración anaeróbica no.

La opción **d** es incorrecta. El cuerpo humano procesa la glucosa mucho más eficientemente con oxígeno, creando de 36 a 38 moléculas de ATP por cada molécula de glucosa. Por el contrario, sólo 1 ó 2 moléculas de ATP son creadas por cada molécula de glucosa durante la respiración anaeróbica.

23. **La opción c es correcta.** Como se muestra en el modelo, un sólido tiene un volumen y una forma fija. Un líquido tiene un volumen fijo, pero asume la forma del contenedor. Un gas asume el volumen y la forma del contenedor. Un líquido tiene una propiedad en común con los sólidos y una propiedad en común con los gases.

La opción **a** es incorrecta. En este enunciado, las propiedades de un líquido están invertidas ya que los líquidos tienen un volumen fijo, pero asumen la forma del contenedor.

La opción **b** es incorrecta. Los líquidos tienen un volumen fijo como los sólidos, pero no una forma fija.

La opción **d** es incorrecta. Los líquidos asumen la forma del contenedor como los gases, pero no el volumen.

24. **La opción a es correcta.** La densidad de una sustancia se refiere a lo compactas que están las moléculas de la sustancia. Como se muestra en el modelo, las moléculas de una sustancia están más dispersas en el estado gaseoso. Esto significa que la densidad más baja de una sustancia sucede cuando está en el estado gaseoso. La densidad de la sustancia se incrementa cuando va del estado gaseoso al estado líquido porque las moléculas se compactan más.

La opción **b** es incorrecta. Las moléculas de una sustancia se dispersan más cuando cambian del estado sólido al estado gaseoso. Esto causa que la densidad de la sustancia disminuya.

La opción **c** es incorrecta. Las moléculas de una sustancia se dispersan más cuando cambian del estado líquido al estado gaseoso. Esto causa que la densidad de la sustancia disminuya.

La opción **d** es incorrecta. Las moléculas de una sustancia pueden dispersarse un poco o alcanzar una densidad menor cuando la sustancia cambia del estado sólido al estado líquido. En este cambio de estado (de sólido a líquido) el cambio de densidad no es tan grande.

25. La opción d es correcta. Con base en los datos de la tabla, este enunciado puede ser identificado como un hecho. El contenido de energía del etanol es de 27.3 kJ/g, cerca de 16 kJ/g menos que la energía que contiene el petróleo (43.6 kJ/g).

La opción **a** es incorrecta. Este enunciado es una especulación basada en los datos de la tabla. De acuerdo a la tabla, el hidrógeno tiene el mayor contenido de energía y no emite dióxido de carbono. Aunque estos datos no apoyan la especulación de que los automóviles puedan moverse en el futuro con células de hidrógeno, este enunciado no es una garantía.

La opción **b** es incorrecta. Este enunciado es un juicio basado en los datos de la tabla. De acuerdo a la tabla, el petróleo tiene un contenido más alto de energía que el etanol. Aunque estos datos pueden ser usados para apoyar el juicio de que el petróleo es la mejor fuente de combustible, este enunciado es una opinión en vez de un hecho.

La opción **c** es incorrecta. Este enunciado es una especulación basada en los datos de la tabla. Aunque los datos de la tabla sugieren que el gas natural es una fuente de combustible relativamente eficiente y limpia, el enunciado es una especulación porque no se proporciona información acerca del costo del gas natural.

26. La opción c es correcta. El pasaje identifica el gas natural, el petróleo y el carbón como combustibles fósiles, porque cada uno se deriva de los restos fósiles de los organismos. El contenido de energía de cada combustible fósil puede ser aproximado a 50 kJ/g, 45 kJ/g y 40 kJ/g, respectivamente. Esto proporciona un estimado promedio del contenido de energía de 45 kJ/g.

La opción **a** es incorrecta. Esto sería un estimado apropiado de la energía contenida en el carbón, no de la energía contenida en los tres combustibles fósiles.

La opción **b** es incorrecta. Esto sería un estimado apropiado para la cantidad de energía contenida en el petróleo y en el carbón, pero el gas natural también es un combustible fósil.

La opción **d** es incorrecta. Esto sería un estimado apropiado del contenido de energía del gas natural, pero no del contenido de energía de los tres combustibles fósiles.

27. La opción a es correcta. Una candela quemándose es un proceso exotérmico porque la energía termal o el calor es liberado como resultado del proceso.

La opción **b** es incorrecta. Un banco de nieve derritiéndose es un proceso endotérmico porque un aporte de calor es requerido para que la nieve se derrita. Esto significa que la energía termal es absorbida durante el proceso, no liberada.

La opción **c** es incorrecta. Hornear una hogaza de pan es un proceso endotérmico porque el aporte de calor es requerido para convertir los ingredientes en pan. Esto significa que la energía termal es absorbida durante el proceso, no liberada.

La opción **d** es incorrecta. La fotosíntesis es un proceso endotérmico porque las plantas necesitan un aporte de energía (luz solar) para producir azúcar. Esto significa que la energía es absorbida durante el proceso, no liberada.

28. La opción a es correcta. El automóvil tiene una aceleración positiva constante cuando la velocidad del auto se incrementa a una tasa invariable o constante. Entre 0 y 20 segundos, la gráfica avanza en una línea diagonal recta, indicando que la velocidad se incrementa a una tasa constante.

La opción **b** es incorrecta. Entre 20 y 40 segundos, el automóvil mantiene una velocidad constante de 20 m/s. Ya que la velocidad es constante durante este periodo de tiempo el auto no está acelerando (tiene una aceleración de 0 m/s^2).

La opción **c** es incorrecta. Entre 40 y 50 segundos, la velocidad del automóvil está disminuyendo a una tasa constante. Esto indica una aceleración negativa constante.

La opción **d** es incorrecta. Entre 50 y 90 segundos, la velocidad del automóvil se incrementa, pero no a una tasa constante. La gráfica avanza en una línea curva durante este período de tiempo, indicando que la velocidad se incrementa a una tasa variable.

29. La opción b es correcta. La ventaja mecánica de un sistema de poleas no cambia con la carga. La ventaja mecánica se calcula dividiendo la carga entre la fuerza de entrada. En la tabla de datos, al dividir cada carga entre su fuerza de entrada correspondiente se obtiene una ventaja mecánica de tres.

La opción **a** es incorrecta. A medida que el tamaño de la carga se incrementa, la fuerza de entrada para levantar la carga se incrementa a una tasa constante. La ventaja mecánica del sistema de poleas no cambia.

La opción **c** es incorrecta. Un sistema de poleas multiplica la fuerza de entrada, no la ventaja mecánica aplicada a una carga.

La opción **d** es incorrecta. Ninguna disminución en la ventaja mecánica ocurre con un incremento en la carga. La ventaja mecánica de un sistema de poleas es constante sin importar el tamaño de la carga.

30. La opción d es correcta. De acuerdo a la tabla, una fuerza de entrada de 50 N puede levantar una carga de 150 N. Si una carga de 1 N tiene una masa de 10 gramos, la masa de una carga puede ser determinada multiplicando la fuerza de la carga por 10. Una carga de 150 N por lo tanto tiene una masa de 1,500 gramos.

La opción **a** es incorrecta. Este valor es el resultado de dividir la fuerza de la carga (150 N) entre 10. La masa de la carga se determina multiplicando, no dividiendo, la fuerza de la carga por 10.

La opción **b** es incorrecta. Éste es el valor de la fuerza inicial, no la masa de la carga.

La opción **c** es incorrecta. Éste es el valor de la fuerza de la carga en newtons, no la masa de la carga en gramos.

31. La opción b es correcta. La col rizada es un cultivo de hojas frondosas. De acuerdo al diagrama, la mostaza silvestre fue seleccionada por sus hojas para producir col rizada. Esto significa que las plantas de mostaza silvestre que tenían hojas grandes fueron injertadas específicamente para incrementar el tamaño de las hojas. Este cruce selectivo en múltiples generaciones conduce a nuevas especies (col rizada) caracterizadas por sus hojas grandes.

La opción **a** es incorrecta. Las plantas con características deseadas (hojas grandes en la col rizada) deben ser injertadas para producir retoños con esas características. El hecho de remover los tallos y las flores de una planta de mostaza existente no va a hacer que la generación subsecuente tenga las hojas más grandes.

La opción **c** es incorrecta. Injertar plantas de hojas pequeñas con plantas de hojas grandes hace posible obtener retoños que tendrán ya sea hojas pequeñas u hojas grandes. Para asegurarse que los retoños tengan mayor probabilidad de tener las hojas grandes, plantas de hojas grandes deben ser injertadas.

La opción **d** es incorrecta. Prevenir que las plantas con hojas grandes crezcan sirve para eliminar la característica de las hojas grandes de generaciones subsecuentes en lugar de aumentar su población.

32. **La opción d es correcta.** En la gráfica, la temperatura aumenta a la derecha y la altitud se incrementa hacia arriba. Cualquier porción de la gráfica que tenga una inclinación negativa, o una inclinación a la izquierda, indica que la temperatura disminuye. La gráfica tiene una inclinación negativa en la tropósfera y en la mesósfera.

La opción **a** es incorrecta. La gráfica tiene una pendiente negativa dentro de la mesósfera, pero una pequeña curva positiva en la exósfera. Esto significa que la temperatura disminuye a medida que la altitud aumenta en la mesósfera, pero se incrementa con la altitud en la exósfera.

La opción **b** es incorrecta. La gráfica tiene una pendiente negativa en la tropósfera, pero una pendiente positiva en la termósfera. Aun así la inclinación no es constante dentro de la termósfera; la inclinación se mantiene positiva dentro de esta capa. Esto significa que la temperatura decrece en la tropósfera, pero se incrementa en la termósfera.

La opción **c** es incorrecta. La gráfica tiene una inclinación positiva dentro de la estratósfera y de la termósfera. Esto significa que la temperatura se incrementa con la altitud en ambas capas.

33. **La opción c es correcta.** La corriente de Alaska es una corriente cálida. El pasaje enuncia que una corriente cálida típicamente viaja a lo largo de la costa este de los continentes, pero la corriente de Alaska viaja a lo largo de la costa occidental de América del Norte.

La opción **a** es incorrecta. Aunque la corriente de Alaska no viaja a lo largo de la costa oeste del continente, la leyenda del mapa indica que es una corriente cálida.

La opción **b** es incorrecta. La corriente de Alaska no sigue el patrón típico de una corriente cálida, pero se identifica como una corriente superficial en el mapa.

La opción **d** es incorrecta. La leyenda del mapa identifica la corriente de Alaska como una corriente cálida. Las corrientes cálidas transportan agua caliente originándose cerca del Ecuador hacia los polos.

34. **La opción d es correcta.** El tipo de sangre O solamente puede ser producido por la combinación de alelos ii. Un niño recibe un alelo de cada padre. Ya que la madre tiene un i pero el padre no, la combinación de alelos ii no es posible para su hijo.

La opción **a** es incorrecta. Basándonos en la tabla, el tipo de sangre de la madre es A. El niño puede recibir I^A o i de la madre y I^A del padre, resultando en sangre de tipo A causada por la posible combinación de alelos I^AI^A o I^Ai. Pero el niño podría recibir I^B del padre, el cual podría resultar en un tipo de sangre diferente al de la madre.

La opción **b** es incorrecta. Basándonos en la tabla, el padre tiene sangre tipo A^B. El niño puede recibir I^A de la madre y I^B del padre, resultando en la posible combinación de alelos I^AI^B… Esta combinación de alelos producirá el mismo tipo de sangre que la del padre.

La opción **c** es incorrecta. Basándonos en la tabla, el tipo de la sangre de la madre es A y del padre es AB. El niño puede recibir I^A o i de la madre y I^A del padre, resultando en un tipo de sangre A causado por la posible combinación de alelos I^AI^A o I^Ai. El niño puede recibir I^A de la madre y I^B del padre, resultando en el tipo de sangre A^B causado por la posible combinación de alelos I^AI^B. Esto significa que es posible que el niño tenga el mismo tipo de sangre que uno de los padres.

35. **La opción c es correcta.** De acuerdo al diagrama, cuando los niveles de glucosa en la sangre de una persona aumentan, el páncreas segrega insulina. La insulina le envía señales a las células del cuerpo para que éste absorba la glucosa de la sangre, y le ordena al hígado que convierta el exceso de glucosa en un depósito de moléculas de glucógeno. Este proceso remueve el exceso de glucosa de la sangre, regresando los niveles de glucosa en la sangre a homeostasis. La insulina inyectada a una persona diabética inicia el mismo proceso que la insulina producida en el páncreas de una persona saludable.

La opción **a** es incorrecta. La insulina le envía señales al hígado para que convierta y almacene el exceso de glucosa a glucógeno; no le ordena destruir la glucosa.

La opción **b** es incorrecta. La insulina y el glucagón no se comunican entre ellos, sino que llevan a cabo funciones contrarias. La insulina trabaja disminuyendo los niveles de glucosa en la sangre, mientras que el glucagón trabaja elevando los niveles.

La opción **d** es incorrecta. El glucagón ordena la conversión del glucógeno a glucosa cuando los niveles de glucosa en la sangre están bajos. La insulina ordena la conversión de glucosa a glucógeno cuando los niveles de glucosa están altos.

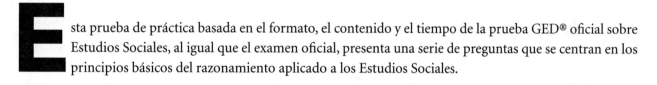

CAPÍTULO

5 ▶ PRUEBA GED® SOBRE ESTUDIOS SOCIALES 1

Esta prueba de práctica basada en el formato, el contenido y el tiempo de la prueba GED® oficial sobre Estudios Sociales, al igual que el examen oficial, presenta una serie de preguntas que se centran en los principios básicos del razonamiento aplicado a los Estudios Sociales.

Parte I

Se te pedirá que respondas preguntas basadas en textos breves, mapas, gráficos y tablas. Consulta la información proporcionada todas las veces que lo necesites cuando respondas las preguntas.

Trabaja cada pregunta en forma detallada, pero sin pasar demasiado tiempo en una misma pregunta. Asegúrate de responder todas las preguntas.

Coloca una alarma a los 65 minutos (1 hora y 5 minutos) e intenta completar este examen sin interrupciones, en silencio.

Parte II

La prueba GED® oficial sobre Estudios Sociales también incluye una pregunta de respuesta ampliada, es decir, una pregunta que se responde con un ensayo. Coloca una alarma para que suene a los 25 minutos e intenta leer el pasaje dado y, luego, piensa, escribe y revisa tu ensayo sin interrupciones, en silencio.

Después del examen, verás completas explicaciones de cada pregunta de la prueba y también ensayos de ejemplo con diferentes niveles de puntuación. ¡Buena suerte!

Parte I

35 preguntas
90 minutos

Por favor utilizar el texto a continuación para responder las preguntas 1 a la 3.

Este fragmento es parte del discurso de George W. Bush dado el 19 de marzo de 2008.

La Operación Libertad Iraquí fue un despliegue excepcional de efectividad militar. Las fuerzas de Gran Bretaña, Australia, Polonia y otros aliados se unieron a nuestras tropas en las operaciones iniciales. A medida que ellos avanzaban, nuestras tropas se abrieron camino en medio de tormentas de arena tan intensas que oscurecían el cielo en medio del día. Nuestras tropas se enfrentaron en combates dirigidos con Fedayeen Saddam; escuadrones de la muerte actuaron bajo las órdenes de Saddam Hussein que no obedecían las convenciones de guerra ni los dictados de conciencia. Estos escuadrones de la muerte se escondían en escuelas y en hospitales, esperando abrir fuego contra los civiles iraquíes. Ellos usaban mujeres y niños como escudos humanos. No se detenían ante nada en sus esfuerzos para evitar que nosotros los domináramos, pero no pudieron parar el avance de la coalición.

Con ayuda de la compaña aérea más efectiva y precisa en la historia, las fuerzas de la coalición atravesaron 350 millas de territorio enemigo, destruyendo las divisiones de la Guardia Republicana, cruzando la región de Karbala, tomando el aeropuerto de Saddam Hussein y liberando Baghdad en menos de 1 mes...

Porque nosotros actuamos, Saddam Hussein ya no cubre los campos con los restos de hombres, mujeres y niños inocentes... Porque nosotros actuamos, el régimen de Saddam ya no está invadiendo a sus vecinos o atacándolos con armas químicas y misiles balísticos.

1. Basándote en el fragmento como fuente principal concerniente a la idea central de la política exterior americana desde el 9/11, ¿cuál fue el propósito de Bush al lanzar la Operación Libertad Iraquí?
   a. liberar a Bagdad en menos de un mes destruyendo las divisiones de la Guardia Republicana
   b. liberar al pueblo iraquí de un régimen brutal y derrocar a Saddam Hussein
   c. impedir que Saddam Hussein invadiera otras naciones
   d. unirse a otros países para ayudar a Saddam Hussein a controlar los derechos naturales del pueblo iraquí

2. Basándote en el fragmento como fuente principal, coloca los siguientes eventos en el orden cronológico correcto:
   1. las fuerzas de Gran Bretaña, Australia, Polonia y otros aliados se unen a las tropas americanas
   2. se libera a la ciudad de Bagdad
   3. se lanza la Operación Libertad Iraquí
   a. 3, 1, 2
   b. 2, 1, 3
   c. 3, 2, 1
   d. 1, 2, 3

3. Basándote en el fragmento como fuente principal, ¿qué puede concluirse acerca de la credibilidad de la elección/decisión de Bush de lanzar la Operación Libertad Iraquí?
   a. La operación no estaba justificada y Bush pone esto en claro en su discurso.
   b. Bush siente que la operación estaba justificada, pero la realidad del régimen de Saddam desacredita cualquier justificación.
   c. La operación estaba justificada para poder derrocar a un régimen nocivo y brutal.
   d. Las acciones del régimen de Saddam justifican la operación, pero Bush expresa su preocupación de que la operación podría no haber sido justificada en su discurso.

Por favor utilizar el texto a continuación para responder las preguntas 4 a la 6.

Este fragmento proviene de la Constitución de los Estados Unidos.

El Presidente será Comandante en Jefe del Ejército y de la Armada de los Estados Unidos y de la Milicia de los distintos Estados, cuando esta sea llamada al Servicio activo de los Estados Unidos... Él tendrá Facultad, con el consejo y consentimiento del Senado, para hacer Tratados con el apoyo de las dos terceras partes del Senado.

4. En esta porción de la Constitución de los Estados Unidos, ¿qué rama del gobierno de los Estados Unidos controla el poder de qué otra rama del gobierno para lograr el acuerdo de dos terceras partes del Senado que el presidente necesita para hacer un tratado?
   a. La ejecutiva controla el poder de la legislativa.
   b. La judicial controla el poder de la ejecutiva.
   c. La legislativa controla el poder de la ejecutiva.
   d. La legislativa controla el poder de la judicial.

5. ¿Por qué es importante para la Constitución de los Estados Unidos incluir reglas, como la del fragmento, que permiten que los poderes sean supervisados entre las diferentes ramas del gobierno?
   a. para asegurar que la rama legislativa tenga poder sobre las ramas ejecutiva y judicial
   b. para asegurar una separación de poderes que equilibre los poderes de las tres ramas y así poder evitar que cualquier persona o grupo ejerza demasiado poder o la totalidad del mismo
   c. para asegurar que el Presidente tenga la capacidad de supervisar el poder de todas las otras ramas
   d. para asegurar que el Presidente no tenga el poder para hacer tratados sin la opinión del Senado

6. Basándote en el fragmento de la Constitución de los Estados Unidos, ¿qué puedes inferir que sería el efecto de no llegar a un acuerdo de dos terceras partes del Senado en esta instancia?
   a. El Senado no podría hacer un tratado pero el Presidente podría hacerlo.
   b. El Senado podría hacer un tratado.
   c. El Presidente no podría hacer un tratado porque el Senado no está de acuerdo.
   d. El Presidente podría hacer un tratado.

7. ¿Cuál es la diferencia entre un gobierno regido por soberanía popular y un gobierno regido por una dictadura?

a. Un gobierno regido por soberanía popular significa que la autoridad tiene el consentimiento de los gobernados para regir y un gobierno regido por una dictadura significa que la autoridad la ejerce un solo individuo.

b. Un gobierno regido por una dictadura significa que la autoridad tiene el consentimiento de los gobernados para regir y un gobierno regido por soberanía popular no tiene el consentimiento.

c. Una soberanía popular significa que el gobierno lo ejerce el individuo más popular y una dictadura significa que el gobierno lo ejerce el individuo menos popular.

d. Una dictadura significa que el gobierno es regido por el individuo más popular y una soberanía popular significa que el gobierno es regido por el individuo menos popular.

8. ¿Cuál de estas agencias gubernamentales es parte del Departamento del Tesoro?

a. La Oficina de Educación Secundaria

b. El Buró de Asuntos Laborales Internacionales

c. El Buró de Análisis Económico Laboral

d. La Agencia Tributaria

Por favor utilizar el texto a continuación para responder las preguntas 9 a la 10.

Este fragmento es parte del discurso de Bill Clinton dado el 19 de julio de 1995.

El propósito de la acción afirmativa es darle a nuestra Nación una manera para finalmente afrontar la sistemática exclusión de individuos talentosos de las oportunidades de desarrollo, rendimiento, logros y contribución por su género o raza. La acción afirmativa es un esfuerzo para desarrollar una estrategia sistemática para abrir las puertas de la educación, el empleo y las oportunidades de desarrollo de negocios a individuos calificados que forman parte de grupos que han experimentado una discriminación persistente por largo tiempo.

Es una medida que surgió luego de muchos años de tratar de navegar entre dos pasados inaceptables. Uno era simplemente decir que nosotros declaramos ilegal a la discriminación y creer que eso era suficiente. Vimos que de esa manera todavía se relegaba a la gente de color con grados académicos a trabajos como porteros de trenes y que mantenía a las mujeres con títulos universitarios detrás de barreras laborales con un salario más bajo.

El otro camino era simplemente tratar de imponer el cambio al dar sanciones draconianas a empleadores que no alcanzaban ciertas cuotas impuestas que fueron básicamente arbitrarias y a veces inalcanzables. Eso, también, fue rechazado como sentido de justicia.

Así, se desarrolló una posición intermedia que cambiaría un status quo injusto de manera gradual pero firme, aumentando el grupo de solicitantes calificados en la universidad, en contratos y empleos y brindando a más personas la oportunidad de aprender, de trabajar y de ganarse la vida. Cuando la acción afirmativa se cumple bien, es flexible, es justa y funciona.

9. De acuerdo al fragmento del discurso de Clinton (en el cual él habla en contra de eso), ¿la acción afirmativa es una solución parcial a qué problema social que ha afectado la historia por mucho tiempo?
   a. esclavitud
   b. discriminación
   c. desempleo
   d. pobreza

10. De acuerdo con el fragmento, ¿qué cambios traería la acción afirmativa para los grupos minoritarios que sufren de discriminación?

a. Le daría a más gente de estos grupos minoritarios la oportunidad de trabajar, aprender y ganarse la vida, incrementando la cantidad de solicitantes calificados provenientes de esos grupos que son aceptados en posiciones de trabajo y en la universidad.

b. Le daría a menos gente de estos grupos minoritarios la oportunidad de trabajar, aprender y ganarse la vida, disminuyendo el número de solicitantes calificados provenientes de esos grupos que son aceptados en posiciones de trabajo y en la universidad.

c. Esto no cambiaría nada para los grupos minoritarios sino que reduciría las sanciones a los empleadores que no reúnan cierta cuota de empleados de las minorías en sus lugares de trabajo.

d. Reduciría el salario de las mujeres en el lugar de trabajo y disminuiría la cantidad de grupos minoritarios en las universidades.

Por favor utilizar el texto a continuación para responder las preguntas 11 a la 12.

Este fragmento es parte de la Declaración de Independencia.

"Sostenemos que estas verdades son evidentes por sí mismas, que todos los hombres han sido creados iguales, que son dotados por su Creador de ciertos derechos inalienables; entre ellos están la vida, la libertad y la búsqueda de la felicidad. Que para asegurar estos derechos, se instituyen entre los hombres los gobiernos que derivan sus poderes legítimos del consentimiento de los gobernados. Que cuando quiera que una forma de gobierno se vuelva destructora de estos principios, el pueblo tiene derecho a reformarla o abolirla e instituir un nuevo gobierno que base sus cimientos en dichos principios y organice sus poderes en tal forma que a ellos les parezca más probable que genere su seguridad y felicidad".

Este fragmento es parte de la Constitución de los Estados Unidos.

"Nosotros, el pueblo de los Estados Unidos, para poder formar una unión perfecta, establecer Justicia, asegurar una tranquilidad doméstica, proporcionar la defensa común, promover el bienestar general y asegurar los beneficios de la libertad para nosotros mismos y para nuestra posteridad, decretamos y establecemos esta Constitución para los Estados Unidos de América".

11. Analiza los dos fragmentos tomados de dos documentos históricos claves que han dado forma al gobierno constitucional americano. Basándote en esos fragmentos ¿cuál de las siguientes ideas es mencionada en ambos documentos?

a. la igualdad de los hombres
b. el derecho de abolir gobiernos destructivos
c. la abolición de la esclavitud
d. el derecho a la libertad

12. En el fragmento de la Declaración de Independencia, ¿qué concepto está siendo descrito cuando se menciona: "para asegurar estos derechos, se instituyen entre los hombres los gobiernos que derivan sus poderes legítimos del consentimiento de los gobernados. Que cuando quiera que una forma de Gobierno se vuelva destructora de estos principios, el pueblo tiene derecho a reformarla o abolirla e instituir un nuevo gobierno que base sus cimientos en dichos principios y organice sus poderes en tal forma que a ellos les parezca más probable que genere su seguridad y felicidad".

a. federalismo
b. soberanía popular
c. socialismo popular
d. capitalismo

13. La siguiente tabla muestra la cantidad de hombres asesinados, heridos y capturados durante dos batallas de la Guerra Revolucionaria del lado americano y británico.

FECHA	ENFRENTAMIENTO	COMANDANTE	TROPAS	BAJAS	HERIDOS	CAPTURA-DOS
19 de abril de 1775	Lexington/Concord	Americano: Capt. John Parker, y otros.	3,763	49	41	0
		Británico: Tte. Cor Francis Smith	1,800	73	174	7
17 de junio de 1775	Bunker (Breed's) Hill	Americano: Gen. Putnam & Ward	2,000	140	271	30
		Británico: General William Howe	2,400	226	826	0

Basándote en esta información, ¿cuál era el promedio de los hombres asesinados en ambos enfrentamientos? Escribe tu respuesta en la casilla. (Se puede usar una calculadora para responder esta pregunta.)

14. La gráfica muestra los cambios en los índices de desempleo para trabajadores no agricultores entre 1926 y 1947.

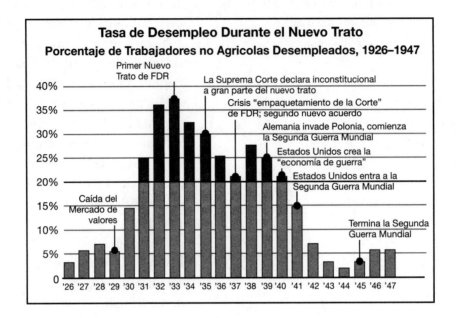

Basándote en la información presentada, selecciona el evento que provocó la mayor caída en el índice de desempleo de los trabajadores no agricultores al año siguiente.

a. Primer Nuevo Trato de FDR

b. Estados Unidos entra en la Segunda Guerra Mundial

c. Caída del Mercado de valores

d. Alemania invade Polonia, comienza la Segunda Guerra Mundial

15. Lee la siguiente definición de capitalismo.

El capitalismo es un sistema económico y político que permite que el comercio y la industria de un país sean controlados por sectores privados para obtener ganancias.

Basándote en esta definición, escribe la(s) palabra(s) apropiada(s) en la casilla para crear un enunciado verdadero.

El capitalismo le da a los propietarios

[   ] libertad para obtener ganancias provenientes del control del comercio y la industria del país.

16. La gráfica muestra el porcentaje de ciudadanos afiliados con cada uno de los partidos políticos de los Estados Unidos.

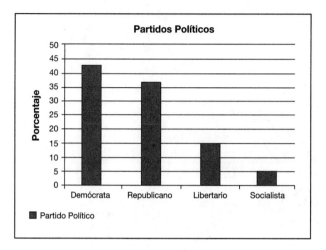

Partidos Políticos

¿Qué partido político tiene más miembros y cómo lo muestra la gráfica?

a. El Partido Demócrata tiene más miembros. Los partidos políticos están categorizados en el eje *x* y los porcentajes de miembros en esos partidos están categorizados en el eje *y*. La barra de porcentaje de los Demócratas es más alta.

b. El Partido Demócrata tiene más miembros. Los partidos políticos están categorizados en el eje *y* y los porcentajes de miembros en esos partidos están categorizados en el eje *x*. La barra de porcentaje de los Demócratas es más alta.

c. El Partido Libertario tiene más miembros. Los partidos políticos están categorizados en el eje *x* y los porcentajes de miembros de esos partidos están categorizados en el eje *y*. La barra de porcentaje de Libertarios es más alta.

d. El Partido Libertario tiene más miembros. Los partidos políticos están categorizados en el eje *y* y los porcentajes de miembros en esos partidos están categorizados en el eje *x*. La barra de porcentaje de Libertarios es más alta.

17.

Basándote en el mapa de China, selecciona la respuesta que se relacione con el triángulo gris rodeado por un círculo.

a. el sistema de transporte del tren urbano bajo construcción en 2010

b. el sistema de transporte del tren urbano y las rutas del tren de alta velocidad bajo construcción en 2010

c. las rutas del tren de alta velocidad bajo construcción en 2010

d. los centros de energía de alto crecimiento

18. La gráfica muestra el total de gastos de la campaña por candidato a la Legislatura del Estado de California entre 1975 y 1998.

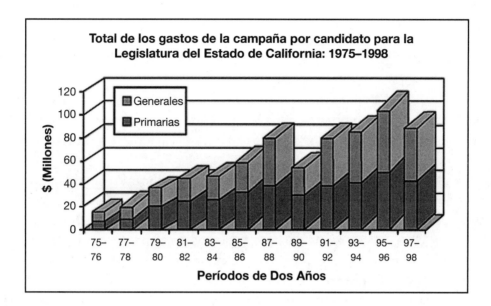

Total de los gastos de la campaña por candidato para la Legislatura del Estado de California: 1975–1998

¿Cuál fue la tendencia en gastos de los candidatos para la Legislatura del Estado de California desde el año 1983 hasta el año 1988?

a. decrecimiento

b. incremento luego decrecimiento

c. decrecimiento luego incremento

d. incremento

Por favor utilizar el texto a continuación para responder las preguntas 19 a la 20.

Este fragmento es parte del discurso de Barack Obama que anuncia su candidatura para Presidente en Springfield, Illinois en 2007.

Todos nosotros sabemos cuáles son los retos que tenemos hoy; una guerra sin fin, una dependencia del petróleo que amenaza nuestro futuro, escuelas donde demasiados niños no están aprendiendo y familias angustiadas porque la paga resulta insuficiente a pesar de que trabajan tanto como pueden. Nosotros conocemos los retos. Los hemos escuchado. Hemos hablado de ellos por años.

Lo que nos ha impedido vencer estos retos no es la ausencia de políticas firmes y planes sensatos. Lo que nos ha detenido es la falta de liderazgo, la pequeñez de nuestra política, la facilidad con que nos hemos distraído por lo insignificante y lo trivial, nuestra evasión crónica de las decisiones difíciles, nuestra preferencia para ganar puntos políticos fáciles en vez de ponernos a trabajar para llegar a un consenso útil que nos permita afrontar los grandes problemas.

Por los últimos seis años nos han dicho que nuestras deudas crecientes no importan, nos han dicho que la ansiedad que sienten los americanos por los costos en aumento del cuidado de salud y por los sueldos estancados es una ilusión, nos han dicho que el cambio climático es un engaño y que un lenguaje fuerte y una guerra mal planeada pueden reemplazar la diplomacia, la estrategia y la previsión. Y cuando todo lo demás falla, cuando Katrina ocurre, o la cuota de muertes en Irak aumenta, nos han dicho que nuestra crisis es culpa de alguien más. Nosotros estamos distraídos por nuestras fallas reales y nos han dicho que les echemos la culpa al otro grupo, o a la gente homosexual, o a los inmigrantes.

Y mientras la gente ha apartado la mirada con desilusión y frustración, nosotros sabemos qué ha llenado el vacío. Los cínicos, los cabilderos y los intereses especiales quienes han convertido a nuestro gobierno en un juego que solamente ellos tienen la capacidad de jugar. Ellos escriben los cheques y ustedes quedan atascados con las cuentas, ellos tienen el acceso mientras ustedes tienen que escribir una carta, ellos creen que son los dueños del gobierno, pero nosotros estamos hoy aquí para recuperarlo. La época de esa política ya pasó. Es hora de pasar la página.

19. Basándote en el fragmento del discurso de Obama anunciando su candidatura para Presidente, ¿cuál de los siguientes conjuntos de palabras es un ejemplo de lenguaje de doble sentido?

a. engaño, frustración
b. hoy, decisiones
c. prohibir, cabilderos
d. página, diplomacia

20. En el fragmento del discurso de Obama anunciando su candidatura para Presidente, el comienzo del párrafo "Por los últimos seis años..." puede ser visto como un ejemplo de cuál de las siguientes opciones:

a. gráfica económica
b. discurso de campaña
c. datos estadísticos
d. promesa de campaña

Por favor utilizar el texto a continuación para responder las preguntas 21 a la 22.

Este es un fragmento del discurso del Presidente Obama acerca del cuidado de salud presentado al Congreso el 9 de septiembre de 2009.

Entonces tenemos el problema de subir los costos. En cuidado médico, nosotros gastamos uno y medio más por persona que cualquier otro país, pero no estamos más saludables por eso. Esta es una de las razones por las que las primas de los seguros han subido tres veces más rápido que los salarios. Es por eso que tantos empleadores, especialmente los pequeños empresarios, están forzando a sus empleados a pagar más por seguro o están retirando su cobertura por completo. Es la razón por la cual muchos aspirantes a empresarios no pueden costear la apertura de un negocio en primer lugar y por la cual los negocios americanos que compiten internacionalmente, como nuestros fabricantes de automóviles, tienen una gran desventaja. Y es la razón por la cual nosotros, los que tenemos seguro médico, estamos también pagando unos impuestos escondidos y en aumento por aquellos que no lo tienen: se pagan cerca de $1,000 al año por la visita a la sala de emergencia y el cuidado caritativo de alguien más.

Finalmente, nuestro sistema de salud está colocando una carga insostenible sobre los contribuyentes. Cuando los costos del cuidado médico aumentan al ritmo al que lo han hecho, se coloca una presión mayor en los programas como Medicare y Medicaid. Si no hacemos nada para detener los costos tan elevados, nosotros eventualmente gastaremos más en Medicare y Medicaid que en cualquier otro programa de gobierno combinado. Sencillamente, el problema de atención médica es el problema de nuestro déficit. No hay nada más que siquiera se aproxime a ello. Nada más.

21. En el fragmento del discurso de Obama sobre el cuidado médico, ¿qué tipo de enunciado es "nosotros no estamos más saludables por esto"?

a. hecho de apoyo

b. estadístico

c. advertencia

d. opinión

22. De acuerdo al fragmento del discurso de Obama acerca del sistema de salud, ¿qué piensa Obama sobre el efecto final de ejercer presión sin medidas a Medicare y Medicaid por el rápido incremento del costo del cuidado médico?

a. El gobierno gastaría menos en Medicare y Medicaid que en cualquier otro programa combinado.

b. El gobierno gastaría más en Medicare y Medicaid que en cualquier otro programa combinado.

c. Implicará el cierre de Medicare y Medicaid en vez de otros programas.

d. El gobierno ya no gastaría ningún dinero en Medicare y Medicaid.

23. ¿Por qué Cristóbal Colón navegó en 1492 en una expedición que eventualmente lo pondría en contacto con las Américas por primera vez?

a. Estaba intentando reclamar un nuevo territorio en las Américas para España.

b. Iba a las Américas para comerciar con los pobladores nativos.

c. Estaba intentando encontrar una nueva ruta a Asia con propósitos comerciales.

d. Iba a las Américas para comenzar un asentamiento.

24. Basándote en el diagrama circular que muestra el número de mujeres trabajando en el ejército de los Estados Unidos durante la Segunda Guerra Mundial, llena la casilla en los siguientes enunciados para hacerlos verdaderos.

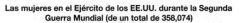

Las mujeres en el Ejército de los EE.UU. durante la Segunda Guerra Mundial (de un total de 358,074)

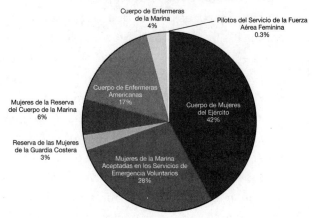

Durante la Segunda Guerra Mundial, el número de mujeres que se enlistaron en [   ] era casi igual al número combinado de mujeres que se unieron al Pilotos del Servicio de la Fuerza Aérea Femenina, al Cuerpo de Enfermeras de la Marina, al Cuerpo de Enfermeras Americanas, a la Reserva del Cuerpo de la Marina y a la Reserva de las Mujeres de la Guardia Costera.

25. El mapa muestra la división de los países europeos según el alineamiento político durante la mayor parte de la Guerra Fría.

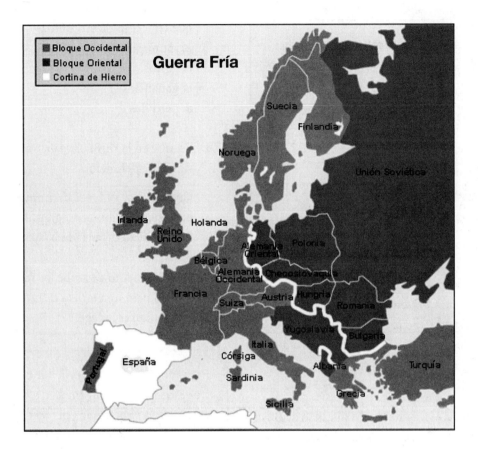

Según el mapa, ¿con qué parte de esta división estaba alineada Turquía?

a. con el Bloque Occidental

b. con el Bloque Oriental

c. con la Cortina de Hierro

d. con los Estados Unidos

26. Este fragmento es parte de un discurso de George W. Bush dado el 19 de marzo de 2008.

> Para asegurar que el progreso de los militares en Irak se implemente inmediatamente con vistas a mejoras reales a la vida diaria, hemos duplicado el número de Equipos de Reconstrucción Provincial en ese país. Estos equipos de civiles expertos brindan servicios en las 18 provincias de Irak y ayudan a fortalecer a los líderes responsables, a construir la economía local y a unificar a los iraquíes. De esta forma la reconciliación se puede llevar a cabo partiendo desde la población. Los expertos son muy eficaces. Ayudan a los iraquíes comunes al darles confianza de que al rechazar a los extremistas y al conciliarse entre sí, pueden recuperar su lugar en un Irak libre y edificar una vida mejor para sus familias.

Basándote en el fragmento del discurso de Bush, puedes concluir cuál de los siguientes enunciados NO es una razón importante para tener equipos de civiles expertos en Irak después de la acción militar en el área.

- **a.** para fortalecer el liderazgo local y la economía
- **b.** para tomar control del liderazgo local y la economía
- **c.** para ayudar a darle confianza a la población de Irak
- **d.** para ayudar a la población iraquí a reconstruir un país libre

27. Si una compañía compra un producto por $1 y lo vende a los consumidores por $2.35, ¿el $1.35 que la compañía recibe es un ejemplo de qué concepto de economía?

- **a.** monopolio
- **b.** gastos
- **c.** ganancias
- **d.** pérdidas

28. Escribe en la casilla la palabra que complete la siguiente definición.

Un/a ☐ es un impuesto o imposición tributaria agregada a mercancía importada o exportada.

29. Este fragmento describe los requisitos de elegibilidad para una tarjeta de crédito del Stateside Union Bank College.

> Para poder obtener una tarjeta de crédito del Stateside Union Bank College, un estudiante debe ser mayor de edad en el estado de residencia y mostrar pruebas de inscripción en una universidad acreditada.
>
> Los solicitantes deben tener un ingreso mínimo mayor de $4,100. Aquellos que no cumplan con este requisito necesitarán un fiador con la posibilidad de repagar la deuda.

Basándote en el fragmento, ¿en cuál de las siguientes situaciones la persona NO cumple con los requisitos para obtener la tarjeta?

- **a.** 20 años de edad, estudiante de la Universidad de Texas, ingresos de $5,000
- **b.** 14 años de edad, estudiante de bachillerato, no registra ingresos
- **c.** 24 años de edad, estudiante graduado de la Universidad Rice, ingresos de $11,000
- **d.** 18 años de edad, estudiante en la Universidad Baylor, ingresos de $4,250

30.

El gasto del gobierno durante la guerra que está asociado con los gastos del tiempo de guerra tiene beneficios económicos a corto plazo porque el alto nivel de gastos asociados con el conflicto incrementa el crecimiento económico. Sin embargo, una vez terminada la guerra, los efectos residuales indeseados de esos gastos de tiempo de guerra intensificados, que ya no ocurren, tienden a causar impedimentos a la prosperidad económica a largo plazo.

Basándote en la información anterior, describe los efectos económicos de la guerra.

a. efectos negativos a corto plazo seguidos por efectos positivos a largo plazo

b. la guerra no produce efectos positivos ni negativos

c. efectos positivos a corto plaza seguidos por efectos negativos a largo plazo

d. la guerra produce efectos negativos a corto plazo y a largo plazo

31. La gráfica muestra la correlación entre los presupuestos de exploración de metal en los Estados Unidos y los precios de los metales entre 1989 y 2008.

Presupuestos de exploración de metales no ferrosos estimados y precios relativos de metales, 1989–2008*

*Los estudios de 1989–2006 no incluyeron uranio; los precios relativos de metales del 2008 son un promedio hasta septiembre.

Basándote en la gráfica, ¿cómo se correlacionan el precio del oro y del cobre con los gastos de exploración de los Estados Unidos desde 2006 al 2008?

a. A medida que se incrementa el precio del oro y del cobre también se incrementa la cantidad que los Estados Unidos gasta en exploración.

b. A medida que se incrementa el precio del oro y del cobre disminuye la cantidad que los Estados Unidos gasta en exploración.

c. A medida que disminuye el precio del oro y del cobre se incrementa la cantidad que los Estados Unidos gasta en exploración.

d. A medida que disminuye el precio del oro y del cobre disminuye la cantidad que los Estados Unidos gasta en exploración.

32. Estos dos fragmentos han sido tomados de fuentes separadas acerca de la Revolución Industrial.

La era conocida como la Revolución Industrial fue un período en el cual ocurrieron cambios fundamentales en la política económica relacionada con la agricultura, la manufactura de textiles y metales, el transporte y la estructura social en Inglaterra [...] El año 1760 es generalmente aceptado como la "víspera" de la Revolución Industrial. En realidad, este proceso comenzó más de dos siglos antes de esta fecha. A finales del siglo XVIII y al comienzo del siglo XIX florecieron las ideas y los descubrimientos de aquellos que murieron hace tiempo, como Galileo, Bacon, Descartes y otros.

La Revolución Industrial, en la historia moderna, es el proceso de cambio de una economía artesanal agraria a una economía dominada por la industria y por la fabricación mecánica. Este proceso comenzó en Inglaterra en el siglo XVIII y de ahí se extendió hacia otras partes del mundo.

¿Cuál es la discrepancia entre lo que se enuncia en estas dos citas?

a. la fecha del siglo XVIII como el período de tiempo

b. que se define el período de tiempo como un período fundamental de cambio

c. el verdadero comienzo de la Revolución Industrial se dio dos siglos antes del siglo XVIII

d. la revolución comenzó y se desarrolló en Inglaterra

Por favor utilizar el texto a continuación para responder la pregunta 33.

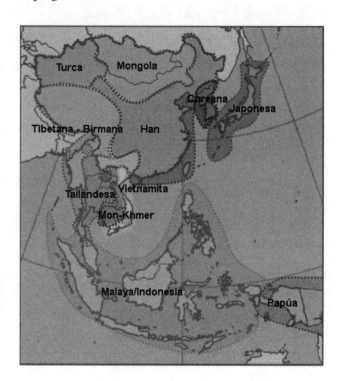

33. ¿Cuál es el nombre de la región que cubre una isla que tiene fronteras con la región étnica de Corea y está localizada al norte de las regiones de etnia malaya/indonesia y papúa?

a. turca

b. tailandesa

c. han

d. japonesa

Por favor utilizar el texto a continuación para responder las preguntas 34 a la 35.

Este mapa está basado en la información de la Oficina del Censo de los Estados Unidos.

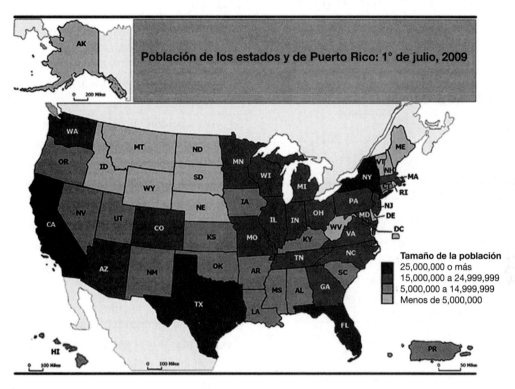

Este mapa está basado en información de la Oficina del Censo de los Estados Unidos.

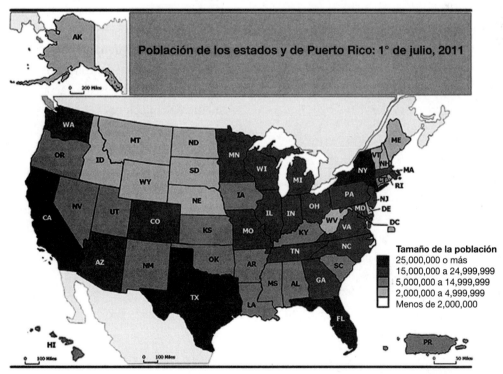

34. Basándote en los mapas que muestran la población de los estados americanos en 2009 y 2011, ¿cuál ha sido la tendencia de la población entre esos años en el estado de Texas?
a. aumentó
b. se quedó igual
c. disminuyó
d. aumentó y luego disminuyó

35. Basándote en el mapa del Censo de 2011, ¿cómo se relaciona la población de California con la población de Texas?
a. La población de California es dos categorías más grande que la de Texas.
b. Está en la misma categoría de Tennessee.
c. La población de California es dos categorías más pequeña que la de Texas.
d. Tiene casi la misma población que la de Texas.

Parte II

1 pregunta
25 minutos

Esta prueba de práctica te familiarizará con la pregunta de respuesta ampliada incluida en la prueba de GED® de Estudios Sociales.

Antes de comenzar, es importante que tengas en cuenta que, en la prueba oficial, esta tarea debe completarse en 25 minutos como máximo. No obstante, no te apresures a completar la respuesta; tómate el tiempo que sea necesario para leer detenidamente el (los) fragmento(s) y la consigna. Luego, considera cómo te gustaría responder la consigna.

Al escribir el ensayo, asegúrate de seguir las siguientes pautas:

- Desarrolla un argumento sobre cómo las ideas expresadas por el presidente Kennedy se relacionan con la cita de la Declaración de Independencia.
- Elabora minuciosamente los puntos principales; organízalos en una secuencia lógica y con detalles de apoyo sólidos.
- Presenta varias pruebas mediante ideas obtenidas a partir de la cita y del fragmento.
- Conecta las oraciones, los párrafos y las ideas por medio de conectores.
- Expresa las ideas con claridad y elige cuidadosamente las palabras.
- Usa diferentes estructuras oracionales para aportar mayor claridad a tu respuesta.
- Lee nuevamente la respuesta y revísala.

¡Buena suerte!

Por favor utilizar el texto a continuación para responder la pregunta de ensayo.

Este fragmento se extrajo de la Declaración de Independencia.

> Sostenemos que estas verdades son evidentes en sí mismas, que todos los hombres son creados iguales, que su Creador los ha dotado de ciertos Derechos inalienables, que entre ellos se encuentran la Vida, la Libertad y la Búsqueda de la Felicidad.

Este fragmento se extrajo de un discurso sobre derechos civiles que el presidente John F. Kennedy dio el 11 de junio de 1963.

> Esta Nación fue fundada por hombres de muchos países y de diferentes orígenes. Fue fundada sobre el principio de que todos los hombres son creados iguales y de que los derechos de cada hombre se reducen cuando los derechos de uno de ellos están en peligro. Hoy, estamos comprometidos con una lucha mundial para promover y proteger los derechos de todos aquellos que desean ser libres. Cuando se envían estadounidenses a Vietnam o a Berlín Occidental, no pedimos solamente personas de raza blanca. Por lo tanto, debería ser posible que los estudiantes estadounidenses de cualquier color asistan a la institución pública que ellos elijan sin tener que contar con el respaldo de las tropas. Debería ser posible que los consumidores estadounidenses de cualquier color reciban el mismo servicio en establecimientos públicos, como hoteles, restaurantes, cines y comercios, sin verse obligados a convocar manifestaciones en las calles, y debería ser posible que los ciudadanos estadounidenses de cualquier color se inscriban para votar en unas elecciones libres sin interferencias ni temor a represalias. Debería ser posible, sencillamente, que todos los estadounidenses disfruten de los privilegios de ser estadounidenses, independientemente de su raza o su color. Sencillamente, todos los estadounidenses deberían tener el derecho de ser tratados como lo desean, como uno quisiera que traten a sus hijos. Pero esto no sucede así. Un bebé de raza negra nacido en los Estados Unidos hoy, sin importar en qué parte de la Nación venga al mundo, tiene más o menos la mitad de probabilidades de completar sus estudios secundarios que un bebé de raza blanca nacido en el mismo lugar y en el mismo día, una tercera parte de probabilidades de llegar a completar estudios universitarios, una tercera parte de probabilidades de llegar a convertirse en profesional, el doble de probabilidades de estar desempleado, una séptima parte de probabilidades de ganar 10,000 USD al año, una esperanza de vida 7 años menor y la perspectiva de ganar solamente la mitad. Y no es un problema que afecte solo a algunos sectores del país. Existen dificultades relativas a la segregación y la discriminación en todas las ciudades, en todos los estados de la Unión, lo que, en muchas ciudades, está dando lugar a una ola de descontento que va en aumento y amenaza la seguridad pública. Tampoco es una cuestión partidista. En un momento de crisis nacional, los hombres generosos de buena voluntad deberían poder unirse, independientemente de los partidos o la política. Ni siquiera es solamente una cuestión legal o legislativa. Es mejor dirimir estos asuntos en los tribunales que en las calles, y se necesitan leyes nuevas en todos los ámbitos, pero la ley por sí sola no puede hacer que los hombres distingan el cambio correcto. Estamos, principalmente, ante una cuestión moral. Es tan antigua como las Escrituras y tan clara como la Constitución estadounidense.

PREGUNTA:

En tu respuesta, desarrolla un argumento sobre cómo la posición del presidente Kennedy respecto de las cuestiones relacionadas con los derechos civiles de aquel momento reflejaba las opiniones que ya estaban incorporadas en la sección de la Declaración de Independencia citada aquí, a pesar de que la Declaración de Independencia fue redactada siglos antes de que los derechos civiles de los afroamericanos se convirtieran en una cuestión nacional. Para respaldar tu análisis, incorpora pruebas relevantes y específicas obtenidas de los fragmentos, así como también tus propios conocimientos acerca de la cuestión persistente y las circunstancias en torno al Movimiento por los Derechos Civiles.

_____

_____

_____

_____

_____

_____

_____

_____

_____

_____

_____

_____

_____

_____

_____

_____

_____

Respuestas y Explicaciones

Parte I

1. **La opción b es correcta.** La liberación del pueblo iraquí de un régimen brutal y el derrocamiento de Hussein son ambas metas que habrían tenido la habilidad de provocar los cambios para Iraq que, según Bush, se propiciaron después del éxito de la operación. Por tanto, es seguro decir que esta opción representa el propósito principal del lanzamiento de la operación por Bush.

   La opción a es incorrecta. Aunque la liberación de Bagdad condujo al éxito de la Operación Libertad Iraquí, por sí sola no era el propósito de la operación. La captura de esta ciudad no hubiera sido suficiente para liberar al pueblo iraquí y provocar los cambios que Bush menciona en el párrafo final del fragmento.

   La opción c es incorrecta. Impedir que Hussein invadiera naciones era un resultado del éxito de la operación de derrocarlo, no el propósito actual de la operación. El propósito sería derrocar a Hussein, lo cual daría como resultado esta situación beneficiosa.

   La opción d es incorrecta. Las naciones juntaron sus fuerzas por la causa común de la operación de parar el control que Saddam Hussein ejercía sobre los derechos naturales del pueblo iraquí.

2. **La opción a es correcta.** El lanzamiento de la Operación Libertad Iraquí condujo a la participación de las fuerzas aliadas con los Estados Unidos, lo cual condujo a la liberación de Bagdad.

   La opción b es incorrecta. Bagdad no podía ser liberada antes de que se lanzara la operación y las fuerzas aliadas solamente se unieron a los Estados Unidos después de que se lanzó la operación.

   La opción c es incorrecta. Aunque el lanzamiento de la Operación Libertad Iraquí se llevó a cabo primero en el orden de eventos, Bagdad no fue liberada sino hasta después de que las fuerzas aliadas se unieran.

   La opción d es incorrecta. El lanzamiento de la Operación Libertad Iraquí tenía que ocurrir antes de que las fuerzas aliadas se unieran a los Estados Unidos y Bagdad fuera liberada. El lanzamiento de la operación no podía lógicamente suceder al final.

3. **La opción c es correcta.** Todas las atrocidades llevadas a cabo por Saddam que menciona Bush en su discurso sirven para mostrar que la operación está justificada y muestran cuán brutal era el régimen de Saddam y cuán nocivo era para los ciudadanos de ese régimen que habían estado expuestos a las atrocidades. Bush menciona al final todas las cosas negativas que se evitaron gracias a la operación, una vez más reafirmando su justificación.

La opción **a** es incorrecta. Todo lo que Bush dice acerca de la operación en esta parte de su discurso implica que la operación estaba justificada y fue exitosa. Él menciona en muchas ocasiones la brutalidad del régimen de Saddam y da ejemplos. Luego continúa con la lista de atrocidades que han sido impedidas gracias a la operación.

La opción **b** es incorrecta. Todo lo que Bush dice implica que él siente que la operación estaba justificada. Las realidades del régimen de Saddam que Bush menciona solamente le dan crédito a esta justificación. En lugar de desacreditar la operación, las atrocidades que Saddam imponía a su pueblo solamente reafirman la idea de que estaba justificada.

La opción **d** es incorrecta. Aunque las atrocidades del régimen de Saddam que Bush menciona justifican la operación, Bush no está en desacuerdo con esa justificación. El hecho de que él mencione todas estas atrocidades implica que él piensa que la operación estaba justificada y, en el último párrafo, enumera las atrocidades que se evitaron gracias a la operación. Bush nunca expresa ninguna duda acerca de la justificación de la operación.

4. **La opción c es correcta.** La rama legislativa abarca al Senado y a la Casa de Representantes y la rama ejecutiva consiste del presidente y su administración. El hecho que el Senado debe alcanzar un acuerdo de dos terceras partes para permitirle al presidente hacer un acuerdo significa que la rama legislativa está supervisando el poder de la rama ejecutiva para que el presidente no tenga un poder completo y sin oposición para hacer tratados.

La opción **a** es incorrecta. El presidente es parte de la rama ejecutiva y esa rama no supervisa los poderes de ninguna otra rama; sin embargo, sus poderes están bajo supervisión.

La opción **b** es incorrecta. La rama judicial involucra las cortes y esta rama ni siquiera se menciona en esta sección de la Constitución.

La opción **d** es incorrecta. Una vez más la rama judicial ni siquiera se tiene en cuenta en esta sección de la Constitución.

5. La opción b es correcta. El sistema de chequeos y balances en el gobierno de los Estados Unidos pretende separar los poderes de las ramas del gobierno y proporciona un equilibrio de esos poderes para que una persona o grupo no ejerza la totalidad del poder, lo cual podría ocasionar un abuso o explotación de este.

La opción **a** es incorrecta. La idea detrás de los chequeos y balances entre las ramas del gobierno es mantener un equilibrio entre los poderes y así no permitir que la rama legislativa tenga el poder sobre las ramas ejecutiva y judicial. En el fragmento, esta revisión del poder del presidente no implica que el Senado tenga el poder sobre el presidente o sobre la corte sino que se trata de equilibrar el poder.

La opción **c** es incorrecta. Si el presidente tiene la habilidad de supervisar el poder de las otras ramas, su poder sería más como un dictador que como un presidente. El sistema de chequeos y balances pretende evitar esto. Además, el fragmento muestra que el presidente no tiene este poder debido al hecho de que el Senado supervisa los poderes del presidente en este ejemplo.

La opción **d** es incorrecta. Aunque el ejemplo del fragmento se refiere a esta revisión del poder del presidente, esto es solamente un ejemplo de una instancia de revisiones y balances en el gobierno de los Estados Unidos y no el punto de este sistema. Hay muchos ejemplos de chequeos y balances escritos en la Constitución de los Estados Unidos.

6. La opción c es correcta. Sin que el Senado esté de acuerdo en dos terceras partes, el presidente no puede hacer un tratado. Esto es parte del sistema de chequeos y balances del gobierno de los Estados Unidos. Es una revisión del poder de la rama ejecutiva.

La opción **a** es incorrecta. El presidente es el único que hace tratados con el consentimiento del Senado. Por tanto, si no recibe las dos terceras partes del acuerdo, el acuerdo sería imposible no solamente para el Senado sino también para el presidente.

La opción **b** es incorrecta. El Senado no hace los tratados sino que el presidente los hace. El Senado consulta con el presidente y debe estar de acuerdo con el tratado para que este se haga.

La opción **d** es incorrecta. Sin que el Senado esté de acuerdo en dos terceras partes, el presidente no puede hacer un tratado. Esto es parte del sistema de chequeos y balances del gobierno de los Estados Unidos. Es una supervisión del poder de la rama ejecutiva.

7. La opción a es correcta. El concepto de soberanía popular implica que el gobierno tiene la autoridad por el consentimiento de los gobernados y si los gobernados no aprueban dicha autoridad, la gente puede cambiarlo. Una dictadura no toma en cuenta el consentimiento de los gobernados y un individuo gobierna sin este consentimiento.

La opción **b** es incorrecta. El concepto de soberanía popular implica que el gobierno tiene la autoridad por el consentimiento de los gobernados y si los gobernados no aprueban dicha autoridad, el gobierno puede ser cambiado. Una dictadura no toma en cuenta el consentimiento de los gobernados y un solo individuo gobierna sin este consentimiento.

La opción **c** es incorrecta. El concepto de soberanía popular no significa necesariamente que el gobierno sea operado por la persona más popular sino que el líder del gobierno tiene el consentimiento de los gobernados. Una dictadura no necesariamente significa que el gobierno sea operado por la persona menos popular sino que dicha persona no toma en cuenta el consentimiento de los gobernados.

La opción **d** es incorrecta. Una dictadura no significa que el gobierno sea operado por la persona más popular sino que el líder del gobierno no toma en cuenta el consentimiento de los gobernados. El concepto de soberanía popular no significa que el gobierno sea operado por la persona menos popular sino que dicha persona tiene el consentimiento de los gobernados.

8. La opción d es correcta. La Agencia Tributaria está contenida dentro del Departamento del Tesoro.

La opción **a** es incorrecta. La Oficina de Educación Secundaria es una agencia contenida dentro del Departamento de Educación.

La opción **b** es incorrecta. El Buró de Asuntos Laborales Internacionales es una agencia contenida dentro del Departamento de Trabajo.

La opción **c** es incorrecta. El Buró de Análisis Económico es una agencia contenida dentro del Departamento de Comercio.

9. La opción b es correcta. Clinton hace referencia desde el principio del fragmento a los problemas de discriminación del pasado y dice que continúan afectando al país. Él expresa que esa acción afirmativa es una manera de disminuir la discriminación y se espera que solucione muchos de los problemas que ocasiona en los grupos minoritarios.

La opción **a** es incorrecta. La esclavitud fue un problema que fue abolido por ley desde la Guerra Civil y la Reconstrucción. La acción afirmativa no se refiere a la esclavitud ni a una solución a la esclavitud.

La opción **c** es incorrecta. Aunque el desempleo puede ser causado por la discriminación, la acción afirmativa apunta a la discriminación, la cual podría entonces inadvertidamente aliviar el desempleo como un efecto secundario. La acción afirmativa no apunta directamente al desempleo ni proporciona una solución para este.

La opción **d** es incorrecta. Aunque la pobreza puede ser causada por la discriminación, la acción afirmativa apunta a la discriminación, la cual podría entonces inadvertidamente aliviar el desempleo y la pobreza como efectos secundarios. La acción afirmativa no apunta directamente a la pobreza ni proporciona una solución directa para esta.

10. **La opción a es correcta.** De acuerdo a Clinton, la acción afirmativa beneficiaría a los grupos minoritarios, "aumentando el número de solicitantes calificados en la universidad, en contratos y empleos y brindándole a la gente la oportunidad de aprender, de trabajar y de ganarse la vida. Cuando la acción afirmativa se cumple bien, es flexible, es justa y funciona".

La opción **b** es incorrecta. Este cambio es lo opuesto al propósito de la acción afirmativa y es lo opuesto de la respuesta correcta. De acuerdo a Clinton, la acción afirmativa beneficiaría a los grupos minoritarios, "aumentando el número de solicitantes calificados en la universidad, en contratos y empleos y brindándole a la gente la oportunidad de aprender, de trabajar y de ganarse la vida. Cuando la acción afirmativa se cumple bien, es flexible, es justa y funciona".

La opción **c** es incorrecta. Clinton menciona que la idea de penalizar a los empleadores que fallen en cumplir con las altas cuotas fue rechazada y que la acción afirmativa ayuda a que esto no suceda. Aun así, la acción afirmativa tiene como propósito principal el mejoramiento de las condiciones para los grupos minoritarios. Por lo tanto, la idea de que no cambiaría nada para los grupos minoritarios está equivocada.

La opción **d** es incorrecta. Los dos enunciados representan cosas que la acción afirmativa está tratando de corregir. La acción afirmativa incrementaría la cuota de grupos minoritarios en la universidad, en lugar de disminuir su número. De acuerdo a Clinton, la acción afirmativa beneficiaría a los grupos minoritarios, "aumentando el número de solicitantes calificados en la universidad, en contratos y empleos y brindándole a la gente la oportunidad de aprender, de trabajar y de ganarse la vida. Cuando la acción afirmativa se cumple bien, es flexible, es justa y funciona".

11. **La opción d es correcta.** Ambos fragmentos mencionan la importancia de la libertad para todos los ciudadanos. La Declaración de Independencia dice que todos los hombres tienen derecho a la libertad y la Constitución dice que el gobierno debe "asegurar la libertad bendita para nosotros mismos y para nuestra posteridad".

La opción **A** es incorrecta. El concepto de que todos los hombres son iguales solamente es mencionado en el fragmento de la Declaración de Independencia.

La opción **b** es incorrecta. Esta idea solamente es mencionada en el fragmento de la Declaración de Independencia.

La opción **c** es incorrecta. Ningún fragmento menciona nada acerca de la esclavitud o de la necesidad de abolirla. Además, la Declaración de Independencia fue escrita durante un tiempo en que la esclavitud todavía era muy prominente.

12. **La opción b es correcta.** La soberanía popular se refiere a un gobierno operado por la gente, donde la gente tiene la capacidad de afectar, cambiar y reemplazar a su gobierno según sea conveniente. Esto es lo que el fragmento describe esencialmente.

La opción **A** es incorrecta. El federalismo se refiere al concepto de un gobierno federal. Este fragmento se refiere a la habilidad para reemplazar al gobierno; no describe el sistema federal del gobierno.

La opción **c** es incorrecta. El socialismo trata de un control centralizado de la riqueza para poder distribuirla de manera igualitaria. Esto no tiene nada que ver con la capacidad para reemplazar al gobierno. El término *socialismo* no está precedido por la palabra *popular*.

La opción **d** es incorrecta. El capitalismo trata de la idea de mercados libres y propiedades privadas en la economía. Este es un sistema económico, no un sistema de reemplazar una forma de gobierno destructiva.

13. **La respuesta es 122.**

El promedio es el valor medio. Por tanto, sumas todos los números en la columna que muestra las bajas: $49 + 73 + 140 + 226 = 488$.

Luego divides la respuesta entre el número de valores dados: $\frac{488}{4} = 122$.

14. **La opción b es correcta.** La entrada de los Estados Unidos a la Segunda Guerra Mundial llevó el índice de 14.5% en 1941 a 7% en 1942, o sea una baja del 7.5%.

La opción **A** es incorrecta. El primer Nuevo Trato de FDR bajó el índice de 37% en 1933 a 33% en 1934, o sea una baja del 4%. Esta no fue la caída más grande.

La opción **c** es incorrecta. La caída del mercado de valores incrementó el índice de desempleo en un 9%, de 5.5% en 1929 a 14.5% en 1930.

La opción **d** es incorrecta. El año que sigue a la invasión de Alemania a Polonia, el índice de desempleo bajó del 25% al 21% o una baja del 4 por ciento. Esta no fue la caída más grande.

15. La respuesta es **privados**, basándote en el entendimiento y la comprensión de la definición y el razonamiento lógico para entender cómo esto puede encajar en el enunciado.

16. **La opción a es correcta.** La barra Demócrata es la más alta y se muestra en la gráfica con los partidos políticos categorizados sobre el eje x (horizontal) y el porcentaje de miembros categorizado sobre el eje y (vertical). Esto permite a la audiencia ver que el Partido Demócrata tiene el mayor porcentaje de miembros.

La opción **b** es incorrecta. Aunque el Partido Demócrata tiene la mayor cantidad de miembros, con base en los porcentajes, los partidos políticos están categorizados sobre el eje x y no sobre el eje y. Además, los porcentajes aparecen sobre el eje y no sobre el eje x.

La opción **c** es incorrecta. Los partidos políticos aparecen categorizados en el eje x y los porcentajes aparecen sobre el eje y, el cual muestra, mediante el uso de barras, qué partido tiene más miembros. El Partido Libertario no tiene la barra más alta. Por tanto, este no tiene la mayor cantidad de miembros.

La opción **d** es incorrecta. El Partido Libertario no tiene la barra más alta en la representación del porcentaje de miembros y, por consecuencia, no tiene la mayor cantidad de miembros. Además, los partidos políticos aparecen categorizados sobre el eje x y los porcentajes aparecen sobre el eje y, no sobre el eje x.

17. **La opción b es correcta.** La clave indica que un triángulo gris rodeado por un círculo gris incluye tanto al sistema de transporte del tren urbano bajo construcción en 2010 como a las rutas del tren de alta velocidad bajo construcción en 2010.

La opción **a** es incorrecta. El símbolo para el sistema de transporte del tren urbano bajo construcción en 2010 es un triángulo gris simple.

La opción **c** es incorrecta. La clave indica que un triángulo gris rodeado por un círculo gris incluye al sistema de transporte del tren urbano bajo construcción en 2010 y a las rutas del tren de alta velocidad bajo construcción en 2010.

La opción **d** es incorrecta. Los centros de energía de alto crecimiento están señalados con un círculo de color negro.

18. **La opción d es correcta.** Las barras que indican los gastos durante ese período de tiempo muestran un aumento. Estas se incrementan desde cerca de $40 millones a $80 millones según la cantidad de dinero en dólares que aparece en el eje y (vertical) y los años que aparecen en el eje x (horizontal).

La opción **a** es incorrecta. Las barras indican que los gastos para ese período de tiempo no han disminuido. Estos se incrementan de casi $40 millones a $80 millones según la cantidad de dinero en dólares que aparece en el eje y (vertical) y los años que aparecen en el eje x (horizontal).

La opción **b** es incorrecta. Las barras indican que los gastos para ese período de tiempo están aumentando pero nunca disminuyen durante ese tiempo. Estos se incrementan desde cerca de $40 millones a $80 millones según la cantidad de dinero en dólares que aparece en el eje *y* (vertical) y los años que aparecen en el eje x (horizontal).

La opción **c** es incorrecta. Las barras indican que los gastos para ese período de tiempo se están incrementando y nunca disminuyen durante ese tiempo. Estos se incrementan desde cerca de $40 millones a $80 millones según la cantidad de dinero en dólares que aparece en el eje *y* (vertical) y los años que aparecen en el eje *x* (horizontal).

19. **La opción a es correcta.** El lenguaje de doble sentido implica un lenguaje soez que es altamente emotivo y usado para ganar apoyo, influenciar emociones, degradar a otros o presionar una agenda. *Engaños* y *Frustración* son palabras usadas por Obama para influenciar a los votantes en contra una administración política previa y para poder ganar la presidencia en las elecciones venideras.

La opción **b** es incorrecta. El lenguaje de doble sentido significa un lenguaje soez que es altamente emotivo y usado para ganar apoyo, influenciar emociones, degradar a otros, o presionar una agenda. *Hoy* y *Decisiones* no son palabras que ayuden a este propósito en este fragmento.

La opción **c** es incorrecta. El lenguaje de doble sentido significa un lenguaje soez que es altamente emotivo y usado para ganar apoyo, influenciar emociones, degradar a otros, o presionar una agenda. *Prohibir* y *Cabilderos* no son palabras que ayuden a este propósito en este fragmento.

La opción **d** es incorrecta. El lenguaje de doble sentido significa un lenguaje soez que es altamente emotivo y usado para ganar apoyo, influenciar emociones, degradar a otros, o presionar una agenda. *Página* y *Diplomacia* no son palabras que ayuden a este propósito en este fragmento.

20. **La opción b es correcta.** Obama está promocionando un punto de vista o una causa política. Él no reconoce quién les ha estado diciendo esto a los americanos, pero implica que esto viene de los miembros del gobierno. Obama quiere reemplazar a estos miembros si gana la presidencia. Este discurso anuncia su campaña política para presidente.

La opción **A** es incorrecta. Obama está expresando sus opiniones. Obama quiere que la gente lo escuche para hacerlos sentir que él está en lo correcto acerca de estos problemas. Él no presenta una tabla de datos económicos.

La opción **c** es incorrecta. Obama está expresando sus opiniones. Obama quiere que la gente lo escuche para hacerlos sentir que él está en lo correcto en cuanto a esos problemas. Él no presenta hechos estadísticos.

La opción **d** es incorrecta. El segundo párrafo del discurso de Obama no menciona nada que él prometa hacer cuando se convierta en presidente.

21. **La opción d es correcta.** En el fragmento, Obama no proporciona ninguna evidencia fáctica para apoyar este enunciado. Por tanto, esto cae en la categoría de una opinión o una afirmación sin apoyo.

La opción **a** es incorrecta. En el fragmento, Obama no proporciona ninguna evidencia fáctica para apoyar este enunciado.

La opción **b** es incorrecta. Una estadística es una porción de datos que típicamente proviene de un estudio que involucra una cantidad de datos numéricos. Obama no menciona ningún número en este enunciado.

La opción **c** es incorrecta. El enunciado de Obama no es una advertencia de que algo va a ocurrir.

22. La opción b es correcta. Si Medicare y Medicaid tienen problemas, entonces el gobierno tendría que gastar más en ellos para poder ayudar a los programas. Obama dice explícitamente: "nosotros eventualmente gastaremos más en Medicare y Medicaid que cualquier otro programa combinado del Gobierno".

La opción **a** es incorrecta. Si Medicare y Medicaid están en lucha, entonces el gobierno tendría que gastar más en ellos para poder ayudar a los programas, no menos. Obama dice explícitamente: "nosotros eventualmente gastaremos más en Medicare y Medicaid que en cualquier otro programa combinado del gobierno".

La opción **c** es incorrecta. Aunque Obama menciona que Medicare y Medicaid tienen problemas debido al rápido incremento en el costo del cuidado de salud, él nunca menciona que esto va a conducir al cierre de estos programas. Como programas del gobierno, es más probable que el gobierno gaste más en ellos en lugar de cerrarlos. Además, debido al hecho de que es mucha la gente que depende de estos programas, va a tomar mucho más para cerrarlos.

La opción **d** es incorrecta. Esto es exactamente lo opuesto a lo que Obama implica que va a suceder. Como programas del gobierno, el gobierno gastaría más dinero en ellos para ayudarlos cuando estos tengan problemas. Si el gobierno deja de gastar dinero en ellos, tendrán problemas al punto que no podrán seguir funcionando. Además, Obama dice explícitamente: "nosotros eventualmente gastaremos más en Medicare y Medicaid que en cualquier otro programa combinado del Gobierno".

23. La opción c es correcta. Este era el propósito de la expedición en 1492. El comercio de especias era muy lucrativo en ese tiempo y Colón tenía la idea que podía navegar en dirección a las Américas y eventualmente llegar a Asia, evitando así rutas de comercio terrestre en la dirección opuesta. Colón no sabía que había un enorme territorio en su camino y es así cómo él descubrió las Américas.

La opción **a** es incorrecta. La primera expedición de Colón en 1492 no tenía nada que ver con encontrar un nuevo territorio. Colón no sabía que las Américas existían ya que esta expedición lo puso en contacto con el territorio por primera vez. Aunque eventualmente hizo otras expediciones a las Américas de parte de España, esto fue después de que él supo que existía.

La opción **b** es incorrecta. Colón no sabía que las Américas existían ya que esta expedición lo puso en contacto con el territorio por primera vez. Aunque eventualmente hizo otras expediciones a las Américas de parte de España, en busca de mercancía, no podía estar planeando una expedición para comerciar con nativos que no sabía que existían.

La opción **d** es incorrecta. La primera expedición de Colón en 1492 no pretendía crear un nuevo asentamiento para España en las Américas. Colón no sabía que las Américas existían ya que la expedición lo puso en contacto con este territorio por primera vez y él no podía estar buscando establecer un asentamiento en un lugar que no sabía que existía. Aunque eventualmente realizó otras expediciones a las Américas de parte de España, esto fue después de saber que este territorio existía.

24. La respuesta correcta es **Las Mujeres de la Marina aceptadas en los Servicios de Emergencia Voluntarios.** Basándote en el diagrama circular, 0.3% de las mujeres que se enlistaron en el servicio militar durante la Segunda Guerra Mundial fueron Pilotos del Servicio de la Fuerza Aérea Femenina, el 4% eran del Cuerpo de Enfermeras de la Marina, el 17% eran del Cuerpo de Enfermeras Americanas, el 6% eran Mujeres de la Reserva del Cuerpo de la Marina y el 3% eran de la Reserva de las Mujeres de la Guardia Costera. La combinación de todos estos porcentajes resulta en 30.3% de mujeres enlistándose en la milicia. Esto está cerca del 28% de las Mujeres de la Marina Aceptadas en los Servicios de Emergencia Voluntarios en lugar del 42% que eran el Cuerpo de Mujeres del Ejército.

25. **La opción a es correcta.** El mapa muestra los países del Bloque Oriental en gris oscuro y los del Bloque Occidental en gris claro. Turquía está coloreado en gris claro y es, por tanto, parte del Bloque Occidental.

La opción **b** es incorrecta. El mapa muestra países en el Bloque Oriental en gris oscuro y en el Bloque Occidental en gris claro. Turquía está coloreado en gris claro, por tanto, es parte del Bloque Occidental.

La opción **c** es incorrecta. La Cortina de Hierro es una línea divisoria. Por tanto, no es una división que los países pudieran poner durante la Guerra Fría. Se muestra como una línea blanca, la cual Turquía apenas toca.

La opción **d** es incorrecta. Este mapa no proporciona ninguna información acerca de la relación de Turquía con los Estados Unidos. Los Estados Unidos no está representado en el mapa.

26. **La opción b es correcta.** Bush nunca menciona que la meta es controlar a los líderes locales y a la economía de Irak, sino que la meta es ayudarles a que eventualmente sean capaces de asumir completamente el control de su propio gobierno. Por tanto, esta es la razón por la cual es importante tener a los civiles expertos en Irak.

La opción **a** es incorrecta. Bush enuncia explícitamente: "ayudan a fortalecer a los líderes responsables, a construir la economía local". Por lo tanto, esta respuesta es una razón para tener civiles expertos en Irak.

La opción **c** es incorrecta. Bush enuncia explícitamente que ellos están ayudando a darles confianza a los iraquíes. Por tanto, esta respuesta es una razón de por qué era importante tener civiles expertos en Irak.

La opción **d** es incorrecta. Bush explícitamente enuncia: "pueden recuperar su lugar en un Irak libre". Por lo tanto, esta respuesta es una razón de por qué era importante tener a los civiles expertos en Irak.

27. La opción c es correcta. Una ganancia es un beneficio financiero. Ya que la compañía solamente gastó $1 en el producto y lo vende a $2.35 a los consumidores, la compañía obtiene un beneficio financiero de $1.35 cada vez que un consumidor compra el producto. La compañía obtiene una ganancia de $1.35.

La opción **a** es incorrecta. Un monopolio es una entidad que tiene control exclusivo sobre un producto o servicio. La cantidad de un dólar no puede ser un ejemplo de algo que tiene completo control sobre un producto o servicio. Además, el ejemplo no da indicación de que la compañía tenga control exclusivo del producto.

La opción **b** es incorrecta. El $1.35 solamente sería parte del gasto del consumidor, no un gasto de la compañía. El único gasto de la compañía era $1 que gastó en el producto antes de venderlo.

La opción **d** es incorrecta. Ya que la compañía solamente gastó $1 en el producto y luego lo vende por $2.35 a los consumidores, la compañía obtiene un beneficio financiero cada vez que un consumidor compra el producto. La compañía obtiene una ganancia de $1.35, no una pérdida.

28. La respuesta correcta es arancel.

Un arancel es un impuesto o una imposición tributaria agregada a productos de importación y exportación. El término inflación es incorrecto porque significa un incremento del precio y un decremento del poder de adquisición del dinero. Agregar un cargo a las mercancías importadas no reduce el valor de compra del dinero. Precio es incorrecto porque el precio de una mercancía podría significar el precio antes de que el cargo extra del arancel sea agregado o toda la cantidad después de que el arancel ha sido agregado. Ese término no define el cargo financiero agregado, que es el arancel.

29. La opción b es correcta. La persona en esta situación no cumple con los requisitos para obtener la tarjeta. Él o ella no tiene la edad suficiente, es un estudiante de bachillerato (no de la universidad) y no tiene un ingreso mayor de $4,000.

La opción **a** es incorrecta. La persona en la situación cumple con los requisitos para obtener la tarjeta. Él o ella tiene la edad suficiente, es estudiante de una universidad acreditada, y tiene un ingreso mayor de $4,000.

La opción **c** es incorrecta. La persona en la situación cumple con los requisitos para obtener la tarjeta. Él o ella tiene la edad suficiente, es estudiante de una universidad acreditada y tiene un ingreso mayor de $4,000.

La opción **d** es incorrecta. La persona en la situación cumple con los requisitos para obtener la tarjeta. Él o ella tiene la edad suficiente, es estudiante de una universidad acreditada y tiene un ingreso mayor de $4,000.

30. La opción c es correcta. El fragmento menciona que la economía se beneficia a corto plazo por los gastos substanciales que se incrementan durante el conflicto; aun así, esto ocasiona efectos residuales negativos que dañan la economía a largo plazo después de que la guerra ha terminado y ya no hay un aumento de gastos relacionado con el conflicto.

La opción **a** es incorrecta. El fragmento menciona que la economía se beneficia a corto plazo por los gastos substanciales que se incrementan durante el conflicto; aun así, esto ocasiona efectos residuales negativos que dañan la economía a largo plazo después de que la guerra ha terminado y ya no hay un aumento de gastos relacionados al conflicto.

La opción **b** es incorrecta. El fragmento menciona que la economía se beneficia a corto plazo por los gastos substanciales que se incrementan durante el conflicto; aun así, esto ocasiona efectos residuales negativos que dañan la economía a largo plazo después de que la guerra ha terminado y ya no hay un aumento de gastos relacionados al conflicto. Por tanto, la guerra definitivamente tiene efectos económicos.

La opción **d** es incorrecta. El fragmento menciona que la economía se beneficia a corto plazo por los gastos substanciales que se incrementan durante el conflicto; aun así, esto ocasiona efectos residuales negativos que dañan la economía a largo plazo después de que la guerra ha terminado y ya no hay un aumento de gastos relacionados con el conflicto. Los efectos no son todos negativos debido a que los efectos de corto plazo son positivos.

31. **La opción a es correcta.** Las barras gris oscuras representan la cantidad que los Estados Unidos gasta en exploración de metales. Las dos líneas representan el precio del oro y del cobre. Según esta información, entre el año 2006 y 2008 los precios del oro y del cobre junto con los gastos de los Estados Unidos en exploración de metales se incrementaron.

La opción **b** es incorrecta. Las barras gris oscuras representan la cantidad que los Estados Unidos gasta en exploración de metales. Las dos líneas representan el precio del oro y del cobre. Según esta información, entre los años 2006 y 2008 los precios del oro y del cobre junto con los gastos de los Estados Unidos en explotación de metales se incrementaron.

La opción **c** es incorrecta. Las barras gris oscuras representan la cantidad que los Estados Unidos gasta en exploración de metales. Las dos líneas representan el precio del oro y del cobre. Según esta información, entre los años 2006 y 2008 los precios del oro y del cobre junto con los gastos de los Estados Unidos en explotación de metales se incrementaron.

La opción **d** es incorrecta. Las barras gris oscuras representan la cantidad que los Estados Unidos gasta en exploración de metales. Las dos líneas representan el precio del oro y del cobre. Según esta información, entre los años 2006 y 2008 los precios del oro y del cobre junto con los gastos de los Estados Unidos en explotación de metales se incrementaron.

32. **La opción c es correcta.** La cita de la fuente de Yale dice: "en realidad, este proceso comenzó más de dos siglos antes de esta fecha", mientras que la otra cita de la segunda fuente britannica no menciona esta idea.

La opción **a** es incorrecta. Ambas citas mencionan que el período de tiempo de la Revolución Industrial fue en el siglo XVIII.

La opción **b** es incorrecta. Ambas citas definen la Revolución Industrial como un tiempo de grandes cambios. "La era conocida como la Revolución Industrial fue un período en el cual ocurrieron cambios fundamentales" y "La Revolución Industrial, en la historia moderna, es el proceso de cambio de una economía artesanal agraria a una economía dominada por la industria y la fabricación mecánica".

La opción **d** es incorrecta. Ambas fuentes mencionan que Inglaterra es donde comienza y se desarrolla la Revolución Industrial. "La era conocida como la Revolución Industrial fue un período en el cual ocurrieron cambios fundamentales en la agricultura, la manufactura textil y metalúrgica, el transporte, la política económica y la estructura social en Inglaterra" y "El proceso comenzó en Inglaterra en el siglo XVIII y de ahí se esparció a todo el mundo".

33. La opción d es correcta. La región japonesa cubre una isla, colinda con la región coreana y está al norte de las regiones malaya/indonesia y papúa.

La opción **a** es incorrecta. La región turca está arriba de las regiones malaya/indonesia y papúa, pero no cubre una isla y no colinda con la región coreana.

La opción **b** es incorrecta. La región tailandesa está arriba de las regiones malaya/indonesia y papúa, pero no cubre una isla y no colinda con la región coreana.

La opción **c** es incorrecta. La región han está arriba de las regiones malaya/indonesia y papúa y colinda con la región coreana, pero no cubre una isla.

34. La opción a es correcta. El mapa clave muestra que los estados coloreados con gris oscuro tienen una población de 25,000,000 o más y los estados coloreados con un tono más claro tienen una población de 15,000,000 a 24,999,999. En el mapa de 2009, Texas está resaltada de segundo con el tono más oscuro y en el mapa de 2011 está coloreado con el tono más oscuro. Por lo tanto, su población se incrementó del rango 15,000,000-24,999,999 a 25,000,000 o a un rango mayor.

La opción **b** es incorrecta. El mapa clave muestra que los estados coloreados con gris oscuro tienen una población de 25,000,000 o más y los estados coloreados con un tono más claro tienen una población de 15,000,000 a 24,999,999. En el mapa de 2009, Texas está coloreada como el segundo al tono más oscuro y en el mapa de 2011 está coloreado con el tono más oscuro. Por lo tanto, su población se incrementó del rango 15,000,000-24,999,999 a 25,000,000 o a un rango mayor.

La opción **c** es incorrecta. El mapa clave muestra que los estados coloreados con gris oscuro tienen una población de 25,000,000 o más y los estados coloreados con un tono más claro tienen una población de 15,000,000 a 24,999,999. En el mapa de 2009, Texas está coloreada como el segundo al tono más oscuro y en el mapa de 2011 está coloreado con el tono más oscuro. Por lo tanto, su población se incrementó del rango 15,000,000-24,999,999 a 25,000,000 o a un rango mayor.

La opción **d** es incorrecta. El mapa clave muestra que los estados coloreados con gris oscuro tienen una población de 25,000,000 o más y los estados coloreados con un tono más claro tienen una población de 15,000,000 a 24,999,999. En el mapa de 2009, Texas está coloreada como el segundo al tono más oscuro y en el mapa de 2011 está coloreado con el tono más oscuro. Por lo tanto, su población se incrementó del rango 15,000,000-24,999,999 a 25,000,000 o a un rango mayor. También, para ver una tendencia que podría incrementarse y luego disminuir, sería necesario un tercer mapa de otro año.

35. La opción d es correcta. Texas y California ambos están coloreados con el tono más oscuro de gris, representando una población de 25,000,000 o más. Por lo tanto, la población de California es casi la misma cantidad de habitantes de Texas según la información proporcionada por el mapa.

La opción **a** es incorrecta. California no tiene una población mayor a la de Texas. Ambos están coloreados con el tono más oscuro de gris, representando una población de 25,000,000 o más. Por tanto la población de California es casi la misma que la población de Texas de acuerdo a la información mostrada en el mapa. El mapa no muestra los números exactos de la población, entonces no hay manera de determinar cuál tiene una población un menor o mayor.

La opción **b** es incorrecta. Texas y California están ambos coloreados con el tono más oscuro de gris, representando una población de 25,000,000 o más. Tennessee tiene una población menor que la de Texas y menor que la de California.

La opción **c** es incorrecta. Texas y California están coloreados con el tono más oscuro de gris, representando una población de 25,000,000 o más. Por lo tanto, la población de California es aproximadamente la misma población de Texas según la información proporcionada por el mapa. El mapa no muestra los números exactos de la población por lo que no hay manera de determinar cuál de ellos tiene realmente una población un mayor o menor.

Parte II

Tu Respuesta Ampliada se calificará con base en tres normas o elementos:

Criterio 1: Creación de argumentos y uso de evidencia

Criterio 2: Desarrollo de ideas y estructura organizativa

Criterio 3: Claridad y dominio de las convenciones del español estándar.

Tu ensayo se calificará con base en una escala de 4 puntos. El Criterio 1 vale de 0 a 2 puntos y los Criterios 2 y 3 valen de 0 a 1 punto.

El Criterio 1 prueba tu habilidad para escribir un ensayo que asuma una posición con base en la información en los pasajes de lectura. Para obtener la mayor calificación posible, debes leer la información cuidadosamente y expresar una opinión clara sobre lo que has leído. Serás calificado dependiendo de cuán bien utilices la información de los pasajes para apoyar tu argumento. Tu respuesta también será calificada dependiendo de cuán bien analices la información en los pasajes.

Como referencia, esta es una tabla que utilizarán los lectores cuando califiquen tu ensayo con un 2, 1 ó 0.

	CRITERIO 1: CREACIÓN DE ARGUMENTOS Y USO DE EVIDENCIA
2	• Elabora argumentos basados en el texto que demuestran la comprensión clara de las relaciones entre las ideas, las figuras y los eventos presentados en el texto fuente y los contextos históricos del cual se extraen. • Presenta indicios específicos y relacionados del texto fuente principal y secundario que alcanzan para respaldar un argumento. • Demuestra una buena relación con el texto fuente y la consigna.
1	• Elabora un argumento que demuestra la comprensión de las relaciones entre las ideas, las figuras y los eventos presentados en el texto fuente. • Presenta algunos indicios del texto fuente principal y secundario para respaldar un argumento (puede incluir una mezcla de referencias textuales relacionadas y no relacionadas). • Demuestra una relación con el texto fuente y la consigna.
0	• Intenta elaborar un argumento, pero demuestra una comprensión deficiente o ausente de las ideas, las figuras y los eventos presentados en el texto fuente o los contextos de los cuales se extrajeron. • Presenta pocos indicios, o ninguno, del texto fuente principal y secundario; puede demostrar o no la intención de crear un argumento. • Carece de una relación con el texto fuente o la consigna.
No es calificable	• La respuesta consta únicamente de texto copiado de la consigna o del (los) texto(s) fuente • La respuesta muestra que el examinando no ha leído la consigna o está totalmente fuera del tema • La respuesta es incomprensible • La respuesta no está en español • No se ha brindado una respuesta (se dejó en blanco)

El Criterio 2 prueba si respondes a la consigna de escritura con un ensayo bien estructurado. Debes apoyar tu tesis con evidencia provista en los pasajes, así como opiniones y experiencias personales que refuercen tu idea central. Debes explicar tus ideas por completo e incluir detalles específicos. Tu ensayo debe incluir palabras y frases que permitan que sus detalles e ideas fluyan de forma natural. Esta es una tabla que detalla lo que aplica para obtener una calificación de 2, 1 ó 0.

	CRITERIO 2: DESARROLLO DE IDEAS Y ESTRUCTURA ORGANIZATIVA
1	• Contiene una secuencia lógica de ideas con conexiones claras entre los detalles particulares y las ideas principales. • Contiene ideas que están desarrolladas y son generalmente lógicas; muchas ideas están ampliadas. • Demuestra la comprensión adecuada de la actividad.
0	• Contiene una secuencia de ideas confusa o imperceptible. • Contiene ideas que no están bien desarrolladas o son ilógicas; solo se amplía una idea. • No demuestra la comprensión de la actividad.
No es calificable	• La respuesta consta únicamente de texto copiado de la consigna o del (los) texto(s) fuente • La respuesta muestra que el examinando no ha leído la consigna o está totalmente fuera del tema • La respuesta es incomprensible • La respuesta no está en español • No se ha brindado una respuesta (se dejó en blanco)

El Criterio 3 prueba cómo creas las oraciones que conforman tu ensayo. Para obtener una calificación alta, deberás escribir oraciones variadas: algunas cortas, algunas largas, algunas sencillas y otras complejas. También deberás probar que tienes un buen dominio del español estándar, incluidas una correcta selección de vocabulario, gramática y estructura de las oraciones.

Esta es una tabla que detalla lo que aplica para obtener una calificación de 2, 1 ó 0.

CRITERIO 3: CLARIDAD Y DOMINIO DE LAS CONVENCIONES DEL ESPAÑOL ESTÁNDAR	
1	• Demuestra el uso adecuado de convenciones respecto a las siguientes habilidades: 1) Concordancia entre sujeto y verbo 2) Ubicación de modificadores y orden de palabras correcto 3) Uso de pronombres, incluida la concordancia entre pronombre y antecedente, referencias pronominales confusas y caso pronominal 4) Homónimos y palabras confusas 5) Uso de posesivos 6) Uso de la puntuación (por ej., comas en una enumeración, en construcciones apositivas y demás elementos secundarios, marcas de fin de párrafo y puntuación de la separación de cláusulas) 7) Uso de mayúsculas (por ej., al comienzo de la oración, en sustantivos propios y en títulos) • Demuestra una estructura y variación oracional correcta, en su mayoría, y una fluidez y claridad general en cuanto a las siguientes habilidades: 1) Uso correcto de subordinación, coordinación y paralelismo 2) Omisión de estructuras oracionales extrañas y expresiones redundantes 3) Uso de conectores, adverbios conjuntivos y otras palabras para mejorar la claridad y la lógica 4) Omisión de oraciones corridas, fragmentos de oraciones y oraciones fusionadas. 5) Uso de normas en el nivel adecuado para la redacción previa requerida • Puede contener algunos errores prácticos y asociados a las convenciones que no impiden la comprensión.
0	• Demuestra el uso escaso de las convenciones básicas en cuanto a las habilidades 1-7 enumeradas en el Criterio 3, punto de puntaje 1. • Demuestra una estructura oracional consistentemente inadecuada; poca variación o ninguna hasta el punto en que el significado puede ser confuso; manifiesta el uso escaso de las habilidades 1-5 enumeradas en el Criterio 3, punto de puntaje 1. • Contiene muchos errores significativos en cuanto a la práctica y las convenciones que impiden la comprensión. O • La respuesta no alcanza para mostrar el nivel de competencia que comprende las convenciones y el uso.
No es calificable	• La respuesta consta únicamente de texto copiado de la consigna o del (los) texto(s) fuente • La respuesta muestra que el examinando no ha leído la consigna o está totalmente fuera del tema • La respuesta es incomprensible • La respuesta no está en español • No se ha brindado una respuesta (se dejó en blanco)

Ensayo de Muestra con Calificación 4

Aunque las leyes no garantizaron la igualdad de derechos civiles para todos los estadounidenses, independientemente de la raza, hasta la década de 1960, los mismos ideales que inspiraron el movimiento por los derechos civiles fueron parte de la estructura básica del Gobierno estadounidense desde su creación, casi dos siglos antes. Si bien es posible que factores culturales, económicos y políticos hayan interferido en el logro de ese objetivo durante muchos años, su inclusión en los documentos fundacionales de la nación pone de manifiesto la naturaleza persistente de esa cuestión.

La Declaración de Independencia es considerada por la mayoría como la primera expresión formal de la democracia estadounidense. El documento estipula que "todos los hombres son creados iguales" y hace referencia a "ciertos derechos inalienables", lo que significa que esos derechos básicos no se pueden quitar. Si bien Estados Unidos no fue la primera nación en sugerir que los ciudadanos deben contar con derechos básicos, ciertamente, fue una de las primeras en respaldar el concepto de igualdad de derechos para todos los ciudadanos. Esto amplió las protecciones básicas para abarcar, incluso, a las clases más bajas de la sociedad y, además, hizo que las clases más altas fueran responsables ante las mismas leyes que los demás.

En el momento en que se redactó la Declaración de Independencia, la idea de que "todos los hombres son creados iguales" fue, por muchos motivos, difícil de implementar en su forma más pura. Los esclavos no eran considerados de igual modo; de hecho, según las leyes, eran tratados como propiedad. Además, las mujeres tampoco contaban con las protecciones y los derechos básicos que tenían los hombres. Incluso entre los hombres libres de raza blanca, la implementación del concepto de igualdad era, a lo sumo, incongruente. Por ejemplo, en las primeras elecciones del país, solo los hombres que eran acaudalados y poseían tierras podían votar.

La historia de los Estados Unidos es una historia de avance lento hacia los ideales expresados en la Declaración de Independencia y en la Constitución estadounidense. Ciertos factores económicos y sociales, como la esclavitud y el prejuicio, han sido los obstáculos que han impedido ese progreso. Cuando se abolió la esclavitud a mediados del siglo XIX, el Congreso estadounidense aprobó enmiendas constitucionales destinadas a proteger el derecho al voto y la ciudadanía de los antiguos esclavos. Sin embargo, como dijo Kennedy, "la ley por sí sola no puede hacer que los hombres distingan el camino correcto". Tales leyes, a pesar de su intención, demostraron carecer de eficacia a la hora de preservar los derechos de los afroamericanos en diversas situaciones. Por ejemplo, en muchas partes del país, se crearon instalaciones independientes, como escuelas, baños y hasta bebederos, para las personas de raza negra. Sin embargo, esas instalaciones casi nunca cumplían con los mismos criterios que las destinadas a las personas de raza blanca. Este tipo de discriminación racial fundamental produjo diferentes situaciones como las que Kennedy menciona en su discurso: los afroamericanos tenían más probabilidades de ser pobres, de tener un nivel de educación inferior y de morir antes que los estadounidenses de raza blanca. Es por ello que Kennedy respaldó la nueva legislación sobre derechos civiles destinada a fortalecer las protecciones de los derechos de todas las personas, independientemente de la raza —lo que acercó a Estados Unidos un poco más al sueño de una nación en la que, efectivamente, todos los hombres son creados iguales.

Acerca de este ensayo:

Este ensayo obtuvo la cantidad máxima de puntos posible en cada criterio para sumar un total de 4 puntos.

Criterio 1: Creación de argumentos y uso de evidencia

La respuesta de ejemplo presenta un argumento sobre el rol de la igualdad en el Movimiento por los Derechos Civiles y sobre cómo dicho rol se relaciona con los comienzos de la fundación de Estados Unidos, aunque los padres fundadores aún no se habían dado cuenta de que la idea de igualdad se usaría de ese modo. El argumento del examinando menciona varias ideas obtenidas de los textos fuente que refuerzan su posición. Además, el escritor incorpora en la respuesta sus conocimientos previos acerca de la importancia de la igualdad en toda la historia estadounidense en general, como también acerca del rol de la igualdad en el Movimiento por los Derechos Civiles en particular. En su conjunto, la respuesta brinda un argumento que está estrechamente alineado con lo que indica la consigna y que está bien fundamentado con los textos fuente.

Criterio 2: Desarrollo de ideas y estructura organizativa

Esta respuesta obtiene un punto en el Criterio 2 porque establece conexiones claras y comprensibles entre las ideas, e indica un desarrollo en el cual una idea lleva de manera lógica a la siguiente, desde el comienzo: *Aunque las leyes no garantizaron la igualdad de derechos civiles para todos los estadounidenses, independientemente de la raza, hasta la década de 1960, los mismos ideales que inspiraron el movimiento por los derechos civiles fueron parte de la estructura básica del Gobierno estadounidense desde su creación, casi dos siglos antes.*

Los puntos principales están completamente desarrollados con varios detalles que los respaldan. Además, esta respuesta se corresponde con el nivel de formalidad adecuado para comunicarse en entornos laborales o académicos, al mismo tiempo que tiene en cuenta el propósito de la tarea, que es presentar un argumento bien fundamentado.

Criterio 3: Claridad y dominio de las convenciones del español estándar

Esta respuesta obtiene un punto en el Criterio 3 porque aplica de forma efectiva el uso y las convenciones estándar del idioma inglés para transmitir las ideas con claridad. En general, la respuesta incluye errores mínimos de sintaxis, y los errores cometidos no impiden la comprensión por parte de los lectores. La respuesta incluye lenguaje adecuado para expresar las ideas y oraciones elaboradas cuidadosamente que, por lo general, evitan la palabrería y la confusión. Además, la claridad y la fluidez de la respuesta se ven mejoradas mediante el uso de estructuras oracionales variadas y la incorporación adecuada de conectores para conectar oraciones, párrafos e ideas.

No obstante, recuerda que, dado que la pregunta de respuesta ampliada que aparece en la prueba de GED® de Estudios Sociales requiere que el borrador se redacte en 25 minutos aproximadamente, no se espera que tu respuesta no tenga ningún error relacionado con el uso y las convenciones.

Ensayo de Muestra con Calificación 2

En su discurso, Kennedy dice que "todos los estadounidenses deberían tener el derecho de ser tratados como lo desean, como uno quisiera que traten a sus hijos". Esta idea refleja directamente las opiniones de los Padres Fundadores, tal como se demuestra en el enunciado "todos los hombres son creados iguales" que se incluye en la declaración de independencia.

Por diversos motivos, en el momento en que se firmó la declaración de independencia, "todos los hombres" no incluía ni a los esclavos ni a las mujeres. En el momento del discurso de Kennedy, los afroamericanos aún no eran tratados de igual modo en los Estados Unidos, especialmente en el sur. Sé que esto es así porque mi abuela vivía en Misisipi en aquel entonces. Kennedy también indica en su discurso cómo los afroamericanos eran más pobres y no vivían el mismo tiempo que las personas de raza blanca.

Kennedy argumentó que la cuestión de igualdad es una cuestión moral que se remonta a la Constitución. De hecho, se remonta a la declaración de independencia, que fue anterior y en la que se estipula que "todos los hombres son creados iguales". Por lo tanto, respaldó nuevas leyes para asegurarse de que las personas de todas las razas reciban un trato justo. Esto fue exactamente lo que los Padres Fundadores defendían, aunque no pudieron realmente implementarlo en aquel entonces.

Acerca de este ensayo:

Este ensayo obtuvo 1 de los 2 puntos posibles en el Criterio 1, 0 puntos en el Criterio 2 y 1 punto en el Criterio 3, para sumar un total de 2 del máximo de 4 puntos.

Criterio 1: Creación de argumentos y uso de evidencia

Esta breve respuesta ofrece un argumento que demuestra comprensión de cómo la cuestión persistente de igualdad para todos los hombres se presenta en los dos fragmentos: La idea [*de Kennedy*] *refleja directamente las opiniones de los Padres Fundadores, tal como se demuestra en el enunciado "todos los hombres son creados iguales" que se incluye en la declaración de independencia.*

El escritor también proporciona algunas pruebas obtenidas de los dos fragmentos; por ejemplo, en el tercer párrafo: *Él argumenta que la cuestión de igualdad es una cuestión moral que se remonta a la Constitución. De hecho, se remonta a la declaración de independencia, que fue anterior y en la que se estipula que "todos los hombres son creados iguales".* Sin embargo, el escritor también intercala un comentario personal al margen sobre su abuela que no está relacionado con los fragmentos.

Si bien esta breve respuesta de ejemplo está conectada con la consigna y con los fragmentos, no ofrece mucha información más allá de la presentada en los fragmentos respecto de la cuestión persistente de igualdad o del movimiento por los derechos civiles de la década de 1960; por lo tanto, solo obtiene un punto en este Criterio.

Criterio 2: Desarrollo de ideas y estructura organizativa

Esta respuesta no obtiene ningún punto en el Criterio 2. Si bien demuestra comprensión de la tarea, la secuencia de ideas es ambigua y solo se desarrollan pocas ideas. Por ejemplo, el escritor comienza el segundo párrafo de la siguiente manera: *Por diversas*

motivos, en el momento en que se firmó la declaración de independencia, "todos los hombres" no incluía ni a los esclavos ni a las mujeres. Sin embargo, solo amplía esos motivos al final del ensayo: ... *aunque* [los Padres Fundadores] *no pudieron realmente implementarlo en aquel entonces.*

Criterio 3: Claridad y dominio de las convenciones del español estándar

Esta respuesta obtiene 1 punto en el Criterio 3. En general, la respuesta incluye errores mínimos de sintaxis (aunque, como salta a la vista, el escritor no escribe en mayúsculas *Declaración de Independencia* en todo el ensayo); sin embargo, estos errores no impiden la comprensión por parte de los lectores. La respuesta incluye lenguaje adecuado para expresar las ideas y oraciones elaboradas cuidadosamente que, por lo general, evitan la palabrería y la confusión.

Ensayo de Muestra Calificación 0

Los padres fundadotes creian que todos los hombre fueron creados iguales y que todos nosotros tenemos derechos. También creos lo mismo, al igual que JFK.

JFK dijo estamos comprometidos con una lucha mundial para promover y proteger los derechos de todos aquellos que desean ser libres. Leyes debían ser aprobadas JFK él las aprobó y el mundo es mejor hoy.

Existen dificultades relativas a la segregación y la discriminación en todas las ciudades, en todos los estados de la Unión, lo que, en muchas ciudades, está dando lugar a una ola de descontento que va en aumento y amenaza la seguridad pública. Tampoco es una cuestión partidista. En un momento de crisis nacional, los hombres generosos de buena voluntad deberían poder unirse, independientemente de los partidos o la política. Ni siquiera es solamente una cuestión legal o legislativa.

Acerca de este ensayo:

Este ensayo obtiene 0 puntos en cada uno de los tres criterios.

Criterio 1: Creación de argumentos y uso de evidencia

Esta respuesta de ejemplo obtiene una puntuación de 0 en el Criterio 1. Es sumamente breve, está compuesta, principalmente, por citas directas o paráfrasis de los fragmentos, e intenta un argumento que está apenas conectado con las ideas de los fragmentos: *Los padres fundadotes creian que todos los hombre fueron creados iguales y que todos nosotros tenemos derechos. También creos lo mismo, al igual que JFK.* Por lo tanto, no está conectada de manera adecuada con la consigna.

Criterio 2: Desarrollo de ideas y estructura organizativa

Esta respuesta de ejemplo también obtiene una puntuación de 0 en el Criterio 2. La estructura organizativa es dispersa y el desarrollo de la única idea (JFK reconoció la necesidad de aprobar leyes para la igualdad) es apenas discernible.

Criterio 3: Claridad y dominio de las convenciones del español estándar

Esta respuesta de ejemplo también obtiene una puntuación de 0 en el Criterio 3. La mayor parte de la respuesta está compuesta por texto extraído directamente de los fragmentos, a excepción del primer párrafo y *Leyes debían ser aprobadas JFK él las aprobó y el mundo es mejor hoy.* Esta falta de redacción original por parte del escritor demuestra un nivel insuficiente de dominio de convenciones y uso. Además, la redacción original no emplea los signos de puntuación correspondientes para indicar citas de los fragmentos y tiene muchos errores de construcción de oraciones: JFK dijo ["]estamos comprometidos...

6 ▶ PRUEBA GED® SOBRE RAZONAMIENTO MATEMÁTICO 2

Esta prueba de práctica se preparó siguiendo el formato, el contenido y el tiempo de la prueba GED® oficial sobre Razonamiento matemático. Al igual que en la prueba oficial, las preguntas de esta práctica se enfocan en tus habilidades para resolver problemas cuantitativos y algebraicos.

Puedes consultar la hoja de fórmulas del Apéndice en la página 287 mientras completas este examen. Responde las preguntas 1 a 5 *sin* utilizar una calculadora. Puedes usar una calculadora científica (o de cualquier tipo) para las demás preguntas del examen.

Trabaja cada pregunta en forma detallada, pero sin pasar demasiado tiempo en una misma pregunta. Debes responder todas las preguntas.

Coloca una alarma a los 115 minutos (1 hora y 55 minutos) e intenta completar este examen sin interrupciones, en silencio.

Después del examen, encontrarás explicaciones detalladas de las respuestas para todas las preguntas del examen. ¡Buena suerte!

45 preguntas
115 minutos

1. El producto de dos enteros consecutivos es 42. Si el entero menor es x, ¿cuál de las siguientes ecuaciones es correcta?

   a. $x + 1 = 42$
   b. $x^2 + x = 42$
   c. $2x + 1 = 42$
   d. $2x^2 + x = 42$

2.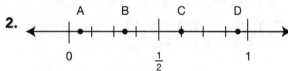

   Si x es un número racional de modo que $\frac{1}{2} < x < \frac{3}{4}$, ¿cuál de los puntos de la recta numérica arriba representa x?

   a. Punto A
   b. Punto B
   c. Punto C
   d. Punto D

3. Un agente inmobiliario descubrió que el precio de venta de una casa en su zona se puede calcular midiendo los pies cuadrados, multiplicándolos por 84 y sumándole 1,065. Si S representa los pies cuadrados y P representa el precio de venta, ¿cuál de las siguientes fórmulas representa este cálculo?

   a. $P = 1,149S$
   b. $P = 84(S + 1,065)$
   c. $P = 84S + 1,065$
   d. $P = S + 1,149$

4. En el plano cartesiano x-y abajo, ¿qué par ordenado representa el punto insertado?

   a. $(-2, 4)$
   b. $(-4, 2)$
   c. $(4, -2)$
   d. $(2, -4)$

   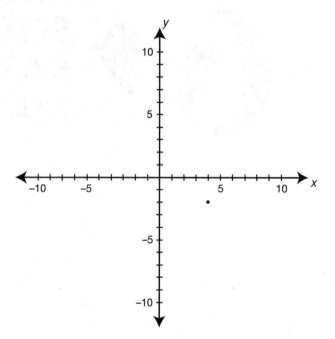

5. ¿Cuál de las opciones a continuación equivale a $\frac{2^5}{2^2}$?

   a. 2
   b. 23
   c. 27
   d. 210

6. ¿En cuál de los siguientes gráficos se muestra a n como función de m?

a.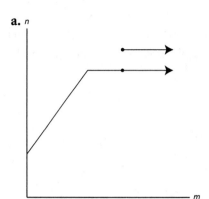

b.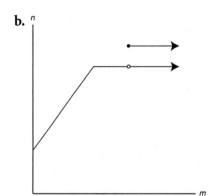

c.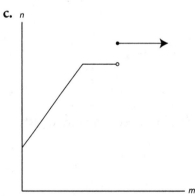

d.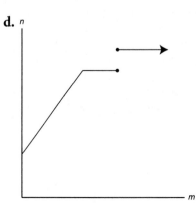

7. Como fracción simplificada, $\frac{1}{4}(\frac{5}{2} - \frac{1}{6}) =$

  a. $-\frac{1}{4}$

  b. $\frac{1}{6}$

  c. $\frac{7}{12}$

  d. $\frac{3}{2}$

8. Suponiendo que x es un número racional, $3(x - 5) = 3$. Selecciona la opción correcta.

  a. $x - 5 = 1$

  b. $3x - 15 = 9$

  c. $x = 5$

  d. $3x = 8$

9. Para un valor de entrada a, la función f se define como $f(a) = -2a^2 + 1$. ¿Cuál es el valor de $f(-8)$?

  a. -127

  b. -34

  c. 33

  d. 129

10. ¿Cuál de las siguientes opciones representa la solución de la desigualdad $4x - 9 < 3x + 1$?

  a. $x < -\frac{8}{7}$

  b. $x < -8$

  c. $x < 10$

  d. $x < \frac{10}{7}$

11. $(x - 5)(2x + 1) =$

  a. $2x^2 - 3x + 1$

  b. $2x^2 - 9x - 5$

  c. $2x^2 - 5$

  d. $2x^2 - 10$

12. Escribe la respuesta en la casilla.

  ¿Cuál es el mayor valor posible de x si $x^2 - 14x + 35 = -10$?

13. En la figura se grafica una función con todos sus puntos de inflexión.

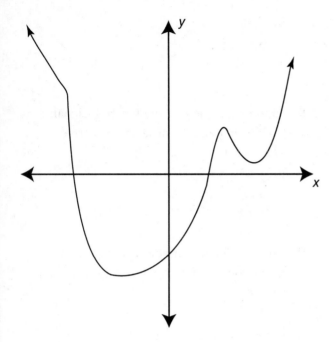

¿Cuántas intercepciones *x* tiene la función?
a. ninguna
b. 1
c. 2
d. infinitas

14. Escribe la respuesta en la casilla.

En un sitio web se vende una computadora portátil a $375 más el 6.5% de impuesto sobre las ventas estatal. Un estudiante desea comprar dos de estas computadoras: una para su hermano y otra para él. Con el impuesto incluido, ¿cuál será el costo total de esta compra?

15. Una pequeña ciudad tiene una población de 20,510 habitantes y una superficie de 86.8 millas cuadradas. Redondeando al decimal más próximo, ¿cuál es la densidad poblacional calculada según el valor "habitante por milla cuadrada"?
a. 2.72
b. 236.3
c. 2,201.4
d. 55,833.1

16. $\dfrac{2}{x(x-1)} + \dfrac{1}{x-1} =$

a. $\dfrac{3}{2x(x-1)}$
b. $\dfrac{2+x}{x(x-1)}$
c. $\dfrac{3}{x(x-1)}$
d. $\dfrac{2}{x-1}$

17.

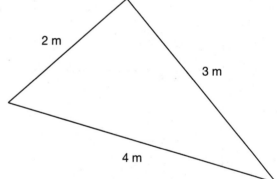

En metros, ¿cuál es el perímetro de este triángulo?
a. 3
b. 6
c. 7
d. 9

18. Dos amigos van a almorzar a un restaurante y pagan $24.36 finales. Uno de ellos piensa en dejar una propina del 15%, mientras que el otro prefiere dejar el 20%. Redondeando al valor centesimal más próximo, ¿cuál es la diferencia entre las dos posibles propinas?

a. $1.22
b. $3.65
c. $4.87
d. $8.52

19. En una clase de biología de nivel secundario, se organizó un día de avistaje de aves donde los alumnos registraron las diferentes especies que observaron en un parque aledaño. El gráfico de puntos representa la cantidad de especies que observaron los alumnos.

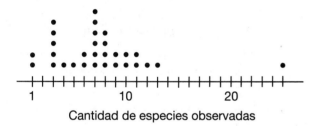

Cantidad de especies observadas

A partir del gráfico de puntos, ¿cuál de las siguientes oraciones es correcta?

a. Había 28 alumnos en la clase.
b. La cantidad más común de especies de aves que observaron los alumnos fue 7.
c. Ningún alumno vio más de 20 especies de aves diferentes.
d. Uno de los alumnos no vio ningún ave.

20. ¿Cuál de las siguientes opciones equivale a la expresión $2x + 3(x - 2)^2$?

a. $3x^2 - 10x + 12$
b. $3x^2 + 3x - 4$
c. $3x^2 - 2x + 4$
d. $3x^2 - 10x + 4$

21. El histograma representa la información reunida mediante una encuesta realizada a alumnos que asisten a una importante universidad sin hospedaje estudiantil en las instalaciones. Cada alumno encuestado proporcionó la distancia que recorre para ir al campus.

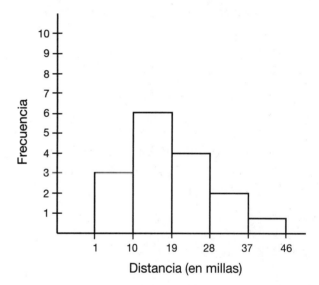

A partir de la información, ¿cuál de las siguientes oraciones es correcta?

a. Se encuestaron 46 alumnos en total.
b. Hay un alumno que recorre exactamente 46 millas hasta llegar al campus.
c. Entre 10 y 19 alumnos recorren exactamente 6 millas hasta llegar al campus.
d. Menos de 5 alumnos recorren menos de 10 millas hasta llegar al campus.

22. El gráfico representa la cantidad acumulativa de paquetes que se cargan en camiones en un día en un pequeño depósito. Cuando el día comenzó, ya había 50 paquetes cargados.

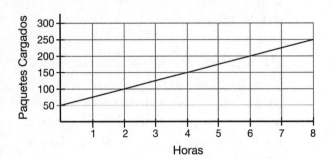

A partir de este gráfico, ¿cuántos paquetes se cargaron por hora?

a. 25

b. 50

c. 125

d. 250

23. Los catetos de un triángulo rectángulo miden 7 y 4. Redondeando al decimal más cercano, ¿cuál es la longitud de la hipotenusa?

a. 3.3

b. 5.7

c. 8.1

d. 11.0

24.

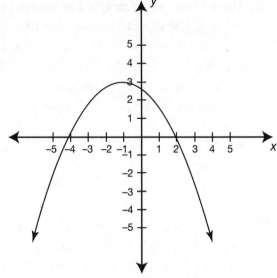

El gráfico que se muestra aquí representa la función $y = g(x)$. Selecciona la descripción correcta de la función a partir de las opciones a continuación.

a. La función tiene un valor máximo de -1 cuando $x = 3$.

b. La función tiene un valor máximo de 3 cuando $x = -1$.

c. La función tiene un valor mínimo de 3 cuando $x = -1$.

d. La función tiene un valor mínimo de -1 cuando $x = 3$.

25. Un mapa se traza conforme con la siguiente escala: 2.5 pulgadas del mapa representan 10 millas de distancia real. Si dos ciudades están a 7.1 pulgadas de distancia en el mapa, redondeando al decimal más próximo, ¿cuál es la distancia real entre las dos ciudades?

a. 14.6

b. 17.8

c. 28.4

d. 71.0

26. Escribe la respuesta en la casilla.

Durante los últimos 6 meses, la ganancia mensual de una empresa ha aumentado un 28%. Si la ganancia de este mes es de $246,990, ¿cuál fue la ganancia seis meses atrás? Redondea la respuesta al centesimal más próximo.

$ _____

27. En este gráfico se representa la inscripción en un programa anual de capacitación profesional por varios años no consecutivos. Selecciona el año en el que hubo la mayor diferencia entre la cantidad de hombres inscritos y la cantidad de mujeres inscritas en el programa.

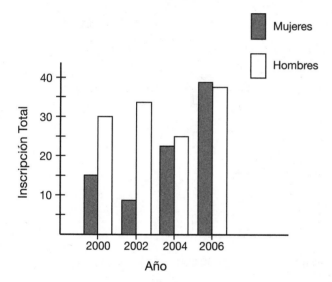

a. 2000

b. 2002

c. 2004

d. 2006

28. La línea p pasa por el punto $(-8, 4)$ y tiene una pendiente de $\frac{4}{5}$. ¿Cuál de las siguientes opciones representa la ecuación de la línea p?

a. $4x - y = -52$

b. $4x - y = -60$

c. $4x - 5y = -60$

d. $4x - 5y = -52$

29.

x	0	2	4	6
y	1	4	7	10

En la tabla arriba se muestran algunos puntos del plano cartesiano x-y por los que atraviesa el gráfico de una línea $y = mx + b$. Según esta información, ¿cuál es el valor de la pendiente m?

a. $\frac{1}{2}$

b. $\frac{2}{3}$

c. $\frac{3}{2}$

d. 2

30. ¿Cuáles son los dos factores lineales del polinomio $2x^2 - x$?

a. x y $2x - 1$

b. $2x$ y $x - 1$

c. $2x$ y x

d. $2x$ y $x - 2$

31. La línea P graficada en el plano cartesiano x-y cruza el eje x en el punto $(-5,0)$. Si la ecuación de otra línea Q es $y = 3x - 2$, ¿cuál de las siguientes oraciones es correcta?

a. La intercepción x de la línea P está más próxima al origen que la intercepción x de la línea Q.

b. La coordenada x en la intercepción x de la línea P es inferior a la coordenada x en la intercepción x de la línea Q.

c. Las intercepciones x de ambas líneas están a la derecha del eje y.

d. La intercepción x de la línea Q no se puede determinar a partir de la información suministrada.

32. Escribe la respuesta en la casilla.

Un vehículo con control remoto se desplaza a una velocidad constante por una pista de prueba durante un período de 12 horas. En ese tiempo, el vehículo recorre 156 kilómetros. En kilómetros por hora, ¿a qué velocidad viajaba el vehículo?

| | km/hr
|---|

33. En este gráfico, se representa la cantidad de hogares en ciudades seleccionadas que se suscribieron al servicio de Internet de una empresa nueva.

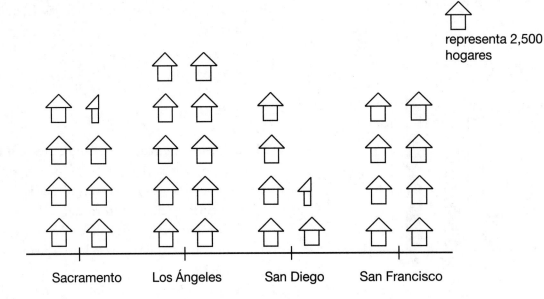

representa 2,500 hogares

Según estos datos, ¿cuántos hogares se suscribieron al servicio en San Diego?

a. 13,750

b. 15,000

c. 18,750

d. 20,000

34. Una maestra desea escoger 2 alumnos de su clase de 30 (16 niñas y 14 varones) para que sean los líderes de la clase. Si los elige de a uno por vez, sin reemplazo, ¿cuál es la probabilidad de que los dos líderes de la clase sean varones? Redondea la respuesta al porcentaje entero más próximo.

a. 14%

b. 21%

c. 47%

d. 91%

35. Si $\frac{3}{4}x = 12$, entonces $x =$

a. 9

b. $11\frac{1}{4}$

c. $12\frac{3}{4}$

d. 16

36. ¿Cuál de las siguientes líneas es paralela a la línea $y = \frac{2}{9}x - \frac{1}{5}$?

a. $y = -\frac{9}{2}x + 1$

b. $y = \frac{3}{4}x + 5$

c. $y = \frac{2}{9}x - 8$

d. $y = \frac{3}{4}x - \frac{1}{5}$

37. La figura a continuación es un rectángulo unido a una semicircunferencia.

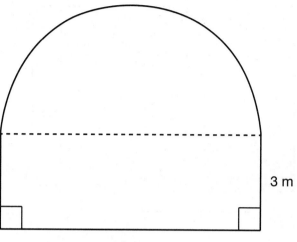

3 m

8 m

A partir de las dimensiones indicadas, ¿cuál es la superficie de la región en función de π?

a. $14 + 4\pi$ metros

b. $14 + 16\pi$ metros

c. $24 + 8\pi$ metros

d. $24 + 16\pi$ metros

38. ¿Cuál es el valor de la expresión $-3x + 10y$ si $x = -4$ y $y = -2$?

a. −34

b. −32

c. −8

d. 1

39. $-x^2(x + 1) - (x^3 + 4x^2) =$

a. $-6x^3 - x^2$

b. $-2x^3 - 5x^2$

c. $-2x^3 + 3x^2$

d. $-2x^3 + 4x^2 + 1$

40. ¿Cuál de las siguientes es la ecuación de la línea que atraviesa los puntos $(-8, 1)$ y $(4, 9)$ en el plano cartesiano x-y?

a. $y = \frac{2}{3}x + \frac{19}{3}$

b. $y = \frac{2}{3}x + 9$

c. $y = \frac{3}{2}x + \frac{21}{2}$

d. $y = \frac{3}{2}x + 13$

41. Esta figura representa una pieza compuesta que se fabricará fusionando dos cubos sólidos.

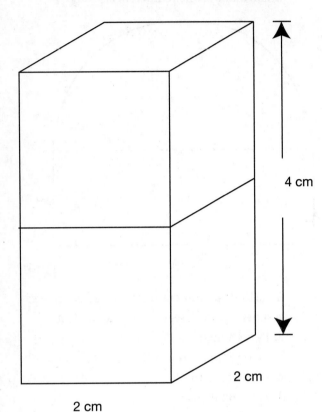

4 cm

2 cm

2 cm

Si los cubos son idénticos, ¿cuál es el volumen de la pieza resultante?

a. 4 cm^3

b. 8 cm^3

c. 16 cm^3

d. 40 cm^3

42. Un asesor informático le cobra \$75 por hora a una empresa para analizar los sistemas actuales. Además, le suma el 3% de comisión del proyecto y el 1% de comisión de telecomunicaciones al costo de las horas facturadas. Si el asesor tarda 20 horas en terminar un proyecto, ¿cuál será el monto final que le cobrará a la empresa?

a. \$1,515

b. \$1,545

c. \$1,560

d. \$2,100

43. ¿Cuál de las siguientes opciones equivale a la suma de $\frac{1}{2}x$ y $\frac{3}{4}x - 5$?

a. $\frac{3}{8}x - 5$

b. $\frac{3}{4}x - 5$

c. $\frac{4}{4}x - 5$

d. $\frac{5}{4}x - 5$

44. La relación entre los empleados de tiempo completo y los empleados de tiempo parcial en un bufete de abogados de mediano tamaño es 4:3. Si hay 20 empleados de tiempo completo en total, ¿cuántos empleados de tiempo parcial trabajan en el bufete?

a. 15

b. 19

c. 23

d. 27

45. ¿Cuál es el valor de $\frac{x-5}{x^2-1}$ cuando $x = -3$?

a. $-\frac{3}{2}$

b. $-\frac{4}{5}$

c. $\frac{8}{5}$

d. 1

Respuestas y Explicaciones

1. **La opción b es correcta.** Si el primer entero es x, el segundo es $x + 1$ y su producto es $x(x + 1)$ $= x^2 + x = 42$.

   La opción **a** es incorrecta. El segundo entero sería x + 1, pero el producto de los dos enteros debe incluirse en la ecuación.

   La opción **c** es incorrecta. El segundo entero será x + 1 y ninguno de ellos incluirá a 2 en su representación.

   La opción **d** es incorrecta. Aunque hay dos enteros, ninguno de ellos estará representado por 2x.

2. **La opción c es correcta.** La raya media ubicada entre un medio y uno representa tres cuartos. El punto **c** está entre esta raya y la raya de un medio, lo cual indica que cumple la desigualdad proporcionada.

   La opción **a** es incorrecta. Este punto ni siquiera se aproxima a un medio. De hecho, es inferior a un cuarto.

   La opción **b** es incorrecta. Este punto se encuentra entre un cuarto y un medio.

   La opción **d** es incorrecta. Este punto supera los tres cuartos.

3. **La opción c es correcta.** La multiplicación por 84 es el primer paso, y esto queda representado en 84S. Luego se le suma 1,065 para obtener el modelo 84S + 1,065.

   La opción **a** es incorrecta. Este modelo representa la multiplicación de los pies cuadrados por 1,149.

   La opción **b** es incorrecta. Este modelo representa la multiplicación por 84 como último paso, lo cual produciría resultados diferentes.

   La opción **d** es incorrecta. Este modelo solo implica sumarle 84 y luego 1,065 a los pies cuadrados.

4.

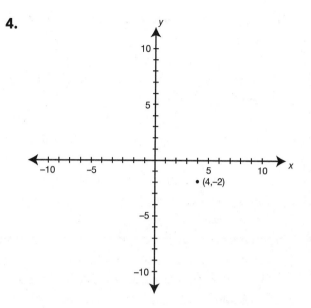

La opción c es correcta. Los pares ordenados se expresan con el valor x primero y el valor y en segundo lugar. El área a la derecha del eje x representa un valor x positivo y el área arriba del eje y representa un valor y positivo. El punto se encuentra a la derecha del eje x, pero debajo del eje y.

La opción **a** es incorrecta. Los pares ordenados se expresan con el valor x primero y el valor y en segundo lugar. El área a la derecha del eje x representa un valor x positivo y el área arriba del eje y representa un valor y positivo.

La opción **b** es incorrecta. Los pares ordenados se expresan con el valor x primero y el valor y en segundo lugar. El área a la derecha del eje x representa un valor x positivo y el área arriba del eje y representa un valor y positivo.

La opción **d** es incorrecta. Los pares ordenados se expresan con el valor x primero y el valor y en segundo lugar.

5. La opción b es correcta. Según las leyes de exponentes, $\frac{2^5}{2^2} = 2^{5-2} = 2^3$.

La opción **a** es incorrecta. Al restar conforme con las leyes de exponentes, se obtiene un exponente final superior a 1.

La opción **c** es incorrecta. En este caso, las leyes de exponentes exigen la resta, en lugar de la suma.

La opción **d** es incorrecta. En este caso, las leyes de exponentes exigen la resta, en lugar de la multiplicación.

6. La opción c es correcta. Para cada valor posible de m, hay solo un valor posible de n.

La opción **a** es incorrecta. Después del punto indicado, el cual es incluido, hay dos posibles valores de n para cada valor de m.

La opción **b** es incorrecta. Después del punto indicado, el cual es incluido, hay dos posibles valores de n para cada valor de m.

La opción **d** es incorrecta. En el punto indicado, hay dos posibles valores de n para ese valor de m.

La opción **d** es incorrecta. En el punto indicado, hay dos posibles valores de n para ese valor de m.

7. La opción c es correcta. $\frac{1}{4}\left(\frac{5}{2} - \frac{1}{6}\right) =$ $\frac{1}{4}\left(\frac{15}{6} - \frac{1}{6}\right) = \frac{1}{4}\left(\frac{14}{6}\right) = \frac{7}{12}$.

La opción **a** es incorrecta. Los denominadores nunca se deben restar al restar dos fracciones.

La opción **b** es incorrecta. Si al reescribir la primera fracción se incluye 6 como común denominador, el numerador también se debe multiplicar por 2.

La opción **d** es incorrecta. La expresión indica multiplicación, no suma. Además, la suma de fracciones no implica sumar los denominadores.

8. La opción a es correcta. Se llega a $x - 5 = 1$ si se dividen ambos lados por tres.

La opción **b** es incorrecta. Si se multiplican las expresiones del lado izquierdo, se obtiene como resultado $3x - 15 = 3$, **no** $3x - 15 = 9$.

La opción **c** es incorrecta. Al dividir ambos lados por tres, se obtiene $x - 5 = 1$. Esto se puede reducir a $x = 6$, **no** $x = 5$.

La opción **d** es incorrecta. Multiplicar las expresiones del lado izquierdo da como resultado $3x - 15 = 3$. Esto se puede reducir a $3x = 18$, **no** $3x = 8$.

9. La opción a es correcta. $f(-8) = -2(-8)^2 + 1 = -2(64) + 1 = -128 + 1 = -127$.

La opción **b** es incorrecta. El exponente de a indica que a debe elevarse al cuadrado, no multiplicarse por 2. Además, esto tendrá un resultado positivo, en lugar de negativo.

La opción **c** es incorrecta. El exponente de a indica que a debe elevarse al cuadrado, no multiplicarse por 2.

La opción **d** es incorrecta. El valor de $(-8)^2$ es positivo, no negativo.

10. La opción c es correcta. Después de restar $3x$ en ambos lados, se obtiene la desigualdad $x - 9 < 1$. Al sumar 9 en ambos lados, se obtiene la solución final de $x < 10$.

La opción **a** es incorrecta. Debido a que el signo de $3x$ es positivo, se lo debe restar en ambos lados. Del mismo modo, en el siguiente paso, se debe sumar 9 en ambos lados ya que se lo resta a $4x$.

La opción **b** es incorrecta. Después de restar $3x$ en ambos lados, se debe sumar 9 en ambos lados ya que se lo resta a $4x$.

La opción **d** es incorrecta. Debido a que el signo de $3x$ es positivo, se lo debe restar en ambos lados.

11. La opción b es correcta. Según el método FOIL, $(x - 5)(2x + 1) = 2x^2 + x - 10x - 5 = 2x^2 - 9x - 5$.

La opción **a** es incorrecta. Si se emplea el método FOIL, es necesario multiplicar los términos internos, en lugar de sumarlos.

La opción **c** es incorrecta. Este solo es el producto de los dos primeros términos y de los dos últimos términos. Según el método FOIL, es necesario incluir el producto de los términos internos y externos.

La opción **d** es incorrecta. Debido a que el primer término es $2x^2$, el método FOIL requiere que se sumen muchos términos más al producto final.

12. Respuesta correcta: 9. Al sumar 10 en ambos lados, se obtiene la ecuación $x^2 - 14x + 45 = 0$. El extremo izquierdo de la ecuación se factoriza en $(x - 5)(x - 9)$ con lo cual se llega a las soluciones 5 y 9. Sin duda, nueve es el número mayor de las dos soluciones de la ecuación.

13. La opción c es correcta. El gráfico corta el eje x en exactamente dos puntos, y que se muestren todos los puntos de inflexión indica que no volverá a cortarlo en ningún otro punto.

La opción **a** es incorrecta. Si un gráfico no tiene intercepciones x, significa que el eje x no se corta en ningún punto.

La opción **b** es incorrecta. Si un gráfico tiene una única intercepción x, significa que el eje x se corta exactamente una sola vez. Este gráfico corta el eje x más de una vez.

La opción **d** es incorrecta. Un gráfico con infinitas intercepciones x debería estar curvado hacia el eje x y cortarlo conforme con un patrón regular. Ese comportamiento no se observa aquí, ya que se muestran todos los puntos de inflexión.

14. Respuesta correcta: $798.75. El estudiante pagará $375 \times 2 = 750 por las dos computadoras y $750 \times 0.065 = 48.75 por el impuesto. $750 + $48.75 = 798.75

15. La opción b es correcta. Al dividir la cantidad de habitantes por la superficie, se obtiene $236.29 \approx 236.3$.

La opción **a** es incorrecta. La frase *millas cuadradas* no implica que 86.8 se deba elevar al cuadrado. Por el contrario, es una unidad de medición de superficie.

La opción **c** es incorrecta. Debido a que el resultado final está expresado en habitantes por millas cuadradas, calcular la raíz cuadrada antes de la división no es un paso necesario.

La opción **d** es incorrecta. Pese a que la superficie se mide en millas cuadradas, los valores de la población y de la superficie no se deben expresar al cuadrado.

16. La opción b es correcta. $\frac{2}{x(x - 1)} + \frac{1}{x - 1} = \frac{2}{x(x - 1)} + \frac{x}{x(x - 1)} = \frac{2 + x}{x(x - 1)}$.

La opción **a** es incorrecta. Las fracciones deben tener un común denominador antes de sumarlas, y al hacerlo, solo se deben combinar los numeradores.

La opción **c** es incorrecta. Debido a que el común denominador es $x(x - 1)$, $\frac{1}{x - 1} \neq \frac{x}{x(x - 1)}$.

La opción **d** es incorrecta. En la fracción $\frac{2 + x}{x(x - 1)}$, las x en el numerador y denominador no son factores; por lo tanto, no se pueden eliminar.

17. La opción d es correcta. El perímetro se obtiene sumando las longitudes de todos los lados:

$2 + 4 + 3 = 9$

La opción **a** es incorrecta. 3 metros cuadrados constituye la superficie del triángulo, no el perímetro.

La opción **b** es incorrecta. Para hallar el perímetro, es necesario sumar las longitudes de todos los lados, no solo de dos de ellos.

La opción **c** cs incorrecta. Para hallar el perímetro, es necesario sumar las longitudes de todos los lados, no solo de dos lados.

18. La opción a es correcta. $0.2 \times 24.36 - 0.15 \times 24.36 = 1.22$.

La opción **b** es incorrecta. Esta respuesta representa la propina del 15%, no la *diferencia* entre las dos propinas.

La opción **c** es incorrecta. Esta respuesta representa la propina del 20%, no la diferencia entre las dos propinas.

La opción **d** es incorrecta. Calcular la diferencia significa restar, no sumar.

19. La opción b es correcta. Seis alumnos observaron exactamente 7 especies de aves, según lo indica la cantidad de puntos que figuran en la séptima columna del gráfico. Por consiguiente, siete es la cantidad más común de especies observadas por los alumnos.

La opción **a** es incorrecta. Hay 29 puntos en el gráfico. Debido a que cada punto representa la información que reunió cada alumno, hay al menos 29 alumnos en la clase.

La opción **c** es incorrecta. Solamente hay un punto en la vigésimo quinta columna, es decir que un alumno vio 25 especies de aves diferentes.

La opción **d** es incorrecta. El gráfico no comprende ninguna opción de cero en el eje *Cantidad de especies observadas*; por lo tanto, se desconoce si alguno de los alumnos no observó ningún ave.

20. La opción a es correcta. Conforme al orden de operaciones, primero se debe elevar al cuadrado el binomio, distribuir el 3 y luego combinar términos semejantes:

$2x + 3(x - 2)^2 = 2x + 3(x^2 - 4x + 4) = 2x + 3x^2 - 12x + 12 = 3x^2 - 10x + 12.$

La opción **b** es incorrecta. Se debe emplear el método FOIL para desarrollar el término al cuadrado:

$(x - 2)^2 \neq x^2 + 4$

La opción **c** es incorrecta. Al hacer la simplificación, se debe multiplicar por 3 cada término dentro de los paréntesis.

La opción **d** es incorrecta. Al hacer la simplificación, se debe multiplicar por 3 el término constante 4.

21. La opción d es correcta. La barra que representa las distancias desde 1 hasta 10 millas alcanza el valor 3 de altura, lo cual significa que 3 alumnos recorren menos de 10 millas para llegar al campus.

La opción **a** es incorrecta. Para calcular la cantidad total de alumnos encuestados, es necesario sumar las frecuencias. Se encuestaron $3 + 6 + 4 + 2 + 1 = 16$ alumnos.

La opción **b** es incorrecta. Debido a que un solo alumno recorre entre 37 y 46 millas hasta llegar al campus, no se puede calcular con precisión la cantidad de millas que recorre mediante este gráfico.

La opción **c** es incorrecta. Los valores 10 y 19 del eje horizontal representan la distancia, no la frecuencia.

22. La opción a es correcta. La pendiente de la línea representa el índice unitario. Si se emplea el punto de inicio (0, 50) y el punto final (8, 250), la pendiente es $\frac{250-50}{8-0} = \frac{200}{8} = 25$.

La opción **b** es incorrecta. El punto 50 en el eje vertical representa la cantidad de paquetes que se cargaron al comienzo del día.

La opción **c** es incorrecta. Se cargaron 125 paquetes unos minutos después de las 3 horas, de modo que este no puede ser el índice por hora.

La opción **d** es incorrecta. Esta cifra no puede representar el índice por hora porque se cargaron 250 paquetes después de 8 horas.

23. La opción c es correcta. Según el teorema de Pitágoras, $7^2 + 4^2 = c^2$ donde **c** es la longitud de la hipotenusa. Para hallar el valor de c, $c^2 = 65$ and $c = \sqrt{65} \approx 8.1$.

La opción **a** es incorrecta. Según el teorema de Pitágoras, todos los términos se deben elevar al cuadrado, no solo la longitud de la hipotenusa.

La opción **b** es incorrecta. Al usar el teorema de Pitágoras $a^2 + b^2 = c^2$, a y b representan las longitudes de los catetos.

La opción **d** es incorrecta. Aunque el teorema de Pitágoras sí incluye la suma, los términos también se deben elevar al cuadrado.

24. La opción b es correcta. El punto más alto del gráfico es el máximo, es decir 3. Esto sucede en $x = -1$. Este es el vértice de la parábola.

La opción **a** es incorrecta. El punto más alto del gráfico es el máximo, es decir 3. Esto sucede en $x = -1$. Este es el vértice de la parábola.

La opción **c** es incorrecta. El punto más alto del gráfico es el máximo, no el mínimo.

La opción **d** es incorrecta. El punto más alto del gráfico es el máximo, es decir 3. Esto sucede en $x = -1$. Este es el vértice de la parábola.

25. La opción c es correcta. Si x es la cantidad de millas entre las dos ciudades, entonces $\frac{2.5 \text{ in.}}{10 \text{ mi}} = \frac{7.1 \text{ in.}}{x \text{ mi}}$. Si se realiza la multiplicación cruzada y se resuelve la ecuación resultante, se obtiene:

$$2.5x = 71$$
$$x = \frac{71}{2.5} = 28.4$$

La opción **a** es incorrecta. Esta es una relación proporcional, por lo cual no se aplica la resta en general.

La opción **b** es incorrecta. El resultado final debe ser en millas. Multiplicar dos valores medidos en pulgadas tendrá un resultado expresado en pulgadas cuadradas.

La opción **d** es incorrecta. Esta sería la cantidad de millas si cada pulgada representara 10 millas.

26. Respuesta correcta: $192,960.94.

Si x representa la ganancia de seis meses atrás, la ecuación $1.28x = 246,990$ es correcta. Al dividir ambos lados por 1.28, se obtiene $x = 192,960.94$.

27. La opción b es correcta. En 2002, se inscribieron aproximadamente 34 hombres y 8 mujeres, con una diferencia entre ellos de 26. Esto está representado por la diferencia de altura entre las dos barras.

La opción **a** es incorrecta. En 2000, se inscribieron aproximadamente 30 hombres y 15 mujeres, con una diferencia entre ellos de 15. Hay otro año en el cual la diferencia fue mayor.

La opción **c** es incorrecta. En 2004, se inscrbieron aproximadamente 25 hombres y 23 mujeres, con una diferencia entre ellos de 2. Hay otro año en el cual la diferencia fue mayor.

La opción **d** es incorrecta. En 2006, se inscribieron aproximadamente 37 hombres y 38 mujeres, con una diferencia entre ellos de 1. Hay otro año en el cual la diferencia fue mayor.

28. **La opción d es correcta.** Si se emplea la fórmula punto-pendiente, la ecuación de la línea debe ser

$$y - 4 = \frac{4}{5}(x - (-8))$$
$$y - 4 = \frac{4}{5}(x + 8)$$
$$y - 4 = \frac{4}{5}x + \frac{32}{5}$$
$$y = \frac{4}{5}x + \frac{52}{5}$$

La opción **A** es incorrecta. Al reescribir la ecuación en la forma $Ax + By = C$, se debe distribuir el −5 en todos los términos.

La opción **b** es incorrecta. En la fórmula punto-pendiente, la pendiente se debe distribuir en las dos x y en el término constante. Además, al reescribir la ecuación en la forma $Ax + By = C$, se debe distribuir el −5 en todos los términos.

La opción **c** es incorrecta. En la fórmula punto-pendiente, la pendiente se debe distribuir en las dos x y en el término constante.

29. **La opción c es correcta.** Si se usan los dos primeros puntos, $m = \frac{4 - 1}{2 - 0} = \frac{3}{2}$.

La opción **a** es incorrecta. La fórmula de la pendiente no es $\frac{x_1 - y_1}{x_2 - y_2}$. En otras palabras, la fórmula implica restar valores de puntos diferentes.

La opción **b** es incorrecta. El cambio de y se representa en el numerador de la fórmula de la pendiente, no en el denominador.

La opción **d** es incorrecta. La fórmula de la pendiente no es $\frac{x_2 - y_2}{x_1 - y_1}$. En otras palabras, la fórmula implica restar valores de puntos diferentes.

30. **La opción a es correcta.** Ambos términos solo tienen en común la x como factor. Al factorizar este término, se obtiene la expresión $x(2x - 1)$.

La opción **b** es incorrecta. El segundo término no tiene un factor de 2, por lo que no se puede factorizar $2x$ en el polinomio.

La opción **c** es incorrecta. Estas dos expresiones constituyen los factores del primer término. No son los factores del segundo término.

La opción **d** es incorrecta. El segundo término no tiene un factor de 2, por lo que no se puede factorizar $2x$ en el polinomio. Además, $x - 2$ no es un factor del polinomio.

31. **La opción b es correcta.** La coordenada x en la intercepción x de la línea P es −5, mientras que la coordenada x en la intercepción x de la línea Q es $\frac{2}{3}$.

La opción **a** es incorrecta. La intercepción x de la línea P está a 5 unidades del origen, mientras que la intercepción x de la línea Q está a menos de 1 unidad de distancia.

La opción **c** es incorrecta. La coordenada x en la intercepción x de la línea P es negativa.

La opción **d** es incorrecta. La intercepción x de la línea Q se puede hallar si $y = 0$ y se calcula el valor de x.

32. **Respuesta correcta: 13.**

$$\frac{156 \text{ km}}{12 \text{ hr}} = \frac{\frac{156}{12} \text{ km}}{\frac{12}{12} \text{ hr}} = \frac{13 \text{ km}}{1 \text{ hr}}$$

33. **La opción a es correcta.** Se incluyen 5.50 símbolos de hogares en la tabla para San Diego, lo cual indica que se suscribieron $5.50 \times 25 = 13,750$ hogares en esa ciudad.

La opción **b** es incorrecta. Hay 5.50 símbolos de hogares, no 6 (lo cual resultaría en 15,000 suscripciones de hogares).

La opción **c** es incorrecta. Esta es la cantidad de hogares que se suscribieron en Sacramento.

La opción **d** es incorrecta. Esta es la cantidad de hogares que se suscribieron en San Francisco.

34. La opción b es correcta. Si se emplea la regla de multiplicación de probabilidad, la probabilidad es $\frac{14}{20} \times \frac{13}{29} \approx 0.21$ or 21%.

La opción **a** es incorrecta. Debido a que se escogen alumnos de toda la clase, el denominador debe ser 30 y no 14.

La opción **c** es incorrecta. Esta respuesta representa la probabilidad de que se seleccione una niña al azar. En el planteo se solicita la probabilidad compuesta de que los dos líderes elegidos sean varones.

La opción **d** es incorrecta. En la probabilidad de un evento conjuntivo, se debe usar la regla de multiplicación, no la regla de suma.

35. La opción d es correcta. Para despejar la x, se deben multiplicar los dos lados de la ecuación por el recíproco de $\frac{3}{4}$. Así, $x = \frac{4}{3}(12) = 16$.

La opción **a** es incorrecta. Para eliminar los $\frac{3}{4}$, ambos lados se deben multiplicar por la fracción recíproca, en lugar de la original.

La opción **b** es incorrecta. Si se resta la fracción en ambos lados, no se despejará la x porque esta se multiplica por la fracción.

La opción **c** es incorrecta. Si se suma la fracción en ambos lados, no se despejará la x porque esta se multiplica por la fracción.

36. La opción c es correcta. Esta línea tiene la misma pendiente; como resultado, por definición, esta línea es paralela a la original.

La opción **a** es incorrecta. Esta línea es perpendicular a la línea proporcionada.

La opción **b** es incorrecta. Aunque la intercepción y es el recíproco negativo de la intercepción y de la línea original, esto no influye en si la línea es paralela o no.

La opción **d** es incorrecta. Aunque la intercepción y coincide con la intercepción y de la línea original, esto no influye en si la línea es paralela o no.

37. La opción c es correcta. La superficie de la región rectangular es $8 \times 3 = 24$ metros cuadrados, mientras que la superficie de la semicircunferencia es $\frac{1}{2}\pi r^2 = \frac{1}{2}\pi(\frac{8}{2})^2 = \frac{1}{2}\pi(16) = 8\pi$.

La opción **a** es incorrecta. Este es el perímetro de la región.

La opción **b** es incorrecta. Este sería el perímetro de la región si el radio fuera de 8 metros (este es el diámetro) y si fuera una circunferencia entera en lugar de una semicircunferencia.

La opción **d** es incorrecta. La superficie de la semicircunferencia es la mitad de la formula de superficie habitual πr^2. Esta sería la superficie si se empleara la circunferencia entera.

38. La opción c es correcta. $-3(-4) + 10(-2) = 12 - 20 = -8$.

La opción **a** es incorrecta. Esto se obtiene al mezclar la sustitución de x y y. El término multiplicado por -3 debería ser -4.

La opción **b** es incorrecta. El producto de -3 y -4 es positivo porque ambos signos son negativos.

La opción **d** es incorrecta. Al sustituir los valores en la expresión, $-3x$ y $10y$ indican multiplicación, no suma.

39. La opción b es correcta. $-x^2(x + 1) - (x^3 + 4x^2) = -x^3 - x^2 - x^3 - 4x^2 = -2x^3 - 5x^2$.

La opción **a** es incorrecta. Debido a que los términos contenidos en el segundo juego de paréntesis no son términos semejantes, no se pueden combinar.

La opción **c** es incorrecta. El signo negativo se debe distribuir en los dos términos del segundo juego de paréntesis.

La opción **d** es incorrecta. Los términos delante de los dos juegos de paréntesis se deben distribuir en cada término dentro de los paréntesis.

40. **La opción a es correcta.** La pendiente de la línea es $m = \frac{9-1}{4-(-8)} = \frac{8}{12} = \frac{2}{3}$. Si se usa esto en la fórmula punto-pendiente junto con el primer punto, se puede hallar la ecuación con los siguientes pasos.

$$y - 1 = \frac{2}{3}(x - (-8))$$
$$y - 1 = \frac{2}{3}(x + 8)$$
$$y - 1 = \frac{2}{3}x + \frac{16}{3}$$
$$y = \frac{2}{3}x + \frac{19}{3}$$

La opción **b** es incorrecta. En la fórmula punto-pendiente, la pendiente se debe multiplicar por todo el término $x - x_1$.

La opción **c** es incorrecta. La pendiente de la línea debe ser el cambio de y dividido por el cambio de x. Asimismo, solo se debe utilizar un punto en la fórmula en lugar de un valor x de un punto y un valor y de otro punto.

La opción **d** es incorrecta. La pendiente de la línea debe ser $\frac{2}{3}$; el cambio de y dividido por el cambio de x.

41. **La opción c es correcta.** El volumen de uno de los cubos es $2 \times 2 \times 2 = 8$ cm³. Debido a que la pieza consta de dos cubos, el volumen final es el doble de este valor, es decir, 16 cm³.

La opción **a** es incorrecta. Esta es la superficie de la cara de uno de los cubos.

La opción **b** es incorrecta. Este es el volumen de uno de los cubos empleados para elaborar la pieza.

La opción **d** es incorrecta. Este es el área de superficie de la pieza final.

42. **La opción c es correcta.** $75 \times 20 = 1{,}500$, $0.01 \times 1{,}500 = 15$, y $0.03 \times 1{,}500 = 45$ por un total de $1{,}500 + 15 + 45 = 1{,}560$.

La opción **a** es incorrecta. Esta suma comprende solamente la comisión de telecomunicaciones, pero también hay una comisión de proyecto del 3%.

La opción **b** es incorrecta. Esta suma comprende solamente la comisión del proyecto, pero también hay una comisión de telecomunicaciones del 1%.

La opción **d** es incorrecta. Para hallar el tres por ciento del total, se debe multiplicar por 0.03, no por 0.30. Del mismo modo, el uno por ciento se calcula multiplicando por 0.01, no por 0.10.

43. **La opción d es correcta** $\frac{5}{4}x - 5$. $\frac{1}{2}x + \frac{3}{4}x - 5 = \frac{2}{4}x + \frac{3}{4}x - 5 = \frac{5}{4}x - 5$.

La opción **a** es incorrecta. $\frac{1}{2}x + \frac{3}{4}x - 5 = \frac{2}{4}x + \frac{3}{4}x - 5 = \frac{5}{4}x - 5$.

La opción **b** es incorrecta. $\frac{1}{2}x + \frac{3}{4}x - 5 = \frac{2}{4}x + \frac{3}{4}x - 5 = \frac{5}{4}x - 5$.

La opción **c** es incorrecta. $\frac{1}{2}x + \frac{3}{4}x - 5 = \frac{2}{4}x + \frac{3}{4}x - 5 = \frac{5}{4}x - 5$.

44. La opción a es correcta. Para mantener la relación, la fracción de empleados de tiempo completo con respecto a los empleados de tiempo parcial debe ser $\frac{4}{3}$. La cantidad de empleados de tiempo completo se puede hallar multiplicando 4 por 5; por lo tanto, la cantidad de empleados de tiempo parcial se puede calcular multiplicando 3 por 5 para obtener 15 como resultado.

La opción **b** es incorrecta. Aunque la diferencia entre 20 y 4 es 16, no se puede utilizar para hallar la respuesta final. Las relaciones funcionan con un multiplicador común, no con una suma común.

La opción **c** es incorrecta. Esto no conservará la relación porque no se empleó un multiplicador común.

La opción **d** es incorrecta. Este resultado sería aproximadamente correcto si la cantidad de empleados de tiempo parcial fuera 20, no la cantidad de empleados de tiempo completo.

45. La opción b es correcta. $\frac{(-3) - 5}{(-3)^2 + 1} = \frac{-8}{10} = -\frac{4}{5}$.

La opción **a** es incorrecta. El numerador de la fracción indica que se restó 5 a x, no que se lo multiplicó.

La opción **c** es incorrecta. El valor de $(-3)^2$ es 9, no 6.

La opción **d** es incorrecta. El valor de $(-3)^2$ es 9, no -9.

PRUEBA GED®
SOBRE
RAZONAMIENTO A
TRAVÉS DE LAS
ARTES DEL
LENGUAJE 2

sta prueba de práctica se preparó siguiendo el formato, el contenido y el tiempo de la prueba GED® oficial de Razonamiento a través de las artes del lenguaje.

Parte I

Al igual que en el examen oficial, esta sección presenta una serie de preguntas que evalúan tu capacidad de leer, escribir, editar y comprender el español escrito estándar. Las preguntas que deberás responder se basan en pasajes de lectura informativos y literarios. Relee los pasajes todas las veces que lo necesites cuando respondas las preguntas.

Trabaja cada pregunta en forma detallada, pero sin pasar demasiado tiempo en una misma pregunta. Debes responder todas las preguntas.

Coloca una alarma a los 95 minutos (1 hora y 35 minutos) e intenta completar este examen sin interrupciones, en silencio.

Parte II

La prueba GED® oficial sobre Razonamiento a través de las artes del lenguaje también incluye una pregunta de respuesta ampliada, es decir, una pregunta que se responde con un ensayo. Coloca una alarma para que suene a los 45 minutos e intenta leer el pasaje dado y, luego, piensa, escribe y revisa tu ensayo sin interrupciones, en silencio.

Después del examen, verás completas explicaciones de cada pregunta de la prueba y también ensayos de ejemplo con diferentes niveles de puntuación. ¡Buena suerte!

Parte I

48 preguntas
95 minutos

Por favor utilizar el texto a continuación para responder las preguntas 1 a la 8.

Este es un pasaje de la Declaración de Independencia.

1   Cuando en el curso de los acontecimientos humanos se hace necesario para un pueblo disolver los vínculos políticos que lo han ligado a otro y tomar entre las naciones de la tierra el puesto separado e igual al que las leyes de la naturaleza y el Dios de esa naturaleza le dan derecho, un justo respeto al juicio de la humanidad exige que declare las causas que lo impulsan a la separación.

2   Sostenemos como evidentes estas verdades: que todos los hombres son creados iguales; que son dotados por su Creador de ciertos derechos inalienables; que entre estos están la vida, la libertad y la búsqueda de la felicidad; que para garantizar estos derechos se instituyen entre los hombres los gobiernos, que derivan sus poderes legítimos del consentimiento de los gobernados; que cuando quiera que una forma de gobierno se haga destructora de estos principios, el pueblo tiene el derecho a reformarla o abolirla e instituir un nuevo gobierno que se funde en tales principios, y a organizar sus poderes en la forma que a su juicio ofrecerá las mayores probabilidades de alcanzar su seguridad y felicidad. La prudencia, claro está, aconsejará que no se cambien por motivos leves y transitorios gobiernos de antiguo establecidos; y, en efecto, toda la experiencia ha demostrado que la humanidad está más dispuesta a padecer, mientras los males sean tolerables, qué a hacerse justicia aboliendo las formas a las que está acostumbrada. Pero cuando una larga serie de abusos y usurpaciones, dirigida invariablemente al mismo objetivo, demuestra el designio de someter al pueblo a un despotismo absoluto, es su derecho, es su deber, derrocar ese gobierno y establecer nuevos resguardos para su futura seguridad. Tal ha sido el paciente sufrimiento de estas colonias; tal es ahora la necesidad que las obliga a reformar su anterior sistema de gobierno. La historia del actual rey de Gran Bretaña es una historia de repetidos agravios y usurpaciones, encaminados todos directamente hacia el establecimiento de una tiranía absoluta sobre estos estados. Para probar esto, sometemos los hechos al juicio de un mundo imparcial.

3   Ha rehusado asentir a las leyes más convenientes y necesarias al bien público de estas colonias. Ha prohibido a sus gobernadores sancionar aun aquellas leyes que eran de inmediata y urgente necesidad a menos que se suspendiese su ejecución hasta obtener su consentimiento, y estando así suspensas las ha desatendido enteramente. Ha reprobado las providencias dictadas para la repartición de distritos de los pueblos, exigiendo de forma violenta que estos renunciasen al derecho de representación en sus legislaturas, derecho inestimable para ellos, y formidable solo para los tiranos. Ha convocado cuerpos legislativos fuera de los lugares acostumbrados, y en sitios distantes del depósito de sus registros públicos con el único fin de molestarlos hasta obligarlos a convenir con sus medidas. Ha disuelto las salas de representantes una y otra vez por oponerse firme y valerosamente a las invocaciones proyectadas contra los derechos del pueblo.

1. Escribe tus respuestas en las casillas abajo.

Según el pasaje, "Ha disuelto las salas de representantes una y otra vez" es un ejemplo de injusticia cometida por el [   ] de [   ].

2. El párrafo 3 se puede resumir como

  a. una lista de leyes para regular la vida en las colonias, escrita por el rey de Gran Bretaña.

  b. una lista de leyes creada para la nueva nación independiente de los Estados Unidos de América.

  c. una lista donde se elogian las buenas acciones del rey de Gran Bretaña.

  d. una lista de las injusticias cometidas por el rey de Gran Bretaña en contra de las colonias.

3. ¿Cuál de las siguientes citas expresa la idea principal de la Declaración de que las colonias estadounidenses desean independizarse de Gran Bretaña?

  a. "Sostenemos como evidentes estas verdades: que todos los hombres son creados iguales"

  b. "se hace necesario para un pueblo disolver los vínculos políticos que lo han ligado a otro"

  c. "Ha reprobado las providencias dictadas para la repartición de distritos de los pueblos"

  d. "que son dotados por su Creador de ciertos derechos inalienables"

4. ¿Cuál de las siguientes frases se basa en el argumento de que los gobiernos deben derivar sus poderes del consentimiento de los gobernados?

  a. "Ha rehusado asentir a las leyes más convenientes y necesarias al bien público de estas colonias"

  b. "que cuando quiera que una forma de gobierno se haga destructora de estos principios, el pueblo tiene derecho a reformarla o abolirla"

  c. "Ha disuelto las salas de representantes una y otra vez"

  d. "Ha convocado cuerpos legislativos fuera de los lugares acostumbrados, y en sitios distantes del depósito de sus registros públicos"

5. ¿Qué prueba respalda el reclamo de que el rey de Gran Bretaña ha perjudicado a los colonos?

  a. Una lista de resoluciones de la corte en contra del rey y a favor de los colonos

  b. Una lista de todas las acciones indebidas del rey proporcionada por otros líderes mundiales

  c. Una lista de las acciones indebidas del rey

  d. Una lista con los nombres de los colonos que han sido personalmente perjudicados

6. Las quejas detalladas que apoyan el reclamo de que el rey de Inglaterra perjudicó a los colonos son

  a. relevantes y suficientes.

  b. relevantes e insuficientes.

  c. irrelevantes y suficientes.

  d. irrelevantes e insuficientes.

7. ¿Cuál de los siguientes reclamos está avalado por pruebas?

  a. Todos los hombres son iguales.

  b. El rey de Gran Bretaña es un líder tiránico.

  c. Todos los hombres tienen ciertos derechos inalienables.

  d. Los gobiernos deben estar controlados por los gobernados.

8. La Declaración de Independencia
   a. contempla el mal comportamiento del rey.
   b. describe por qué las colonias necesitan independizarse de Inglaterra.
   c. especifica las razones suficientes por las cuales las colonias deben ser leales a Inglaterra.
   d. representa un razonamiento incorrecto.

Por favor utilizar el texto a continuación para responder las preguntas 9 a la 12.

Este es un pasaje de *A Este Lado del Paraíso* de F. Scott Fitzgerald.

1 De su madre, Amory Blaine había heredado todas las características que, con excepción de unas pocas inoperantes y pasajeras, hicieron de él una persona de valía. Su padre, hombre inarticulado y poco eficaz, que gustaba de Byron y tenía la costumbre de dormitar sobre los volúmenes abiertos de la *Enciclopedia Británica*, se enriqueció a los treinta años gracias a la muerte de sus dos hermanos mayores, afortunados agentes de la Bolsa de Chicago; en su primera explosión de vanidad, creyéndose el dueño del mundo, se fue a Bar Harbor, donde conoció a Beatrice O'Hara. Fruto de tal encuentro, Stephen Blaine legó a la posteridad toda su altura —un poco menos de un metro ochenta— y su tendencia a vacilar en los momentos cruciales, dos abstracciones que se hicieron carne en su hijo Amory. Durante muchos años, revoloteó alrededor de la familia: un personaje indeciso, una cara difuminada bajo un pelo gris mortecino, siempre pendiente de su mujer y atormentado por la idea de que no sabía si era capaz de comprenderla.

2 En cambio, ¡Beatrice Blaine! ¡Esa sí que era una mujer! Unas viejas fotografías tomadas en la finca de sus padres en Lake Geneva, Wisconsin, o en el Colegio del Sagrado Corazón de Roma —una extravagancia educativa que en la época de su juventud era un privilegio exclusivo para los hijos de padres excepcionalmente acaudalados— ponían de manifiesto la exquisita delicadeza de sus rasgos, el arte sencillo y consumado de su atuendo. Tuvo una educación esmerada; su juventud transcurrió entre las glorias del Renacimiento; estaba versada en todas las comidillas de las familias romanas de alcurnia y era conocida como una joven americana fabulosamente rica, del cardenal Vitori, de la reina Margherita y de otras personalidades más sutiles de las que uno habría oído hablar de haber tenido más mundo. En Inglaterra la apartaron del vino y le enseñaron a beber whisky con soda; y su escasa conversación se amplió —en más de un sentido— durante un invierno en Viena. En suma, Beatrice O'Hara asimiló esa clase de educación que ya no se da; una tutela observada por un buen número de personas y sobre cosas que, aun siendo menospreciables, resultan encantadoras; una cultura **rica** en todas las artes y tradiciones, desprovista de ideas, que florece en el último día, cuando el jardinero mayor corta las rosas superfluas para obtener un capullo perfecto.

3 En uno de los momentos menos trascendentales de su ajetreada existencia, regresó a sus tierras de América, se encontró con Stephen Blaine y se casó con él, tan solo porque se sentía llena

de laxitud y un tanto triste. A su único hijo lo llevó en el vientre durante una temporada abrumadora de su existencia y lo dio a luz en un día de la primavera del año 96.

4 Cuando Amory tenía cinco años, era para ella un compañero inapreciable. Un chico de pelo castaño, de ojos muy bonitos —que aún habían de agrandarse—, una imaginación muy fértil y un cierto gusto por los trajes de fantasía. Entre sus cuatro y diez años recorrió el país con su madre, en el auto particular de su abuelo, desde Coronado, donde su madre se aburrió tanto que tuvo una depresión nerviosa en un hotel de moda, hasta México, donde su agotamiento llegó a ser casi epidémico. Estas dolencias la divertían y más tarde formaron parte inseparable de su ambiente, y en especial después de ingerir unos cuantos y sorprendentes estimulantes.

5 Así, mientras otros chicos más o menos afortunados tenían que desafiar la tutela de sus niñeras en la playa de Newport y eran azotados o castigados por leer cosas como *Atrévete y Hazlo* o *Frank en el Mississippi*, Amory se dedicaba a morder a los complacientes botones del Waldorf mientras recibía de su madre —al tiempo que en él se desarrollaba un natural horror a la música sinfónica y a la de cámara— una educación selecta y esmerada.

9. Amory pasó su infancia
   a. en todas partes de América, como un niño acaudalado, y adquirió la faceta liberal de su madre.
   b. en Coronado, California, junto a sus padres, como un niño pobre.
   c. en Newport, como un niño huérfano, junto a otros "niños ricos".
   d. recorriendo Sudamérica con su aventurero padre.

10. ¿Cuál de los siguientes sinónimos de la palabra *rica* destacada en negrita en el segundo párrafo tiene una connotación negativa que le daría a la oración un tono de mal gusto?
   a. amplia
   b. asquerosamente abundante
   c. cargada
   d. jugosa

11. En el párrafo 3, ¿qué significa la palabra **abrumadora**?
   a. feliz
   b. aburrida
   c. brava
   d. abusiva

12. ¿Cuál es la idea principal del último párrafo?
   a. Amory adora la música sinfónica.
   b. Amory siente afición a la aventura.
   c. Amory es como el resto de los niños ricos.
   d. Amory no es como los demás niños ricos de su edad.

Por favor utilizar el texto a continuación para responder las preguntas 13 a la 14.

Este es un pasaje de un discurso que brindó George W. Bush el 19 de marzo de 2008.

1   La operación Libertad Iraquí fue una impresionante muestra de eficiencia militar. Las tropas del Reino Unido, Australia, Polonia y otros aliados se unieron a nuestras tropas al inicio de las operaciones. A medida que avanzaban, nuestras tropas se enfrentaron a tormentas de arena tan intensas que oscurecían el cielo diurno por completo. Nuestras tropas lucharon en combates desiguales con los fedayines de Saddam, escuadrones de la muerte a las órdenes de Saddam Hussein que no obedecían las reglas de la guerra ni los dictados de sus conciencias. Estos escuadrones de la muerte se escondían en escuelas, se escondían en hospitales, esperando atraer fuego hacia civiles iraquíes. Usaban mujeres y niños como escudos humanos. No los detenía nada en sus esfuerzos por impedir que tuviéramos éxito, pero no pudieron detener el avance de la coalición.

2   Las fuerzas de la coalición, ayudadas por la campaña aérea más eficaz y precisa de la historia, atravesaron velozmente 350 millas de territorio enemigo, destruyeron divisiones de la Guardia Republicana, llegaron al paso de Karbala, tomaron el Aeropuerto Internacional de Saddam y liberaron Bagdad en menos de un mes [...]

3   Porque actuamos, Saddam Hussein ya no llena los campos con los restos de hombres, mujeres y niños inocentes [...] Porque actuamos, el régimen de Saddam ya no invade a sus vecinos ni los ataca con armas químicas y misiles balísticos.

13. A partir del pasaje del discurso de Bush, ¿qué se puede inferir sobre la naturaleza del régimen de Saddam Hussein?

a. Era tiránico y opresivo.

b. Era beneficioso y constructivo.

c. Era absolutamente justo y limpio.

d. Era compasivo y tolerante.

14. En el pasaje del discurso de Bush, ¿qué agrega el escenario de Medio Oriente, compuesto de "tormentas de arena tan intensas que oscurecían el cielo diurno por completo" al primer párrafo, donde se menciona que las tropas luchaban con los escuadrones de la muerte?

a. Realza la sensación de belleza.

b. Realza la sensación de satisfacción.

c. Realza la sensación de peligro.

d. Disminuye la sensación de peligro.

Por favor utilizar el texto a continuación para responder las preguntas 15 a la 20.

Discurso principal en la Convención Nacional del Partido Demócrata en 1976 de Bárbara Jordan.

1 A lo largo, a lo largo de la historia, cuando el pueblo ha buscado nuevas formas de resolver sus problemas y de defender los principios de esta nación, en muchas ocasiones ha recurrido a los partidos políticos. A menudo, ha recurrido al Partido Demócrata. ¿Por qué? ¿Qué tiene el Partido Demócrata que lo convierte en el instrumento que las personas usan cuando buscan la manera de moldear su futuro? Bueno, creo que la respuesta a esta pregunta se encuentra en nuestro concepto de gobierno. Nuestro concepto de gobierno deriva de nuestra visión del pueblo. Es un concepto arraigado a un conjunto de creencias firmemente grabadas en la conciencia nacional de todos nosotros.

2 Ahora, ¿cuáles son estas creencias? Primero, creemos en la igualdad para todos y en los privilegios para ninguno. Esta es una creencia, esta es una creencia que cada ciudadano estadounidense, más allá de su origen, tiene la misma importancia en el foro público, todos nosotros. Debido, debido a que creemos en esta idea con mucha firmeza, somos inclusivos más que un partido exclusivo. Dejen que todos vengan.

3 Pienso que no es accidental que la mayoría de aquellos que inmigraron a América en el siglo XIX se identificaron con el Partido Demócrata. Somos un partido heterogéneo formado por estadounidenses de diversos orígenes. Creemos que el pueblo es la fuente de todo el poder gubernamental, que la autoridad del pueblo se debe extender, no restringir.

4 La, la única manera de lograrlo es brindarle a cada ciudadano todas las oportunidades para participar en la gestión del gobierno. Creemos que deben tenerlas. Creemos que el gobierno —el cual representa la autoridad de todas las personas, no solo de un grupo de interés, sino de todas ellas— tiene la obligación de tratar activamente, activamente, de eliminar aquellos obstáculos que puedan bloquear los logros individuales, obstáculos producto de condiciones raciales, de género y económicas. El gobierno debe eliminarlos, tratar de eliminarlos.

5 Somos un partido, somos un partido de innovación. No rechazamos nuestras tradiciones, pero estamos dispuestos a adaptarnos a circunstancias cambiantes, cuando el cambio debe ocurrir. Estamos dispuestos a sufrir la incomodidad del cambio con tal de lograr un futuro mejor. Tenemos una visión positiva del futuro basada en la creencia de que la brecha entre las promesas y la realidad de los Estados Unidos se pueda cerrar algún día. Creemos en eso.

6 Este, mis amigos, es el pilar de nuestro concepto de gobierno. Esta es una parte del motivo por el cual los estadounidenses han recurrido al Partido Demócrata. Estos son los cimientos sobre los cuales se puede construir una comunidad nacional. Entendamos todos que estos principios rectores no se pueden descartar para obtener beneficios políticos a corto plazo. Representan la esencia de este país. Son propios de la idea de los Estados Unidos. Y estos principios no se negocian.

15. ¿Cuál es la idea principal del segundo párrafo?

   a. El Partido Demócrata recibe a todos los ciudadanos.

   b. Los inmigrantes suelen apoyar al Partido Demócrata.

   c. Bárbara Jordan está de acuerdo con el Partido Demócrata.

   d. El Partido Demócrata solo acepta lo mejor de lo mejor.

16. ¿Cuál de las siguientes declaraciones respalda la creencia de Bárbara Jordan de que el gobierno debe representar a todas las personas?

   a. "Debido a que creemos en esta idea con mucha firmeza, somos inclusivos más que un partido exclusivo".

   b. "La única manera de lograrlo es brindarle a cada ciudadano todas las oportunidades para participar en la gestión del gobierno".

   c. "No rechazamos nuestras tradiciones, pero estamos dispuestos a adaptarnos a circunstancias cambiantes, cuando el cambio debe ocurrir".

   d. "Estos son los cimientos sobre los cuales se puede construir una comunidad nacional".

17. Según el texto, ¿cuál de los siguientes escenarios respaldaría Bárbara Jordan?

   a. un candidato presidencial del Partido Demócrata que organiza una cena privada para un grupo selecto de personas

   b. miembros de un partido político centrados en atraer solo a personas que puedan donar grandes sumas de dinero

   c. un candidato demócrata que se postula como senador nacional

   d. un grupo local de demócratas que organizan un foro abierto para los integrantes de la comunidad

18. ¿Cuál de las siguientes oraciones mejor resume la idea principal del discurso?

   a. Muchas personas han decidido apoyar al Partido Demócrata a través de los años.

   b. Los valores del Partido Demócrata representan los ideales estadounidenses.

   c. El Partido Demócrata evolucionó cuando fue necesario.

   d. todas las anteriores

19. ¿En cuál de las siguientes frases Bárbara Jordan critica al Partido Demócrata?

   a. Cuando lo llama "el instrumento que las personas usan cuando buscan la manera de moldear su futuro".

   b. Cuando dice que los miembros del partido creen en "la igualdad para todos y en los privilegios para ninguno".

   c. Cuando dice que es un "partido de innovación".

   d. ninguna de las anteriores

20. ¿A partir de qué declaración se puede inferir que Bárbara Jordan sostiene que el gobierno debe promulgar leyes en contra de la discriminación racial y de género?

   a. "¿Qué tiene el Partido Demócrata que lo convierte en el instrumento que las personas usan cuando buscan la manera de moldear su futuro?"

   b. "Creemos que el pueblo es la fuente de todo el poder gubernamental, que la autoridad del pueblo se debe extender, no restringir".

   c. "Tenemos una visión positiva del futuro basada en la creencia de que la brecha entre las promesas y la realidad de los Estados Unidos se pueda cerrar algún día".

   d. "Creemos que el gobierno —el cual representa la autoridad de todas las personas— tiene la obligación de tratar activamente, activamente, de eliminar aquellos obstáculos que puedan bloquear los logros individuales".

Por favor utilizar el texto a continuación para responder las preguntas 21 a la 25.

Para: Todo el personal
De: Allison Lewis, directora
Fecha: 15 de julio, 2014
Asunto: Pilas de libros

Nos han informado que se dejan pilas de libros (1) en el piso, en las secciones de ficción, cocina y juvenil de la librería al final de cada día. La situación ha empeorado tanto que algunos clientes se quejan de que obstruyen el acceso a una gran cantidad de libros colocados en estantes. (2), hemos introducido una nueva política mediante la cual se le exige a los empleados que, una vez por hora, revisen si hay pilas de libros en las secciones que tienen asignadas y, si encuentran alguna, lleven los libros a los estantes correspondientes.

(3) asegúrense de respetar este procedimiento de forma habitual. Incluso unos pocos libros apilados pueden ser obstáculos innecesarios para los clientes.

¡Gracias por (4) colaboración!

(5)

Allison Lewis

21. Elige la conjugación correcta de **acumular** para el espacio (1).
   a. acumuladas
   b. acumulada
   c. acumulado
   d. acumulados

22. ¿Qué palabra se puede usar correctamente en el espacio (2)?
   a. Por lo tanto
   b. No obstante
   c. Al mismo tiempo
   d. Por el contrario

23. ¿Qué palabra se puede usar correctamente en el espacio (3)?
   a. por favor
   b. de favor
   c. Por favor
   d. De favor

24. ¿Qué palabra se puede usar correctamente en el espacio (4)?
   a. mi
   b. su
   c. tu
   d. la

25. ¿Qué palabra se puede usar correctamente en el espacio (5)?
   a. Saludos,
   b. ¡Saludos!
   c. Saludos'
   d. Saludos:

Por favor utilizar el texto a continuación para responder las preguntas 26 a la 29.

Este es un pasaje de *La Caída de la Casa Usher* de Edgar Allan Poe.

Durante todo un día de otoño, triste, oscuro, silencioso, cuando las nubes se cernían bajas y pesadas en el cielo, crucé solo, a caballo, una región singularmente lúgubre del país; y, al fin, al acercarse las sombras de la noche, me encontré a la vista de la melancólica casa Usher. No sé cómo fue, pero a la primera mirada que eché al edificio invadió mi espíritu un sentimiento de insoportable tristeza. Digo insoportable porque no lo atemperaba ninguno de esos sentimientos semiagradables, por ser poéticos, con los cuales recibe el espíritu aun las más austeras imágenes naturales de lo desolado o lo terrible. Miré el escenario que tenía adelante —la casa y el sencillo paisaje del dominio, las paredes desnudas, las ventanas como ojos vacíos, los ralos y siniestros juncos, y los escasos troncos de árboles agostados— con una fuerte depresión de ánimo únicamente comparable, como sensación terrenal, al despertar del fumador de opio, la amarga caída en la existencia cotidiana, el horrible descorrerse del velo. Era una frialdad, un abatimiento, un malestar del corazón, una irremediable tristeza mental que ningún acicate de la imaginación podía desviar hacia la forma alguna de lo sublime. ¿Qué era —me detuve a pensar—, qué era lo que así me desalentaba en la contemplación de la casa Usher? Misterio insoluble; y yo no podía luchar con los sombríos pensamientos que se congregaban a mi alrededor mientras reflexionaba. Me vi obligado a incurrir en la insatisfactoria conclusión de que mientras hay, fuera de toda duda, combinaciones de simplísimos objetos naturales que tienen el poder de afectarnos así, el análisis de este poder se encuentra aún entre las consideraciones que están más allá de nuestro alcance. Era posible, reflexioné, que una simple disposición diferente de los elementos de la escena, de los detalles del cuadro, fuera suficiente para modificar o quizá anular su poder de impresión dolorosa; y, procediendo de acuerdo con esta idea, empujé mi caballo a la escarpada orilla de un estanque negro y fantástico que extendía su brillo tranquilo junto a la mansión; pero con un estremecimiento aún más sobrecogedor que antes contemplé la imagen reflejada e invertida de los juncos grises, y los espectrales troncos, y las ventanas como ojos vacíos.

26. Las palabras *dolorosa, malestar, melancólica* y *lúgubre* sirven para darle al pasaje
    a. una sensación de felicidad.
    b. una sensación de premonición.
    c. una sensación de valentía.
    d. una sensación absurda.

27. ¿Qué NO se puede inferir sobre el escenario?
    a. Es un lugar sombrío.
    b. Es un lugar tranquilo.
    c. Es un lugar premonitor.
    d. Es un lugar perturbador.

28. La frase "ventanas como ojos vacíos" es un ejemplo de

a. aliteración.

b. hipérbola.

c. onomatopeya.

d. personificación.

29. ¿Con cuál de las siguientes palabras se puede reemplazar "insoportable tristeza" para cambiar el tono de la frase "invadió mi espíritu un sentimiento de insoportable tristeza"?

a. melancolía

b. júbilo

c. tristeza

d. desesperación

Por favor utilizar el texto a continuación para responder las preguntas 30 a la 35.

Autobiografía Ulysses S. Grant LXX

1   Las cosas comenzaron a calmarse y, como era seguro de que no continuaría la resistencia armada, se les ordenó a las tropas en Carolina del Norte y Virginia que marcharan de inmediato a la capital y acamparan allí hasta ser dadas de baja. Se dejaron las guarniciones adecuadas en los lugares prominentes de todo el sur para garantizar la obediencia a las leyes que promulgue el gobierno de los distintos estados y para garantizar la seguridad de las vidas y las propiedades de todas las clases. Desconozco en qué medida esto era necesario, pero consideré necesario en ese momento seguir ese accionar. Ahora pienso que estas guarniciones prevalecieron después de que ya no se requerían en absoluto, pero no era de esperar que la rebelión que se libró entre las secciones de 1861 a 1865 terminara sin dejar unas cuantas percepciones significativas en el imaginario del pueblo sobre lo que se debería haber hecho.

2   Sherman dirigió sus tropas desde Goldsboro hasta Manchester, en el extremo sur del río James, frente a Richmond, y las hizo acampar en el lugar, mientras que él regresó a Savannah para ver qué ocurría allí.

3   Durante este viaje, se llevó a cabo el último atropello contra él. Halleck había sido enviado a Richmond para comandar Virginia y había dado órdenes que prohibían que hasta las propias tropas de Sherman lo obedecieran. A su regreso, Sherman vio los papeles con la orden de Halleck y, muy justamente, se sintió indignado por el atropello. Cuando Sherman volvió de Savannah y llegó a Fortress Monroe, recibió una invitación de Halleck para ir a Richmond como su invitado. Indignado, rechazó la propuesta y, además, le informó a Halleck que había visto la orden que impartió. También manifestó que se iba a acercar para tomar el mando de sus tropas y que, mientras avanzaba, sería conveniente que Halleck no se cruzara en su camino, ya que no se responsabilizaría por el accionar de una persona impulsiva incitada por la indignación debido al trato que recibió. Poco tiempo después, le ordené a Sherman que avanzara hacia la ciudad de Washington y que acampara en el extremo sur hasta que las tropas fueran dadas de baja.

continúa

4 El avance del ejército de Sherman desde Atlanta hacia el mar y al norte hasta Goldsboro, aunque no se presentaron los peligros previstos, obtuvo resultados magníficos y se condujo con la misma magnificencia. Fue muy importante, en diversas formas, para el estupendo objetivo que teníamos en mente, el de terminar la guerra. Todos los estados al este del río Mississippi hasta el estado de Georgia sintieron las penurias de la guerra. Georgia y Carolina del Sur, y casi todo Carolina del Norte, hasta el momento, no habían sido invadidos por los ejércitos del norte, salvo las costas próximas. En los diarios locales se publicó una versión tal del éxito de los confederados que las personas que no salieron a combatir estaban convencidas de que los Yankees habían sido vencidos de principio a fin, y expulsados de aquí para allá, y que ahora ya no se resistirían por ningún otro propósito que no fuera salir honrosos de la guerra.

5 Aun durante el avance de Sherman, los diarios de su frente proclamaban todos los días que su ejército no era más que un grupo de hombres muertos de miedo que se apresuraban, aterrorizados, para tratar de recibir la protección de nuestra marina en contra de los sureños. Sin embargo, mientras veían al ejército avanzar triunfalmente, las personas salieron del error y conocieron la verdad de la situación. A su vez, se desanimaron y con mucho gusto se hubieran rendido sin ningún compromiso.

30. ¿Por qué se dejaron guarniciones en el sur?
   a. La violencia aún prevalecía.
   b. Se avecinaba la Guerra Civil.
   c. Grant pensó que era necesario en ese momento.
   d. Sherman así lo ordenó.

31. ¿Qué acontecimiento histórico crees que estaba culminando cuando se escribió esto?

32. ¿Cómo cambiaría el tono del pasaje si se hubiera reemplazado la palabra *atropello* por *injusticia* en la oración: "Durante este viaje, se cometió el último atropello contra él"?
   a. Apoyaría la desaprobación de Grant en cuanto al avance de Sherman.
   b. Reforzaría el respaldo de Grant en cuanto al avance de Sherman, según fuera necesario.
   c. Aumentaría la lista de críticas a Sherman por parte de Grant.
   d. Confirmaría la afirmación de Grant de que los confederados creían que habían ganado.

33. ¿Cuál de las siguientes citas muestra el desacuerdo de Grant con la opinión de los confederados luego de la Guerra Civil?
   a. "… pero no era de esperar que la rebelión que se libró entre las secciones de 1861 a 1865 terminaría sin dejar unas cuantas percepciones significativas en el imaginario del pueblo sobre lo que se debería haber hecho".
   b. "Durante este viaje, se llevó a cabo el último atropello contra él".
   c. "En los diarios locales se publicó una versión tal del éxito de los confederados que las personas que no salieron a combatir estaban convencidas de que los Yankees habían sido vencidos de principio a fin, y expulsados de aquí para allá..."
   d. "A su vez, se desanimaron y con mucho gusto se hubieran rendido sin ningún compromiso".

34. Ubica los acontecimientos en orden cronológico.

  A—los soldados de Sherman recibieron la orden de ignorarlo

  B—los confederados "conocieron la verdad de la situación"

  C—la Guerra Civil

  D—el avance de Sherman

  a. C, A, D, B

  b. C, A, B, D

  c. A, C, D, B

  d. A, C, B, D

35. ¿Qué significa la palabra "triunfalmente" en la frase "Sin embargo, mientras veían al ejército avanzar triunfalmente, las personas salieron del error y conocieron la verdad de la situación"?

  a. tímidamente

  b. victoriosamente

  c. furiosamente

  d. con abatimiento

Por favor utilizar el texto a continuación para responder las preguntas 36 a la 39.

"Observación de volcanes" por Millie Ceron

1 Los científicos que observan volcanes tienen una enorme responsabilidad. Ellos deben alertar al público cuando creen que un volcán está a punto de erupcionar. Pero no siempre es fácil determinar cuándo una erupción es inminente. Lo sé porque me pasé toda mi carrera como científica estudiando volcanes. He aprendido que predecir erupciones es una ciencia muy inexacta. Suele haber algunas señales de advertencia, pero pueden ser muy difíciles de interpretar. ¿Qué debe hacer si observa esas señales? Desde luego, no querrá causar pánico o decirles a las personas que huyan a menos que sea absolutamente necesario, aunque tampoco querrá subestimar el peligro. En general, los científicos como yo tratamos de buscar un punto intermedio entre estos dos extremos. Sin embargo, también tratamos de pecar de cautelosos: ¡más vale prevenir que lamentar!

2 ¿Cuáles son las señales que anuncian una pronta erupción? Las principales son terremotos debajo de la montaña, protuberancias en las laderas de la montaña y la emanación de gases volcánicos.

3 **Supervisión de terremotos.** Los terremotos suelen ocurrir un tiempo antes de la erupción de magma (roca fundida) y los gases volcánicos suben con fuerza a través de canales subterráneos. En ocasiones, esta fuerza provoca una agitación continua denominada *temblor*. Para registrar terremotos, se emplea un dispositivo llamado *sismógrafo*. Por lo general, se instalan de cuatro a ocho sismógrafos cerca de la montaña o sobre ella. Los sismógrafos deben estar muy cerca del volcán para capturar los pequeños terremotos que pueden ser el primer indicio de erupción volcánica.

4 Cuando una erupción está próxima, los terremotos suelen ocurrir en "cadenas". Los científicos cronometran estas cadenas. El motivo es que las variaciones en el tipo y la potencia de los terremotos son el mejor indicio de que se avecina una erupción.

continúa

5 **Supervisión de protuberancias en las laderas de la montaña.** Durante los meses o las semanas anteriores a una erupción, el magma se eleva dentro del volcán. La presión que genera este magma a veces provoca que las laderas de la montaña se inclinen. A menudo, hasta ocasiona protuberancias visibles en la ladera. Para supervisar estas protuberancias, los científicos utilizan un instrumento sensible llamado *medidor de inclinación*. En la actualidad, también recurren a la tecnología satelital para tomar mediciones precisas. Por medio de estos métodos, los científicos descubrieron que unos meses antes de la erupción del monte Santa Helena en 1982, una ladera de la montaña aumentó su tamaño en más de 100 metros.

6 **Supervisión de gases volcánicos.** Los gases disueltos en el magma son la principal fuerza en una erupción volcánica. En consecuencia, es importante saber si hay gases y, si es así, qué tipo de gases son. No obstante, recolectar estos gases no es tarea sencilla. Es común hallarlos en fugas de chimeneas en lo alto de la montaña o en el cráter. Los científicos pueden dirigirse a las chimeneas y recolectar los gases en botellas para analizarlos en laboratorio. Pero estas visitas son peligrosas: el ascenso puede ser difícil, los gases pueden ser peligrosos al respirarlos y siempre hay peligro de erupción. Asimismo, los científicos pueden colocar monitores de gas automáticos cerca de las chimeneas, aunque los gases acídicos suelen destruirlos. Otro modo de recolectar los gases es subir hasta las nubes de gas por encima del volcán en aeronaves especialmente equipadas. Aun así, no es fácil obtener buenas muestras mediante este método y es posible que las malas condiciones climáticas eviten el ascenso de los aviones cuando la supervisión sea más urgente. Sin embargo, cuando los científicos logran recolectar gases volcánicos, pueden obtener mucha información acerca de cómo funciona un volcán y cómo repercute en el clima y el medioambiente del planeta.

"Las erupciones de 1992 en el monte Spurr, Alaska" por Ling Chen

1 El monte Spurr es un volcán de tamaño reducido situado 80 millas al oeste de Anchorage, Alaska. En agosto de 1991, ocho sismógrafos ubicados en la montaña comenzaron a registrar una cantidad importante de terremotos pequeños. Se emplearon muestras de gas en el aire para determinar la presencia de gases volcánicos.

2 A principios de junio de 1992, la actividad sísmica aumentó. Luego, el 27 de junio, una "cadena" de terremotos reveló el movimiento de magma a poca profundidad. A medida que los terremotos eran más potentes, los científicos difundieron la advertencia de una posible erupción. Más tarde ese día, los pilotos informaron la existencia de columnas de ceniza que emanaban de la montaña.

3 Después de la erupción del 27 de junio, la actividad sísmica disminuyó abruptamente hasta alcanzar el nivel inferior en unos meses. Los científicos concluyeron que el peligro de erupciones futuras era escaso. En julio, el mal clima mantuvo a los pilotos en tierra, por lo cual no pudieron observar al volcán desde el aire ni recolectar muestras de gas volcánico. Pasaron unas semanas con poca actividad en la montaña.

4   No obstante, el 18 de agosto, un piloto de repente informó haber visto una gran columna de ceniza por encima del cráter. En forma inmediata, los científicos difundieron la advertencia de una posible erupción.

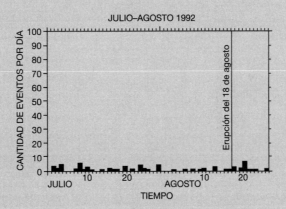

En este gráfico se muestra la actividad sísmica registrada en el monte Spurr antes de la erupción del 18 de agosto. La erupción duró unas pocas horas y la actividad sísmica se mantuvo escasa, por lo cual la probabilidad de erupciones adicionales volvió a reducirse.

5   Sin embargo, la actividad sísmica en ese otoño aumentó una vez más debajo del monte Spurr. A comienzos de octubre y noviembre, se registraron "cadenas" de fuertes terremotos. En cada una de esas ocasiones, los científicos advirtieron que "se prevé una gran erupción dentro de las próximas 24 a 48 horas". Sin embargo, no hubo ninguna erupción. Cuando apareció otra "cadena" de terremotos en diciembre, los científicos decidieron no emitir ninguna advertencia de erupción.

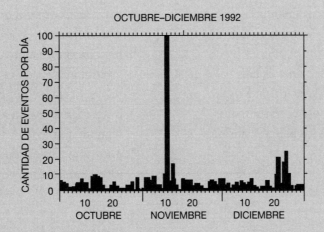

En este gráfico se muestra la actividad sísmica registrada en el monte Spurr desde octubre hasta diciembre de 1992.

36. ¿Cuál es el objetivo principal del párrafo 3 en "Observación de volcanes"?

a. describir cómo los científicos supervisan terremotos para prever erupciones volcánicas

b. definir términos científicos, como magma, temblor y cadenas

c. explicar cómo los científicos usan sismógrafos para registrar terremotos

d. mostrar el modo en que los terremotos provocan la emanación de gases volcánicos

37. ¿Cuál de las siguientes oraciones mejor resume el texto "Observación de volcanes"?

a. Los científicos supervisan las protuberancias en las laderas de las montañas con medidores de inclinación, ya que pueden ser indicios de una pronta erupción volcánica.

b. Los científicos no deben visitar las chimeneas en las cimas de las montañas para recolectar y analizar los gases porque es extremadamente peligroso.

c. Los científicos estaban lo suficientemente preocupados por un pequeño volcán cerca de Anchorage, Alaska, para emitir la advertencia de que podía erupcionar en junio de 1992.

d. Los científicos que observan volcanes supervisan las señales de erupción a través de numerosos medios para asegurarse de que el público conozca los peligros posibles.

38. ¿Cuál es la diferencia entre "Observación de volcanes" y "Las erupciones de 1992 en el monte Spurr, Alaska"?

a. "Observación de volcanes" se centra en una erupción en particular y "Las erupciones de 1992 en el monte Spurr, Alaska" aborda los volcanes en general.

b. "Observación de volcanes" es una interpretación personal y "Las erupciones de 1992 en el monte Spurr, Alaska" es un informe objetivo.

c. En "Observación de volcanes" se analizan los sismógrafos, mientras que en "Las erupciones de 1992 en el monte Spurr, Alaska", no.

d. "Observación de volcanes" es una anotación de un diario personal y "Las erupciones de 1992 en el monte Spurr, Alaska" es un artículo periodístico.

39. Teniendo en cuenta que nunca hubo más de diez eventos en un mismo día de julio a agosto de 1992, ¿por qué en el primer gráfico se asigna espacio para 100 eventos?

a. para ilustrar que el monte Spurr no iba a erupcionar

b. para prever un aumento significativo de eventos en septiembre

c. para reflejar la comparación con la cantidad dramática de eventos en noviembre, en el segundo gráfico

d. porque este es el gráfico estándar que usan todos los científicos que supervisan volcanes

Por favor utilizar el texto a continuación para responder las preguntas 40 a la 43.

Este es un pasaje de *Orgullo y Prejuicio* de Jane Austen.

1 Es una verdad mundialmente reconocida que un hombre soltero, poseedor de una gran fortuna, necesita una esposa.

2 Sin embargo, poco se sabe de los sentimientos o las opiniones de un hombre de tales condiciones cuando entra a formar parte de un vecindario. Esta verdad está tan arraigada en las mentes de algunas familias que lo rodean que algunas lo consideran de su legítima propiedad y otras, de la de sus hijas.

3 —Mi querido señor Bennet —le dijo un día su esposa—, ¿sabías que, por fin, se ha alquilado Netherfield Park?

4 El señor Bennet respondió que no.

5 —Pues así es —insistió ella—; la señora Long estuvo aquí hace un momento y me lo contó todo.

6 El señor Bennet no contestó.

7 —¿No quieres saber quién lo ha alquilado? —se impacientó su esposa.

8 —Eres tú la que quieres contármelo y yo no tengo inconveniente en oírlo.

9 Esta sugerencia le fue suficiente.

10 —Pues sabrás, querido, que la señora Long dice que Netherfield ha sido alquilado por un joven muy rico del norte de Inglaterra, que vino el lunes en un landó de cuatro caballos para ver el lugar y que se quedó tan encantado con él que inmediatamente llegó a un acuerdo con el señor Morris, que antes de San Miguel vendrá a ocuparlo y que algunos de sus criados estarán en la casa a finales de la semana que viene.

11 —¿Cómo se llama?

12 —Bingley.

13 —¿Está casado o es soltero?

14 —Oh, soltero, querido, ¡por supuesto! Un hombre soltero y de gran fortuna; cuatro o cinco mil al año. ¡Qué buen partido para nuestras hijas!

15 —¿Y qué? ¿En qué puede afectarlas?

16 —Mi querido señor Bennet —contestó su esposa—, ¿cómo puedes ser tan ingenuo? Debes saber que estoy pensando en casarlo con una de ellas.

17 —¿Ese es el motivo que lo ha traído aquí?

18 —¿Motivo? Tonterías, ¡cómo puedes decir eso! Es muy posible que se enamore de una de ellas y, por eso, debes ir a visitarlo tan pronto como llegue.

19 —No veo la razón para ello. Puedes ir tú con las muchachas o mandarlas a ellas solas, que tal vez sea mejor; tú eres tan apuesta cualquiera de ellas que, quizá, el señor Bingley te prefiera a ti.

20 —Querido, me alagas. Es verdad que tuve mis encantos, pero ahora no puedo pretender ser nada extraordinario. Cuando una mujer tiene cinco hijas mayores, debe dejar de pensar en su propia belleza.

continúa

21 —En ese caso, a la mayoría de las mujeres no les queda mucha belleza en qué pensar.

22 —Bueno, querido, de verdad, tienes que ir a visitar al señor Bingley en cuanto se instale en el vecindario.

23 —No te lo garantizo.

24 —Pero piensa en tus hijas. Considera el partido que sería para una de ellas. Sir William y la señora Lucas están decididos a ir, y solo con ese propósito. Ya sabes que normalmente no visitan a nuevos vecinos. De veras, debes ir, porque para nosotras será imposible visitarlo si tú no lo haces.

25 —Eres demasiado cometida. Estoy seguro de que el señor Bingley se alegrará mucho de verlas; y tú le llevarás unas líneas de mi parte para asegurarle de que cuenta con mi más sincero consentimiento para contraer matrimonio con una de ellas, aunque pondré alguna palabra a favor de mi pequeña Lizzy.

26 —Me niego a que hagas tal cosa. Lizzy no es en nada mejor que las otras: no es ni la mitad de apuesta que Jane, ni la mitad de alegre que Lydia. Pero tú siempre la prefieres a ella.

27 —Ninguna de las tres es muy recomendable —le respondió—. Son tan tontas e ignorantes como las demás muchachas, pero Lizzy tiene algo más de agudeza que sus hermanas.

28 —Señor Bennet, ¿cómo puedes hablar así de tus hijas? Te encanta disgustarme. No tienes compasión de mi nerviosismo.

29 —Te equivocas, querida. Respeto mucho tu nerviosismo. Es mi viejo amigo. Hace por lo menos veinte años que te oigo mencionarlo con mucha consideración.

30 —Ah, no sabes cuánto sufro.

31 —Pero espero que te pongas bien y vivas para ver venir al vecindario a muchos jóvenes de cuatro mil al año.

32 —No serviría de nada que viniesen esos veinte jóvenes, ya que tú no los visitarás.

33 —Confía, querida, en que apenas estén aquí los veinte, los visitaré a todos.

34 El señor Bennet era una mezcla tan rara entre ocurrente, sarcástico, reservado y caprichoso que la experiencia de veintitrés años no había alcanzado para que su esposa entendiera su carácter. Sin embargo, el de ella era menos difícil. Era una mujer de poca inteligencia, más bien inculta y de temperamento desigual. Cuando estaba descontenta, se creía nerviosa. Su meta en la vida era casar a sus hijas; su consuelo, las visitas y los chismes.

40. ¿En qué párrafo se respalda la idea de que un hombre adinerado siempre busca una esposa?

Párrafo [   ]

41. ¿Cuál es el tema del pasaje?

a. viaje

b. divorcio

c. vacaciones

d. matrimonio

42. En el párrafo 14, ¿a qué se refiere "cuatro o cinco mil al año"?

    a. la cantidad de viajes por año que realiza el señor Bingley al pueblo de los Bennet

    b. el ingreso anual del señor Bingley

    c. el ingreso anual del señor Bennet

    d. el ingreso anual de la señora Long

43. ¿Qué conclusión puedes sacar acerca de los deseos de la señora Bennet?

    a. Quiere casarse con el señor Bingley por su dinero.

    b. Quiere que una de sus hijas se case con el señor Bingley.

    c. No quiere que ninguna de sus hijas se case con el señor Bingley.

    d. Se arrepiente de no haberse casado con alguien más adinerado.

Por favor utilizar el texto a continuación para responder las preguntas 44 a la 48.

Para: Todo el personal

De: Allison Lewis, directora

Fecha: 5 de junio, 2012

Asunto: Procedimientos de la librería

Les escribo para aclarar algunos temas relacionados con los procedimientos de librería. He recibido muchas preguntas sobre cuáles son los procedimientos que los miembros del personal de la librería deben seguir en cada turno. Hace poco, me encargué de redactar una lista de procedimientos como referencia.

1. al comienzo de cada turno, todo el personal debe registrar su entrada en nuestro sistema informático.

2. Los miembros del personal asignados a el turno de piso deben revisar regularmente si hay libros fuera de lugar y volverlos a colocar en los estantes.

3. Los miembros del personal asignados al turno de reposición deben mantener el depósito limpio y organizado.

4. Ningún miembro del personal puede hacer descuentos a los clientes sin la aprobación de la directora.

5. Los miembros del personal no deben aceptar bebidas gratuitas ni de regalo en la cafetería interna.

6. Está prohibido que los clientes pidan por anticipado libros que aún no figuran en nuestra lista de pedidos anticipados.

7. Antes de terminar el turno, todos los miembros del personal deben hacer una última revisión para asegurarse de dejar la tienda limpia y organizada, y deben registrar su salida en nuestro sistema informático.

8. Si algún miembro del personal se olvidan de registrar su entrada o salida, debe consultar a la directora antes de estimar su horario de registro de entrada y salida.

¡Gracias por su colaboración!

Saludos,

Allison Lewis

44. En la primera oración del memorándum de la empresa, ¿qué se debe agregar para que sea correcta?

a. el pronombre *nuestros* antes de librería
b. el pronombre *nuestro* antes de librería
c. el pronombre *nuestros* antes de librería
d. nada

45. Vuelve a leer el primer punto de la lista:

1. al comienzo de cada turno, todo el personal debe registrar su entrada en nuestro sistema informático.

Ahora, redacta la oración sin errores en la casilla a continuación:

1. [   ]

46. En el segundo punto de la lista del memorándum de la empresa, ¿qué se debe cambiar para que la oración sea correcta?

a. cambiar a *el* por *al*
b. cambiar *hay* por *hubiera*
c. cambiar *y* por *o*
d. nada

47. En el quinto punto de la lista, ¿cuál de los siguientes cambios mejoraría la oración?

a. eliminar *ni de regalo*
b. eliminar *la cafetería interna*
c. agregar *a cuenta de la tienda después* de *aceptar*
d. nada

48. En el octavo punto de la lista del memorándum de la empresa, ¿qué se debe cambiar para que la oración sea correcta?

a. cambiar *olvidan* por *olvida*
b. agregar *él* delante de *debe*
c. cambiar *debe* por *deben*
d. nada

Parte II

1 pregunta
45 minutos

Mediante esta prueba de práctica, te familiarizarás con la pregunta con respuesta ampliada que encontrarás en la Prueba GED® de Razonamiento a través de las Artes del Lenguaje.

Antes de comenzar, es importante que tengas presente que en la prueba oficial esta actividad se debe completar en 45 minutos, como máximo. Pero no te apresures a responder; tómate tiempo para leer detenidamente los pasajes y la consigna. Después, piensa cómo te gustaría responder la consigna.

Mientras redactas tu ensayo, asegúrate de

- decidir cuál de las posturas presentadas en los pasajes está mejor respaldada por indicios.
- explicar por qué la postura que elegiste está mejor respaldada.
- reconocer que la postura mejor respaldada quizá no es la postura que apruebas.
- presentar muchos indicios del pasaje para defender tus afirmaciones.
- elaborar con detenimiento las ideas principales y organizarlas de manera lógica, con detalles de respaldo sólidos.
- unir las oraciones, los párrafos y las ideas con conectores.
- expresar las ideas con claridad y elegir palabras cuidadosamente.
- usar estructuras oracionales variadas para aumentar la claridad de la respuesta.
- volver a leer y repasar la respuesta.

¡Buena suerte!

Por favor utilizar el texto a continuación para responder la pregunta de ensayo.

Análisis de la investigación de células madre

1   La investigación de células madre consiste en usar células madre embrionarias y "somáticas" o "adultas" para realizar avances en la medicina. Esta investigación comenzó a principios del siglo XX y, a través de los años, ha permitido obtener grandes adelantos. En 1998, los científicos descubrieron métodos para derivar células madre de embriones humanos. En 2006, los investigadores lograron otro gran adelanto que consistía en reprogramar algunas células madre en determinadas condiciones para adoptar un estado similar al de las células madre por naturaleza. Las células madre son útiles para la investigación médica porque se encuentran en la etapa temprana de reproducción, en la cual la célula puede conservar su estado original o convertirse en una célula que participará en la formación de huesos, células cerebrales, piel, el sistema nervioso, órganos, músculos y cada una de las demás partes del cuerpo.

Beneficios de la investigación de células madre

2   Desde el punto de vista teórico, la investigación de células madre se considera muy valiosa para los avances médicos. En este momento, aún no se sabe cuánto se puede lograr con este tipo de investigación, y los posibles beneficios son incalculables. Podría conducir a la cura de la diabetes o los ataques cardíacos. También se considera un recurso potencial para ayudar a curar el cáncer, la enfermedad de Parkinson o incluso para regenerar la médula espinal dañada y permitir que una persona confinada a una silla de ruedas pueda caminar. Aunque esto parece un milagro, no sucederá sin trabajo exhaustivo y tiempo.

3   En la actualidad, las terapias con células madre adultas se utilizan en trasplantes de médula ósea para tratar la leucemia. En 2006, los investigadores crearon células hepáticas artificiales a partir de las células madre de la sangre de un cordón umbilical. Y en 2008, se publicó un estudio sobre la primera regeneración exitosa de cartílagos en una rodilla humana con células madre adultas. La variedad de formas en las que esta investigación puede ayudar a curar muchas enfermedades recién ha comenzado a expandirse.

4   Aunque se cuestiona el uso de células madre embrionarias humanas para la investigación, existen muchas maneras de conseguir células madre. Como se observó en una publicación de Stanford en 2008, con relación a la investigación de células madre embrionarias humanas específicamente, la mayoría de los investigadores en realidad no trabajan con células madre recién derivadas, sino que recurren al linaje y los datos de células madre que otros científicos ya estudiaron. Estas líneas celulares se pusieron a disposición de otros para trabajar y aprender a partir de ellas. Junto con los avances en la investigación de células madre adultas, este podría ser un rumbo fructífero para la investigación médica del futuro.

continúa

Argumentos en contra de la investigación de células madre

5   La investigación de células madre es una tarea riesgosa que no posee beneficios bien definidos y hay muchas cuestiones morales involucradas. Aunque parece claro que algunas enfermedades se tratan mediante terapias con células madre, existen demasiadas incógnitas en cuanto al estudio y su futuro uso.

6   Con respecto a la células madre embrionarias humanas, la mayor inquietud es su origen. Una sugerencia es que esas células madre se pueden obtener de embriones que han sido creados para la reproducción mediante la fertilización in vitro. Estos embriones podrían donarse para investigación científica después de confirmar que no se los va a emplear para fines reproductivos. Aunque esto parece una solución sencilla, también se cuestiona la utilidad real de esas células madre. Con todas las terapias con células madre, en 2010, *Consumer Reports* reveló la preocupación en torno a que las células trasplantadas pueden formar tumores y volverse cancerígenas si la división celular continúa de manera descontrolada. Asimismo, hay inquietudes en cuanto al rechazo inmune por parte del paciente que recibe el tratamiento. Pese a que usan medicamentos inmunosupresores en las cirugías de trasplante de órganos, ¿esto funcionaría en un cuerpo donde se inyectan nuevas células? Otra inquietud adicional es si se pueden inducir los tipos correctos de células en las células madre, ya que es imposible distinguirlas unas de otras y pueden convertirse en muchos tipos de células diferentes.

7   Aunque se han desarrollado con éxito ciertas terapias, esta investigación todavía no está muy probada. Se necesitan más diálogo y la educación clara del público en cuanto a esta forma controversial de terapia médica y la investigación subyacente.

PREGUNTA:

En el primer pasaje se resumen los beneficios de la investigación de células madre y se identifican sus argumentos, mientras que en el segundo pasaje se identifican los argumentos en contra de este tipo de investigación.

En tu respuesta, analiza los dos pasajes para determinar cuál es la postura mejor respaldada. Usa indicios relevantes y específicos de ambas fuentes para sustentar tu respuesta.

Respuestas y Explicaciones

Parte I

1. **La respuesta correcta es el rey de Gran Bretaña.** Desde la segunda hasta la última oración del segundo párrafo se establece "La historia del actual rey de Gran Bretaña es una historia de repetidos agravios y usurpaciones, encaminados todos directamente hacia el establecimiento de una tiranía absoluta sobre estos estados". Los colonos estadounidenses se rebelaron contra el rey de Gran Bretaña porque él quería controlar las colonias.

2. **La opción d es correcta.** En este párrafo se incluye una lista de injusticias cometidas por el rey de Gran Bretaña en contra de las colonias. En los párrafos anteriores se describe el sufrimiento que el rey causó a las colonias, y el párrafo 3 comprende ejemplos de esos agravios.

 La opción **a** es incorrecta. En este párrafo se incluye una lista de injusticias cometidas por el rey de Gran Bretaña en contra de las colonias. No es una lista de leyes escritas por el rey, sino una lista de las acciones que realizó.

 La opción **b** es incorrecta. En este párrafo se incluye una lista de injusticias cometidas por el rey de Gran Bretaña en contra de las colonias. No es una lista de leyes para los Estados Unidos de América porque las colonias aún no eran independientes cuando se redactó la Declaración.

 La opción **c** es incorrecta. En este párrafo se incluye una lista de injusticias cometidas por el rey de Gran Bretaña en contra de las colonias. No es una lista de sus buenas acciones debido a que son todas cosas negativas y porque en los párrafos anteriores consta que el rey cometió repetidos agravios en contra de las colonias.

3. **La opción b es correcta.** En esta cita consta explícitamente que un pueblo desea disolver los lazos políticos con otro, haciendo referencia a la disolución de los vínculos políticos de las colonias con Gran Bretaña.

 La opción **a** es incorrecta. Esta cita respalda la idea de igualdad para todas las personas, pero no expresa el deseo de independizarse de Gran Bretaña.

 La opción **c** es incorrecta. En esta cita se expresa una de las quejas que los colonos tienen en contra del rey de Gran Bretaña. Es una de las razones por las cuales las colonias quieren separarse de Gran Bretaña, pero no se expresa el deseo en sí.

 La opción **d** es incorrecta. Esta cita respalda la idea de determinados derechos para todas las personas, pero no expresa el deseo de independizarse de Gran Bretaña.

4. **La opción b es correcta.** Esta frase profundiza el significado de tener un gobierno que obtenga el poder a partir del consentimiento de los gobernados y que esté controlado principalmente por ellos. Ayuda a crear el argumento de soberanía popular que se expresa en este pasaje.

 La opción **a** es incorrecta. En esta frase se expresa una queja que los colonos tienen en contra del rey de Gran Bretaña. No contribuye, de forma específica, a crear un argumento de soberanía popular.

 La opción **c** es incorrecta. En esta frase se expresa una queja que los colonos tienen en contra del rey de Gran Bretaña. No contribuye, de forma específica, a crear un argumento de soberanía popular.

 La opción **d** es incorrecta. En esta frase se expresa una queja que los colonos tienen en contra del rey de Gran Bretaña. No contribuye, de forma específica, a crear un argumento de soberanía popular.

5. La opción c es correcta. El último párrafo del pasaje es una lista de las acciones indebidas del rey en contra de las colonias.

La opción **a** es incorrecta. En el pasaje no se detallan casos de la corte en contra del rey.

La opción **b** es incorrecta. La lista de acciones indebidas del pasaje está elaborada por los colonos estadounidenses, no por otros líderes mundiales.

La opción **d** es incorrecta. En este pasaje no se menciona el nombre de ninguna persona en particular, sino que se intenta hablar en nombre de los colonos en general.

6. La opción a es correcta. Se enumeran muchas quejas que respaldan el reclamo de que el rey maltrató a los colonos.

La opción **b** es incorrecta. Se enumeran muchas quejas que respaldan el reclamo de que el rey maltrató a los colonos.

La opción **c** es incorrecta. Se enumeran muchas quejas que respaldan el reclamo de que el rey maltrató a los colonos.

La opción **d** es incorrecta. Se enumeran muchas quejas que respaldan el reclamo de que el rey maltrató a los colonos.

7. La opción b es correcta. Todo el último párrafo del pasaje constituye una lista de acciones tiránicas que el rey de Gran Bretaña llevó a cabo en contra de los colonos.

La opción **a** es incorrecta. En el pasaje consta que "todos los hombres son creados iguales", pero no se incluyen indicios que justifiquen esta verdad. No se brindan indicios que respalden esta afirmación.

La opción **c** es incorrecta. En el pasaje consta que todos los hombres "son dotados por su Creador de ciertos derechos inalienables", pero no se proporcionan indicios que respalden esta declaración.

La opción **d** es incorrecta. En el pasaje se debate la idea de soberanía popular, pero no se brindan indicios que respalden esta declaración.

8. La opción b es correcta. En la Declaración de Independencia se brindan muchos indicios que respaldan el argumento de que las colonias deben independizarse del "despotismo absoluto" de Inglaterra.

La opción **a** es incorrecta. La idea opuesta es la correcta. En la Declaración de Independencia se brindan muchos indicios que respaldan el argumento de que las colonias deben independizarse del "despotismo absoluto" de Inglaterra.

La opción **c** es incorrecta. La idea opuesta es la correcta. En la Declaración de Independencia se brindan muchos indicios que respaldan el argumento de que las colonias deben independizarse del "despotismo absoluto" de Inglaterra.

La opción **d** es incorrecta. En la Declaración de Independencia se brindan muchos indicios que respaldan el argumento de que las colonias deben independizarse del "despotismo absoluto" de Inglaterra.

9. La opción a es correcta. En el texto se describe la vida de Amory con su excéntrica madre de Coronado en la ciudad de México y en el Waldorf.

La opción **b** es incorrecta. En el texto se describe la vida de Amory con su excéntrica madre de Coronado en la ciudad de México y en el Waldorf.

La opción **c** es incorrecta. En el texto se describe la vida de Amory con su excéntrica madre de Coronado en la ciudad de México y en el Waldorf.

La opción **d** es incorrecta. En el texto se describe la vida de Amory con su excéntrica madre de Coronado en la ciudad de México y en el Waldorf.

10. La opción b es correcta. La palabra "asquerosamente abundante" conlleva una connotación fuera de lugar, ya que presenta un tono de mal gusto en comparación con la connotación casi neutral de la palabra "rica".

La opción **a** es incorrecta. La palabra "amplia" tiene una connotación de clase media y evoca un tono menos extravagante que el que implica la palabra "rica".

La opción **c** es incorrecta. La palabra "cargada" es un término de uso popular para referirse a "completa". En comparación con la opción **b**, este sinónimo de "rica" no presenta un tono de mal gusto.

La opción **d** es incorrecta. Aunque es una expresión popular, la palabra "jugosa" tiene una connotación positiva y, en comparación con la opción **b**, este sinónimo de la palabra "rica" no presenta un tono de mal gusto.

11. La opción b es correcta. *Abrumadora* significa fatigosa, aburrida o tediosa.

La opción **a** es incorrecta. *Abrumadora* significa fatigosa, aburrida o tediosa.

La opción **c** es incorrecta. *Abrumadora* significa fatigosa, aburrida o tediosa.

La opción **d** es incorrecta. *Abrumadora* significa fatigosa, aburrida o tediosa.

12. La opción d es correcta. En este párrafo se describe por qué Amory no es como los demás niños ricos de su edad.

La opción **a** es incorrecta. A Amory no le gusta la música sinfónica pero, como figura en el último párrafo, "desarrollaba un natural horror a la música sinfónica y a la de cámara".

La opción **b** es incorrecta. En este párrafo no se menciona si Amory siente afición a la aventura o no.

La opción **c** es incorrecta. La idea opuesta es la correcta. En el último párrafo se describe por qué Amory es diferente a los demás niños ricos.

13. La opción a es correcta. Se puede inferir que el régimen de Hussein era tiránico y opresivo a partir de las descripciones de las acciones llevadas a cabo por ese régimen. En el tercer párrafo del pasaje se detallan específicamente los modos en que el régimen era de naturaleza tiránica y opresiva. Bush menciona liberar al pueblo de Iraq, lo cual implica que el régimen era opresivo.

La opción **b** es incorrecta. Se puede inferir que el régimen de Hussein no era beneficioso ni constructivo a partir de las descripciones de las acciones llevadas a cabo por su régimen. En el tercer párrafo del pasaje se detallan específicamente los modos en que el régimen era de naturaleza tiránica y opresiva. Bush menciona liberar al pueblo de Iraq, lo cual implica que el régimen era opresivo.

La opción **c** es incorrecta. Se puede inferir que el régimen de Hussein no era justo ni limpio a partir de las descripciones de las acciones llevadas a cabo por su régimen. En el tercer párrafo del pasaje se detallan específicamente los modos en que el régimen era de naturaleza tiránica y opresiva. Bush menciona liberar al pueblo de Iraq, lo cual implica que el régimen era opresivo.

La opción **d** es incorrecta. Se puede inferir que el régimen de Hussein no era compasivo ni tolerante a partir de las descripciones de las acciones llevadas a cabo por su régimen. En el tercer párrafo del pasaje se detallan específicamente los modos en que el régimen era de naturaleza tiránica y opresiva. Bush menciona liberar al pueblo de Iraq, lo cual implica que el régimen era opresivo.

14. La opción c es correcta. El escenario se describe como severo e implacable. Esta técnica se emplea para resaltar la sensación de peligro de las tropas que combatían contra los escuadrones de la muerte, a fin de persuadir a la audiencia de su verdad.

La opción **a** es incorrecta. En este párrafo, la intención de describir un clima extremo con tormentas de arena intensas no es expresar belleza. El escenario se describe como severo e implacable, no bello. Esta técnica se emplea para resaltar la sensación de peligro de las tropas que combatían contra los escuadrones de la muerte, a fin de persuadir a la audiencia de su verdad.

La opción **b** es incorrecta. En este párrafo, la intención de describir un clima extremo con tormentas de arena intensas no es expresar satisfacción. El escenario se describe como severo e implacable, no como un lugar para sentir satisfacción. Esta técnica se emplea para resaltar la sensación de peligro de las tropas que combatían contra los escuadrones de la muerte, a fin de persuadir a la audiencia de su verdad.

La opción **d** es incorrecta. El escenario se describe como severo e implacable. Esta técnica se emplea para resaltar la sensación de peligro de las tropas que combatían contra los escuadrones de la muerte, a fin de persuadir a la audiencia de su verdad.

15. La opción a es correcta. En este párrafo, Jordan establece que los demócratas son "inclusivos más que un partido exclusivo" y que "todos" deben acudir al Partido Demócrata.

La opción **b** es incorrecta. De esto se trata el tercer párrafo, no el segundo.

La opción **c** es incorrecta. Aunque se puede inferir que Jordan está de acuerdo con el partido, no es esta la idea principal del segundo párrafo.

La opción **d** es incorrecta. Esta es la idea contraria al significado del segundo párrafo.

16. La opción b es correcta. Aquí, Jordan establece que todas las personas deben poder participar en el gobierno. Esto responde la pregunta con precisión.

La opción **a** es incorrecta. En esta oración, Jordan establece que el Partido Demócrata acepta a todas las personas. Esta opción responde parcialmente la pregunta, pero hay una respuesta más adecuada.

La opción **c** es incorrecta. Jordan habla acerca de la evolución del partido, no sobre cómo el gobierno representa a todo el pueblo.

La opción **d** es incorrecta. Este es el resumen de todos los valores que Jordan menciona y es muy amplio para tratarse solo de la representación de todo el pueblo.

17. La opción d es correcta. Jordan dice que el partido es para todo el pueblo y que todos deben estar representados en el gobierno. Un foro abierto es un evento inclusivo mediante el cual el pueblo puede dar su opinión.

La opción **a** es incorrecta. Jordan establece explícitamente que el Partido Demócrata es inclusivo. Este sería un evento exclusivo, contrario a lo que ella manifiesta.

La opción **b** es incorrecta. Este es un ejemplo de exclusividad, por lo tanto no coincide con los valores que ella expresa.

La opción **c** es incorrecta. Pese a que esta sería la opción lógica, es una respuesta más abarcativa y hay una mejor opción. Jordan no habla sobre las razas en el pasaje.

18. La opción b es correcta. En todo el discurso, Jordan compara los valores estadounidenses con los valores del partido y afirma que se corresponden unos con otros. Este es el mejor resumen.

La opción **a** es incorrecta. Este es un detalle que incluye Jordan, pero no representa la idea principal del discurso.

La opción **c** es incorrecta. Este es otro detalle, más que un resumen.

La opción **d** es incorrecta. Esta respuesta no puede ser correcta porque las opciones **a** y **c** son incorrectas.

19. **La opción d es correcta.** Jordan alaba al Partido Demócrata en todo el discurso.

    La opción **a** es incorrecta. Mediante esta frase elogia al partido.

    La opción **b** es incorrecta. Aquí, Jordan hace honor al partido.

    La opción **c** es incorrecta. Jordan le atribuye una cualidad positiva, innovación, al carácter de su partido.

20. **La opción d es correcta.** Jordan no aparece y dice de forma directa que el gobierno debe aprobar leyes para combatir el racismo y la discriminación de género, lo cual bloquearía los logros individuales, sino que enfatiza la palabra "activamente" con relación a la "obligación" del gobierno de "eliminar aquellos obstáculos". La aprobación de leyes es "activa" por parte del gobierno, y es lógico deducir que Jordan respaldaría las leyes que frenen la discriminación.

    La opción **a** es incorrecta. Jordan se pregunta por qué su partido atrae a las personas, no invita al gobierno a promulgar leyes en contra de la discriminación.

    La opción **b** es incorrecta. Jordan habla sobre el poder político en una democracia, no sobre una ley antidiscriminatoria.

    La opción **c** es incorrecta. Jordan se refiere a las creencias del Partido Democrático, no al gobierno de los Estados Unidos.

21. **La opción a es correcta.** Para que el verbo concuerde con el sujeto femenino en plural, *pilas de libros*, es necesario que termine en *–as*.

    La opción **b** es incorrecta. Para que el verbo concuerde con el sujeto femenino en plural, *pilas de libros*, es necesario que termine en *–as*. Acumulada no concuerda con el género femenino del sujeto.

    La opción **c** es incorrecta. Para que el verbo concuerde con el sujeto femenino en plural, *pilas de libros*, es necesario que termine en *–as*. En este caso, el verbo no coincide ni en número ni en género con el sujeto.

    La opción **d** es incorrecta. Para que el verbo concuerde con el sujeto femenino en plural, *pilas de libros*, es necesario que termine en *-as*. En este caso, el verbo no coincide en género con el sujeto.

22. **La opción a es correcta.** *Por lo tanto* es el conector correcto que se usa para describir una relación de causa y efecto. Y como es la primera palabra de la oración, debe comenzar con mayúscula.

    La opción **b** es incorrecta. *No obstante* es un conector empleado para mostrar contraste. Debido a que las pilas de libros acumuladas provocan de efecto de instituir una nueva política, *por lo tanto* es el conector correcto que se debe usar para describir una relación de causa y efecto. Y como es la primera palabra de la oración, debe comenzar con mayúscula.

    La opción **c** es incorrecta. *Al mismo tiempo* denota tiempo. Debido a que las pilas de libros acumuladas provocan de efecto de instituir una nueva política, *por lo tanto* es el conector correcto que se debe usar para describir una relación de causa y efecto. Y como es la primera palabra de la oración, debe comenzar con mayúscula.

    La opción **d** es incorrecta. *Por el contrario* es un conector empleado para mostrar contraste. Debido a que las pilas de libros acumuladas provocan de efecto de instituir una nueva política, *por lo tanto* es el conector correcto que se debe usar para describir una relación de causa y efecto. Y como es la primera palabra de la oración, debe comenzar con mayúscula.

23. La opción c es correcta. Debido a que esta palabra inicia la oración, la primera letra debe ser mayúscula.

La opción **a** es incorrecta. Debido a que esta palabra inicia la oración, la primera letra debe ser mayúscula.

La opción **b** es incorrecta. Debido a que esta palabra inicia la oración, la primera letra debe ser mayúscula. Además, *por favor* se usa para expresar una orden, mientras que *de favor* carece de sentido en este contexto.

La opción **d** es incorrecta. *Por favor* se usa para expresar una orden, mientras que *De favor* carece de sentido en este contexto.

24. La opción b es correcta. De todos las opciones enumeradas, *su* es la forma correcta de dirigirse al lector.

La opción **a** es incorrecta. De todos las opciones enumeradas, *su* es la forma correcta de dirigirse al lector.

La opción **c** es incorrecta. De todos las opciones enumeradas, *su* es la forma correcta de dirigirse al lector.

La opción **d** es incorrecta. De todos las opciones enumeradas, *su* es la forma correcta de dirigirse al lector.

25. La opción a es correcta. El cierre de una carta o memo termina con una coma, seguido por el nombre de quien lo escribe en el próximo renglón.

La opción **b** es incorrecta. El cierre de una carta o memo termina con una coma, seguido por el nombre de quien lo escribe en el próximo renglón.

La opción **c** es incorrecta. El cierre de una carta o memo termina con una coma, seguido por el nombre de quien lo escribe en el próximo renglón.

La opción **d** es incorrecta. El cierre de una carta o memo termina con una coma, seguido por el nombre de quien lo escribe en el próximo renglón.

26. La opción b es correcta. El autor eligió estas palabras para crear un tono oscuro y premonitor.

La opción **a** es incorrecta. El autor eligió estas palabras para crear un tono oscuro y premonitor.

La opción **c** es incorrecta. El autor eligió estas palabras para crear un tono oscuro y premonitor.

La opción **d** es incorrecta. El autor eligió estas palabras para crear un tono oscuro y premonitor.

27. La opción b es correcta. El autor describe la casa Usher como oscura y sombría.

La opción **a** es incorrecta. El autor describe la casa Usher como oscura y sombría.

La opción **c** es incorrecta. El autor describe la casa Usher como oscura y sombría.

La opción **d** es incorrecta. El autor describe la casa Usher como oscura y sombría.

28. La opción d es correcta. La personificación consiste en atribuirle características humanas a objetos inanimados. En la frase "ventanas como ojos vacíos" se le asigna la cualidad humana de ojos vacíos a las ventanas.

La opción **a** es incorrecta. La aliteración es la repetición de sonidos consonánticos al comienzo de varias palabras seguidas. Un ejemplo sería "a las aladas almas de las rosas".

La opción **b** es incorrecta. La hipérbola consiste en una exageración extrema, por ejemplo: "al caminar, hace más ruido que un elefante".

La opción **c** es incorrecta. La onomatopeya se refiere a palabras que imitan los sonidos que describen, por ejemplo: "el fuego chispeó y chisporroteó".

29. **La opción b es correcta.** La palabra *júbilo* cambia el tono y el significado de la frase de una expresión de infelicidad y melancolía a una expresión positiva y feliz.

La opción **a** es incorrecta. *Melancolía* conserva el tono descontento y negativo de la frase original.

La opción **c** es incorrecta. *Tristeza* conserva el tono descontento y negativo de la frase original.

La opción **d** es incorrecta. *Desesperación* conserva el tono descontento y negativo de la frase original.

30. **La opción c es correcta.** Grant admite que él desconocía "en qué medida esto era necesario", pero lo consideró "necesario en ese momento". Más tarde, siente que su decisión estaba justificada.

La opción **a** es incorrecta. El pasaje empieza con la oración "las cosas comenzaron a calmarse", lo cual es opuesto a la violencia generalizada.

La opción **b** es incorrecta. Las primeras palabras de la primera oración anuncian que la guerra se estaba terminando.

La opción **d** es incorrecta. Grant consideró que las guarniciones eran necesarias y más tarde se justificó diciendo que eran absolutamente necesarias.

31. **La respuesta correcta es la Guerra Civil.** A partir del pasaje, se puede deducir que la Guerra Civil recién había concluido. En el pasaje se describe claramente la "rebelión que se libró entre las secciones de 1861 a 1865". Hay muchas otras pistas contextuales. Además, el pasaje pertenece a la autobiografía de Grant luego de 1865 y al avance de Sherman por el sur.

32. **La opción b es correcta.** Grant se refiere a que el avance de Sherman obtuvo resultados "magníficos" que condujeron a "terminar la guerra".

La opción **a** es incorrecta. No hay dudas de que Grant está a favor del avance.

La opción **c** es incorrecta. Grant está a favor de Sherman, no lo critica.

La opción **d** es incorrecta. El cambio de palabras no guarda ninguna relación con los sentimientos de Grant acerca de que "En los diarios locales se publicó una versión tal del éxito de los confederados".

33. **La opción c es correcta.** Grant describe que el punto de vista de los confederados es falso.

La opción **a** es incorrecta. Grant se solidariza con el consenso general del sentimiento posterior a la guerra.

La opción **b** es incorrecta. En esta oración se comenta sobre el avance de Sherman, no sobre el desacuerdo de Grant con la opinión de los confederados.

La opción **d** es incorrecta. En esta oración se describe cómo Grant supuso que se sintieron los confederados al ver a Sherman, no el desacuerdo de Grant con el punto de vista de los confederados.

34. **La opción a es correcta.** El orden correcto es C—la Guerra Civil, A—los soldados de Sherman recibieron la orden de ignorarlo, D—el avance de Sherman, y luego B—los confederados "conocieron la verdad de la situación".

La opción **b** es incorrecta. Este no es el orden cronológico en que sucedieron los eventos.

La opción **c** es incorrecta. Este no es el orden cronológico en que sucedieron los eventos.

La opción **d** es incorrecta. Este no es el orden cronológico en que sucedieron los eventos.

35. La opción b es correcta. Grant describe que al ver avanzar a los soldados victoriosos, los sureños recordaron lo que había sucedido en realidad.

La opción **a** es incorrecta. La respuesta correcta en cuanto al ejército victorioso es la idea opuesta. Por ejemplo, Grant enfatiza lo positivo que fue el avance debido a que les aclaró a los confederados quiénes habían ganado.

La opción **c** es incorrecta. Ningún indicio del pasaje respalda esta conclusión.

La opción **d** es incorrecta. La respuesta correcta en cuanto al ejército victorioso es la idea opuesta.

36. La opción a es correcta. El tema principal del párrafo 3 es la supervisión de los terremotos por parte de los científicos para predecir erupciones volcánicas.

La opción **b** es incorrecta. Aunque se definen estos términos en el párrafo, son detalles secundarios.

La opción **c** es incorrecta. En el párrafo no se explica el funcionamiento de los sismógrafos.

La opción **d** es incorrecta. Aunque en el párrafo se menciona que los gases volcánicos suben con fuerza a través de canales subterráneos, este es un detalle menor y no constituye la idea principal del párrafo.

37. La opción d es correcta. Esta opción es la que mejor resume las ideas principales de "Observación de volcanes" al referirse a los científicos que observan volcanes, las maneras en las que supervisan volcanes y la razón por la cual su trabajo es importante.

La opción **a** es incorrecta. Esta oración es un buen resumen de la sección titulada "Supervisión de protuberancias en las laderas de la montaña", pero no sintetiza el pasaje completo.

La opción **b** es incorrecta. En el artículo se menciona que las chimeneas son peligrosas, no que los científicos no deben visitarlas con el propósito de estudio. Este es un detalle menor y no sintetiza el artículo completo.

La opción **b** es incorrecta. En el artículo se menciona que las chimeneas son peligrosas, no que los científicos no deben visitarlas con el propósito de estudio. Este es un detalle menor y no sintetiza el artículo completo.

38. La opción b es correcta. "Observación de volcanes" es una narración en primera persona sobre la observación de volcanes desde la perspectiva de un científico que estudia volcanes. "Las erupciones de 1992 en el monte Spurr, Alaska" es un informe objetivo sin indicios de que el periodista está relacionado con la vulcanología.

La opción **a** es incorrecta. La idea opuesta es la correcta. En "Observación de volcanes" se analizan los volcanes en general, mientras que "Las erupciones de 1992 en el monte Spurr, Alaska" se centra en el volcán del monte Spurr, en Alaska.

La opción **c** es incorrecta. En los dos pasajes se analizan los sismógrafos, que son los instrumentos que usan los científicos para medir la magnitud de los terremotos.

La opción **d** es incorrecta. Aunque "Observación de volcanes" está redactado en primera persona como si fuera un diario personal, no describe las actividades diarias del escritor como sucede en un diario personal. A pesar de que es posible que "Las erupciones de 1992 en el monte Spurr, Alaska" se haya publicado en un periódico, no hay manera de saberlo a base del pasaje.

39. La opción c es correcta. Representar 100 incidentes en los ejes verticales de ambos gráficos dramatiza la explosión de 90 incidentes más que en ningún otro día del primer gráfico durante el mes de noviembre de 1992 en el segundo gráfico.

La opción **a** es incorrecta. Sobre la base del incremento dramático de eventos en noviembre

de 1992 mencionado en el segundo gráfico, el volcán estuvo a punto de erupcionar y la amenaza era lo suficientemente grave para que los científicos advirtieran que "se prevé una gran erupción dentro de las próximas 24 a 48 horas".
La opción **b** es incorrecta. No se representa el mes de septiembre en ninguno de los dos gráficos.
La opción **d** es incorrecta. No hay indicios que respalden esta afirmación.

40. La respuesta correcta es el párrafo 1.
En el párrafo 1, consta explícitamente que "un hombre soltero, poseedor de una gran fortuna, necesita una esposa".

41. La opción d es correcta. El tema del matrimonio es el centro de los párrafos introductorios, así como también de la mayoría del diálogo.
La opción **a** es incorrecta. El viaje no es el tema principal del pasaje.
La opción **b** es incorrecta. El divorcio no es un tema abordado en el pasaje.
La opción **c** es incorrecta. El feriado de San Miguel es un tema secundario del pasaje, no el tema principal.

42. La opción b es correcta. La señora Bennet habla sobre la fortuna de Bingley, es decir, su ingreso.
La opción **a** es incorrecta. La señora Bennet habla sobre la fortuna de Bingley, es decir, su ingreso.
La opción **c** es incorrecta. La señora Bennet está hablando con el señor Bennet en este diálogo, y no sería necesario que le contara a su esposo acerca de su propio dinero en tercera persona. Además, recién empiezan a hablar del señor Bingley cuando se menciona esta suma.
La opción **d** es incorrecta. La señora Bennet habla sobre la fortuna de Bingley, es decir, su ingreso.

43. La opción b es correcta. Todo este pasaje trata de la suposición de que los hombres adinerados necesitan esposa y del matrimonio en general. La señora Bennet se pasa gran parte del diálogo hablando acerca de los méritos del señor Bingley y el buen partido que él sería para una de sus hijas.
La opción **a** es incorrecta. La señora Bennet es una mujer casada y cada vez que menciona el matrimonio lo hace refiriéndose a sus hijas. Asimismo, ella habla del dinero del señor Bingley solo para enfatizar el buen partido que sería para una de sus hijas.
La opción **c** es incorrecta. Todo este pasaje trata de la suposición de que los hombres adinerados necesitan esposa y del matrimonio en general. La señora Bennet se pasa gran parte del diálogo hablando acerca de los méritos del señor Bingley y el buen partido que él sería para una de sus hijas.
La opción **d** es incorrecta. La única vez que la señora Bennet menciona el dinero es con referencia a la riqueza del señor Bingley, la cual lo hace un buen partido para una de sus hijas. Nunca insinúa que le hubiera gustado casarse con alguien más adinerado.

44. La opción c es correcta. El pronombre *nuestra* concuerda en número y género con *librería*.
La opción **a** es incorrecta. El pronombre posesivo debe concordar en número y género con la cosa poseída, en este caso, *librería*. Por lo tanto, no debe terminar en –*os*.
La opción **b** es incorrecta. El pronombre posesivo debe concordar en número y género con la cosa poseída, en este caso, *librería*. Por lo tanto, no debe ser masculino.
La opción **d** es incorrecta. Si no se agrega nada delante de *librería*, el significado de la oración cambiaría, ya que se haría referencia a los procedimientos de las librerías en general, en lugar de esa librería en particular.

45. **La respuesta correcta es:** *Al comienzo de cada turno, todo el personal debe registrar su entrada en nuestro sistema informático.* La primera palabra de una oración siempre debe comenzar con mayúscula.

46. **La opción a es correcta.** Este es un error común. La preposición *a* seguida del artículo *el* se contrae en la forma *al*. La contracción no sería válida si *el* formara parte de un nombre propio.

La opción **b** es incorrecta. Aquí, la conjugación del verbo es incorrecta en este contexto. El verbo *haber* debe estar conjugado en el presente para que la oración tenga sentido. *Hubiera* se puede usar en otros casos, como en oraciones condicionales o de subjuntivo.

La opción **c** es incorrecta. El procedimiento mencionado aquí consta de dos partes. Los miembros del personal deben buscar los libros que estén fuera de su lugar habitual y volver a colocarlos en los estantes. El procedimiento no supone que los miembros del personal pueden elegir entre hacer una cosa o la otra.

La opción **d** es incorrecta. La preposición *a* seguida del artículo *el* se contrae en la forma *al*. La contracción no sería válida si *el* formara parte de un nombre propio.

47. **La opción a es correcta.** *Gratuitas* y *de regalo* tienen básicamente el mismo significado. *Ni de regalo* es una expresión redundante innecesaria en la oración y se debe eliminar.

La opción **b** es incorrecta. *La cafetería interna* es el término de la preposición *en* y se necesita para completar la frase preposicional.

La opción **c** es incorrecta. *Gratuitas*, *de regalo* y *a cuenta de la tienda* comparten el mismo significado. Por lo tanto, usar las tres alternativas juntas genera redundancia innecesaria de palabras.

La opción **d** es incorrecta. *Gratuitas* y *de regalo* tienen básicamente el mismo significado. *Ni de regalo* es una expresión redundante innecesaria en la oración y se debe eliminar.

48. **La opción a es correcta.** Para que el sujeto *algún miembro del personal* concuerde con el verbo, se debe suprimir la *n* en *olvidan*. Esta es una regla común de concordancia entre sujeto y verbo.

La opción **b** es incorrecta. Debido a que en la primera parte de la oración se menciona al sujeto, no es necesario repetirlo aquí. Además, en ninguna parte del texto se aclara si el personal está conformado por hombres solamente o si hay mujeres también. Por consiguiente, agregar *él* sería restringir el grupo de empleados al género masculino.

La opción **c** es incorrecta. Para que el sujeto *algún miembro del personal* concuerde con el verbo, no es necesario agregarle *n* a *debe*. Esta es una regla común de concordancia entre sujeto y verbo.

La opción **d** es incorrecta. Para que el sujeto *algún miembro del personal* concuerde con el verbo, se debe suprimir la *n* en *olvidan*. Esta es una regla común de concordancia entre sujeto y verbo.

Parte II

Tu Respuesta Ampliada se calificará con base en tres normas o elementos:

Criterio 1: Creación de argumentos y uso de evidencia

Criterio 2: Desarrollo de ideas y estructura organizativa

Criterio 3: Claridad y dominio de las convenciones del español estándar

Tu ensayo se calificará con base en una escala de 6 puntos. Cada criterio vale 2 puntos. La calificación final se cuenta dos veces, de manera que la cantidad máxima de puntos que puede obtener es 12.

El Criterio 1 prueba tu habilidad para escribir un ensayo que asuma una posición con base en la información en los pasajes de lectura. Para obtener la mayor calificación posible, debes leer la información cuidadosamente y expresar una opinión clara sobre lo que has leído. Serás calificado dependiendo de cuán bien utilices la información de los pasajes para apoyar tu argumento.

Tus respuestas también serán calificadas dependiendo de cuán bien analices los argumentos del autor en los pasajes. Para obtener la mayor calificación posible, debes analizar si crees que el autor tiene un buen argumento y explicar por qué sí o no.

Como referencia, esta es una tabla que utilizarán los lectores cuando califiquen tu ensayo con un 2, 1 ó 0.

CRITERIO 1: CREACIÓN DE ARGUMENTOS Y USO DE EVIDENCIA	
2	• Elabora argumentos basados en el texto y tiene una intención relacionada con la consigna. • Presenta indicios específicos y afines del texto fuente para respaldar el argumento (puede incluir unos pocos indicios no relacionados o afirmaciones no respaldadas). • Analiza el tema y la solidez del argumento dentro del texto fuente (por ej., distingue las declaraciones respaldadas de las no respaldadas, hace deducciones válidas sobre asunciones subyacentes, identifica el razonamiento falso, evalúa la credibilidad de los textos).
1	• Elabora un argumento que guarda cierta relación con la consigna. • Presenta algunos indicios del texto fuente para respaldar el argumento (puede incluir una mezcla de indicios relacionados y no relacionados con o sin citas textuales). • Analiza de forma parcial el tema y la solidez del argumento dentro del texto fuente; puede ser limitado, excesivamente simplificado o impreciso.
0	• Intenta elaborar un argumento O carece de intención o conexión con la consigna, O BIEN no intenta ninguna de las anteriores. • Presenta pocos indicios del texto fuente o no presenta ninguno (es posible que se copien fragmentos del texto original directamente). • Apenas analiza el tema y la solidez del argumento dentro del texto fuente; quizá no presente ningún análisis, o manifieste la comprensión escasa del argumento brindado o la falta de comprensión de él.
No es calificable	• La respuesta consta únicamente de texto copiado de la consigna o del (los) texto(s) fuente • La respuesta muestra que el examinando no ha leído la consigna o está totalmente fuera del tema • La respuesta es incomprensible • La respuesta no está en español • No se ha brindado una respuesta (se dejó en blanco)

El Criterio 2 prueba si respondes a la consigna de escritura con un ensayo bien estructurado. Debes apoyar tu tesis con evidencia provista en los pasajes, así como opiniones y experiencias personales que refuercen tu idea central. Debes explicar tus ideas por completo e incluir detalles específicos. Tu ensayo debe incluir palabras y frases que permitan que sus detalles e ideas fluyan de forma natural. Esta es una tabla que detalla lo que aplica para obtener una calificación de 2, 1 ó 0.

CRITERIO 2: DESARROLLO DE IDEAS Y ESTRUCTURA ORGANIZATIVA	
2	• Contiene ideas mayormente lógicas y bien desarrolladas; gran parte de las ideas están ampliadas. • Contiene una secuencia lógica de ideas con conexiones claras entre los detalles particulares y las ideas principales. • Desarrolla una estructura organizativa que transmite el mensaje y el objetivo de la respuesta; usa correctamente los conectores. • Desarrolla y mantiene un estilo y tono adecuados que revelan el conocimiento de la audiencia y del propósito de la actividad. • Utiliza palabras apropiadas para expresar ideas con claridad.
1	• Contiene ideas parcialmente desarrolladas y puede demostrar una lógica poco clara o simplista; solo se amplían algunas ideas. • Contiene algunos indicios de una secuencia de ideas, pero es posible que los detalles específicos no guarden relación con las ideas principales. • Desarrolla una estructura organizativa en la cual se agrupan ideas de forma parcial o que no es muy efectiva al transmitir el mensaje de la respuesta; usa conectores de manera irregular. • Puede mantener de modo inconsistente un estilo y tono adecuados que revelan el conocimiento de la audiencia y del propósito de la actividad. • Puede contener palabras mal empleadas y palabras que no expresan las ideas con claridad.
0	• Contiene ideas que no están desarrolladas de forma efectiva ni lógica, con poca elaboración de las ideas principales o falta de elaboración de ellas. • Contiene una secuencia de ideas confusa en el mejor de los casos; es posible que los detalles específicos no se incluyan o no estén relacionados con las ideas principales. • Desarrolla una estructura organizativa ineficaz en el mejor de los casos; no usa adecuadamente los conectores o ni siquiera los usa. • Emplea un estilo y tono inadecuados que revelan el conocimiento limitado de la audiencia y del propósito o el desconocimiento de ellos. • Puede contener muchas palabras mal empleadas, uso excesivo de expresiones populares y expresar ideas de manera confusa o repetitiva.
No es calificable	• La respuesta consta únicamente de texto copiado de la consigna o del (los) texto(s) fuente • La respuesta muestra que el examinando no ha leído la consigna o está totalmente fuera del tema • La respuesta es incomprensible • La respuesta no está en español • No se ha brindado una respuesta (se dejó en blanco)

El Criterio 3 prueba cómo creas las oraciones que conforman tu ensayo. Para obtener una calificación alta, deberás escribir oraciones variadas: algunas cortas, algunas largas, algunas sencillas y otras complejas. También deberás probar que tienes un buen dominio del español estándar, incluidas una correcta selección de vocabulario, gramática y estructura de las oraciones.

Esta es una tabla que detalla lo que aplica para obtener una calificación de 2, 1 ó 0.

CRITERIO 3: CLARIDAD Y DOMINIO DE LAS CONVENCIONES DEL ESPAÑOL ESTÁNDAR	
2	• Demuestra una estructura oracional correcta, en su mayoría, y una fluidez general que mejora la claridad en cuanto a las siguientes habilidades: 1) Estructuras oracionales diversas dentro de un párrafo o más 2) Uso correcto de subordinación, coordinación y paralelismo 3) Omisión de estructuras oracionales extrañas y expresiones redundantes 4) Uso de conectores adverbios conjuntivos y otras palabras para mejorar la claridad y la lógica 5) Omisión de oraciones corridas, fragmentos de oraciones y oraciones fusionadas. • Demuestra competencia en el uso de convenciones respecto a las siguientes habilidades: 1) Concordancia entre sujeto y verbo 2) Ubicación de modificadores y orden de palabras correcto 3) Uso de pronombres, incluida la concordancia entre pronombre y antecedente, referencias pronominales confusas y caso pronominal 4) Homónimos y palabras confusas 5) Uso de posesivos 6) Uso de la puntuación (por ej., comas en una enumeración, en construcciones apositivas y demás elementos secundarios, marcas de fin de párrafo y puntuación de la separación de cláusulas) 7) Uso de mayúsculas (por ej., al comienzo de la oración, en sustantivos propios y en títulos) • Puede contener algunos errores prácticos y asociados a las convenciones que no impiden la comprensión; el uso general es adecuado para la redacción de prueba requerida.
1	• Demuestra una estructura oracional inconsistente; puede contener algunas oraciones cortas y muy simples, repetitivas, extrañas o corridas que limiten la claridad; manifiesta el uso incoherente de las habilidades 1-5 enumeradas en el Criterio 3, punto de puntaje 2. • Demuestra el uso inconsistente de las convenciones básicas en cuanto a las habilidades 1-7 enumeradas en el Criterio 3, punto de puntaje 2. • Puede contener muchos errores prácticos y asociados a las convenciones que, de vez en cuando, impiden la comprensión; el uso general es de aceptación mínima para la redacción de prueba requerida.
0	• Demuestra una estructura oracional tan inadecuada que hasta el significado puede ser confuso; manifiesta el uso escaso de las habilidades 1-5 enumeradas en el Criterio 3, punto de puntaje 2. • Demuestra el uso escaso de las convenciones básicas en cuanto a las habilidades 1-7 enumeradas en el Criterio 3, punto de puntaje 2. • Contiene una enorme cantidad de errores prácticos y asociados a las convenciones que impiden la comprensión; el uso general es inaceptable para la redacción de prueba requerida. o • La respuesta no alcanza para mostrar el nivel de competencia que comprende las convenciones y el uso.
No es calificable	• La respuesta consta únicamente de texto copiado de la consigna o del (los) texto(s) fuente • La respuesta muestra que el examinando no ha leído la consigna o está totalmente fuera del tema • La respuesta es incomprensible • La respuesta no está en español • No se ha brindado una respuesta (se dejó en blanco)

Ensayo de Muestra con Calificación 6

La investigación de células madre es un tema complicado para evaluar. Aunque consta que tiene mucho potencial para los avances médicos, posee muchos elementos que pueden causar dilemas morales, como el uso de embriones humanos en la investigación. Al mismo tiempo, proporciona terapias valiosas para enfermedades como la leucemia y permite tratar otras como la diabetes y los ataques cardíacos. Al considerar esto y revisar los dos pasajes, decido inclinarme a favor de la investigación de células madre.

Debido a que en el pasaje en contra de la investigación de células madre se exponen varios puntos válidos, en especial al poner en duda el origen de las células madres empleadas en la investigación, seguramente inspirará a muchos lectores a preguntarse acerca de los aspectos morales del argumento de respaldo. En realidad, esta inquietud no tiene ningún indicio subyacente, ya que se establece que solo se usan células madre embrionarias humanas; por lo tanto, es difícil conocer de dónde proviene. Asimismo, el indicio particular de que la investigación de células madre es por naturaleza potencialmente peligrosa carece de fundamentos científicos y se basó solo en las inquietudes de la población, como se determinó en Consumer Reports, más que en la investigación real. Al final del tercer párrafo, en este pasaje hasta se cuestiona si los científicos podrían diferenciar las células correctamente para convertirlas en lo necesario para una terapia con células madre específicas. ¿Las células madre se transformarán en una célula cerebral real o solo se transformarán en un montón de células de órganos y originarán el desarrollo de tumores? Esto se plantea sin ninguna clase de indicio para respaldar la inquietud. Aunque está claro que el motivo por el cual la investigación de células madre es interesante de algún modo es que se pueden transformar en cualquier otra célula necesaria, esta inquietud acerca de la diferenciación parece ser una mera especulación y no algo que legítimamente imposibilitaría la investigación.

Por el contrario, el pasaje donde se respalda la investigación de células madre está colmado de fechas y ejemplos específicos. Mientras que en el pasaje opositor solo se menciona un artículo del Consumer Reports, en este pasaje se incluye la investigación realizada en la década de 1900 hasta 2008. Señala algunos de los beneficios médicos y de estudio actuales de la investigación de células madre que se lleva a cabo en la actualidad, incluidas las transfusiones de médula ósea para tratar la leucemia y la generación de células hepáticas artificiales en 2006. Además, se destaca que la mayor preocupación acerca del origen de las células madre debería minimizarse debido a un informe de Stanford, un instituto de investigación reconocido, sobre cómo los investigadores obtienen los datos de las células madre embrionarias humanas. Aparentemente, cada investigador individual no trabaja con un nuevo conjunto de células madre embrionarias, sino que todos ellos comparten la información de un mismo conjunto. Asimismo, en el pasaje se mencionó un artículo de 2008 sobre los avances médicos para los cuales se usan células madre adultas. Si se pretende argumentar en contra de la investigación de células madre, es necesario que se proporcionen indicios más completos y precisos para respaldar ese argumento.

Es evidente que los argumentos opuestos a la investigación de células madre son anticuados y ya han sido abordados por la comunidad médica. Tal vez, se esté investigando por qué se debería interrumpir la investigación de células madre, pero eso no se especifica en estos pasajes. En términos generales, aunque en el pasaje de respaldo se tratan muchas de las mismas inquietudes incluidas en el pasaje "opositor", está mejor organizado y fundamentado con investigación de referencia real.

Acerca de este ensayo:

Este ensayo obtuvo la cantidad máxima de puntos posibles en cada criterio, lo cual suma un total de 6 puntos.

Criterio 1: Elaboración de argumentos y uso de evidencia

En esta respuesta se evalúan los argumentos del texto fuente, se desarrolla la postura efectiva respaldada en el texto y se cumplen las pautas para obtener 2 puntos en el Criterio 1.

En esta respuesta se establece la postura en la conclusión del primer párrafo (*... decido inclinarme a favor de la investigación de células madre*) y se brinda un resumen para respaldar esta postura en el segundo y tercer párrafo.

En el segundo párrafo, el autor también considera la validez de los indicios en el argumento "opositor", por ejemplo: *... el indicio particular de que la investigación de células madre es por naturaleza potencialmente peligrosa carece de fundamentos científicos y se basó solo en las inquietudes de la población, como se determinó en* Consumer Reports, *más que en la investigación real.*

Criterio 2: Desarrollo de ideas y estructura organizativa

Esta respuesta está bien desarrollada y cumple las pautas para obtener los 2 puntos del Criterio 2. Está bien organizada, comienza con una postura definitiva, presenta el análisis de las ventajas y desventajas de la investigación de células madre y los indicios brindados y, luego, proporciona un resumen para sustentar la postura adoptada. El autor incluye muchos ejemplos específicos y después los amplía, y usa un tono formal adecuado en todo el ensayo.

Criterio 3: Claridad y dominio de las convenciones del español estándar

Esta respuesta también cumple las pautas de la redacción de prueba y obtiene los 2 puntos del Criterio 3. Además de emplear una estructura oracional sofisticada (*Debido a que en el pasaje en contra de la investigación de células madre se exponen varios puntos válidos, en especial al poner en duda el origen de las células*

madre empleadas en la investigación, seguramente inspirará a muchos lectores a preguntarse acerca de los aspectos morales del argumento de respaldo. En realidad, esta inquietud no tiene ningún indicio subyacente, ya que se establece que solo se usan células madre embrionarias humanas; por lo tanto, es difícil conocer de dónde proviene), esta respuesta comprende conectores claros en la elaboración de estructuras de "comparación y contraste". (*Por el contrario, el pasaje donde se respalda la investigación de células madre está colmado de fechas y ejemplos específicos*).

Asimismo, el autor respeta las normas gramaticales y de uso adecuadas.

Ensayo de Muestra con Calificación 4

Parece claro que no debemos permitir la investigación de células madre. Debe existir aproximadamente desde principios de la década de 1900, pero eso no compensa las cuestiones morales que provoca.

Me opongo a la investigación de células madre por las mismas razones que figuran en el pasaje. Desde que surgió la investigación de células madre, no se conoce con certeza el origen de las células madre embrionarias humanas. Esto no se respondió en el pasaje de respaldo.

Además, también pienso que la posibilidad de que las células puedan formar tumores y volverse cancerígenas, como se observa en el pasaje opositor, es bastante preocupante. En el mejor de los casos, se necesita más educación e investigación sobre los riesgos de las células madre.

Por último, aunque puede ser cierto que los argumentos que favorecen la investigación de células madre comprenden beneficios ventajosos, y esos aspectos de la investigación parecen intrigantes, los argumentos opositores son mucho mejores. En el mejor de los casos, se necesita más educación acerca de los peligros.

Acerca de este ensayo:

Este ensayo obtuvo 1 punto para el Criterio 1 y 2, y 2 puntos para el Criterio 3.

Criterio 1: Creación de argumentos y uso de evidencia

Esta respuesta constituye un argumento simple, lo respalda con algunos indicios del texto fuente y ofrece un análisis parcial del argumento opositor, por lo cual se le asigna 1 punto para el Criterio 1.

El autor crea un argumento en contra de la investigación de células madre y elabora una afirmación clara sobre su postura en el primer párrafo (*Parece claro que no debemos permitir la investigación de células madre*), en el segundo párrafo (*Me opongo a la investigación de células madre por las mismas razones...*) y en el último párrafo (*... los argumentos opositores son mucho mejores*).

En verdad, el autor cita algunos indicios del texto fuente para sustentar su postura (*Desde que surgió la investigación de células madre, no se conoce con certeza el origen de las células madre embrionarias humanas*). Brinda un análisis parcial del tema (*En el mejor de los casos, se necesita más educación e investigación sobre los riesgos de las células madre* y *Puede ser cierto que los argumentos que favorecen la investigación de células madre comprenden beneficios ventajosos*); no obstante, este análisis es simplista y limitado.

Asimismo, en el segundo párrafo el autor evalúa parcialmente la validez de los argumentos "a favor" (*... no se conoce con certeza el origen de las células madre embrionarias humanas. Esto no se respondió en el pasaje de respaldo*).

Criterio 2: Desarrollo de ideas y estructura organizativa

A pesar de que esta respuesta posee un enfoque y una organización general, las ideas de respaldo se desarrollan de forma desigual; por lo tanto, solo se le asigna un punto a este criterio.

En esta respuesta se establece una estructura organizativa perceptible al introducir una postura y la comparación de las dos posturas del texto fuente (*Parece claro que no debemos permitir la investigación de células madre. Debe existir aproximadamente desde principios de la década de 1900, pero eso no compensa las cuestiones morales que provoca*).

El segundo y tercer párrafo se centran en los aspectos problemáticos de la investigación de células madre y el autor hace una clara progresión de ideas. Sus puntos principales son claros, pero no están explicados lo suficiente. Su argumento se basa exclusivamente en lo que el pasaje brinda (*Me opongo a la investigación de células madre por las mismas razones que figuran en el pasaje*).

El párrafo de conclusión abarca una comparación muy básica de los argumentos "a favor" y "en contra", pero no hay mucho desarrollo (*Aunque los buenos aspectos de la investigación de células madre parecen intrigantes, los argumentos en contra de ella son mejores*).

Criterio 3: Claridad y dominio de las convenciones del español estándar

Esta respuesta obtiene los dos puntos del Criterio 3. Se emplea una estructura oracional sofisticada (*Por último, aunque puede ser cierto que los argumentos que favorecen la investigación de células madre comprenden beneficios ventajosos, y esos aspectos de la investigación parecen intrigantes, los argumentos opositores son mucho mejores*) y conectores claros (*Además, Por último*).

Asimismo, el autor respeta las normas gramaticales y de uso adecuadas.

Ensayo de Muestra Calificación 0

La investigación de células madre es por demás de confusa y perturbadora para muchas personas. Aunque estos científicos piensan que enumerar todos los logros significará que la investigación de células madre debe continuar, no está del todo claro si eso es verdad. Si, tal vez, tuviste luecemia, estarás de acuerdo con que continúe.

Además, no sabemos de dónde vienen las células madre embrionarias humanas además algunas de ellas podrían ser cancerígenas y eso no es una buena idea pensé que la luecemia era un tipo de cáncer, eso lo hace aún más confuso. Además la distinción de células. Si no obtienes el tipo correcto de células para tu terapia, esas células serán inútiles y se desperdiciarán.

Creo que es mejor no tener investigación de células madre hasta que sepamos más acerca de lo que provocan. Hay demasiados factores que parecen nocivos y peligrosos de alguna forma.

Acerca de este ensayo:

Este ensayo obtuvo 0 puntos para el Criterio 1, 2 y 3.

Criterio 1: Creación de argumentos y uso de evidencia

En general, esta respuesta proporciona un resumen mínimo del texto fuente y carece de comprensión y análisis del tema, por lo cual obtiene 0 puntos para el Criterio 1.

El autor no resume los textos fuente en una estructura coherente y organizada. Aunque en esta respuesta se aborda el material de origen, el autor no cita indicios para sustentar los argumentos y no adopta una postura firme hasta el último párrafo (*Creo que es mejor no tener investigación de células madre hasta que sepamos más acerca de lo que provocan*). Además, parece revertir su postura (*Aunque estos científicos piensan que enumerar todos los logros significará que la investigación de células madre debe continuar, no está del todo claro si eso es verdad. Si, tal vez, tuviste luecemia, estarás de acuerdo con que continúe*).

Criterio 2: Desarrollo de ideas y estructura organizativa

En general, la respuesta tiene un desarrollo deficiente, está desorganizada y carece de una progresión clara de ideas, por lo cual se le asignan 0 puntos para el Criterio 2.

El autor emplea un lenguaje informal y coloquial (*La investigación de células madre es por demás de confusa y perturbadora para muchas personas*) y no demuestra conocimiento de la audiencia ni el propósito. La respuesta no tiene una estructura organizativa ni una progresión clara de ideas.

Criterio 3: Claridad y dominio de las convenciones del español estándar

Muchas oraciones carecen de sentido y fluidez, y son incorrectas y extrañas. El autor utiliza mal y confunde las palabras, la puntuación y el uso, así como también las convenciones del español en general, lo cual hace que la pregunta sea casi incomprensible y reciba 0 puntos para el Criterio 3.

En esta respuesta corta se muestra una estructura oracional deficiente, incluidas oraciones corridas (*Además, no sabemos de dónde vienen las células madre embrionarias humanas además algunas de ellas podrían ser cancerígenas y eso no es una buena idea pensé que la luecemia era un tipo de cáncer, eso lo hace aún más confuso*) y fragmentos (*Además la distinción de células*).

8 ▶ PRUEBA GED® SOBRE CIENCIAS 2

Esta prueba de práctica basada en el formato, el contenido y el tiempo de la prueba GED® oficial sobre Ciencias, al igual que el examen oficial, presenta una serie de preguntas que se centran en los principios básicos del razonamiento científico.

Trabaja cada pregunta en forma detallada, pero sin pasar demasiado tiempo en una misma pregunta. Debes responder todas las preguntas.

Coloca una alarma a los 90 minutos (1 hora y 30 minutos) e intenta completar este examen sin interrupciones, en silencio.

Después del examen, encontrarás explicaciones detalladas de las respuestas para todas las preguntas del examen. ¡Buena suerte!

35 preguntas
90 minutos

1. Kenia es un país situado en el extremo oriental del continente africano.

En el siguiente gráfico, se muestra la cantidad de horas por mes durante las cuales se puede ver el sol en Kenia.

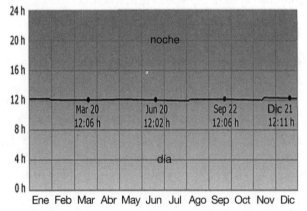

¿En qué oración se explica correctamente la falta de variación de horas de luz diurna durante el transcurso del año?

a. La duración del día no depende del tiempo de ahorro de luz.

b. Kenia recibe luz solar directa durante todo el año porque se encuentra en el Ecuador.

c. Los países de los hemisferios norte y sur tienen estaciones opuestas.

d. La rotación de la Tierra coloca a Kenia a una distancia igual del sol durante la primavera y el otoño.

2. A continuación, se muestra la ecuación de la fotosíntesis.

$$6CO_2 + 6H_2O + energía \rightarrow C_6H_{12}O_6 + 6O_2$$

¿En cuál de estas opciones se identifican los reactivos de la ecuación?

a. glucosa, oxígeno

b. dióxido de carbono, agua

c. oxígeno, dióxido de carbono

d. oxígeno, agua, glucosa

3. ¿En cuál de los gráficos a continuación se representa correctamente la velocidad constante positiva?

(A)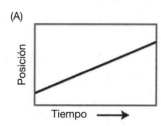

(B)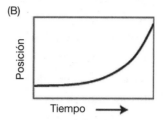

(C)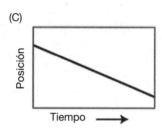

(D)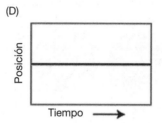

a. gráfico A
b. gráfico B
c. gráfico C
d. gráfico D

4. En el siguiente diagrama, se muestra la diferencia entre un ojo con visión normal y un ojo miope.

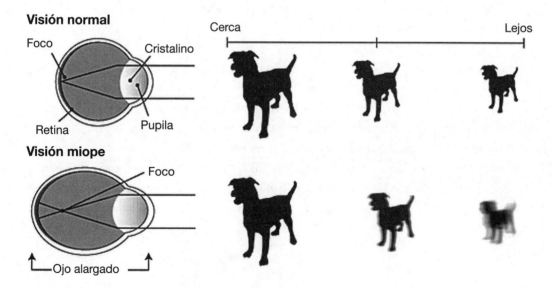

¿Qué parte del ojo se describe mejor como una capa en la parte posterior que contiene células sensibles a la luz que envían impulsos nerviosos al cerebro?

a. el cristalino
b. la pupila
c. la retina
d. el foco

5. El agua se mueve con facilidad por las membranas celulares a través de canales especiales cubiertos de proteínas. Si la concentración total de todos los solutos disueltos no es idéntica en ambos lados, habrá un movimiento neto de moléculas de agua que entran y salen de la célula. En el siguiente diagrama se muestran células de glóbulos rojos en soluciones con tres concentraciones salinas diferentes.

Células de glóbulos rojos en soluciones con diferentes concentraciones de NaCl

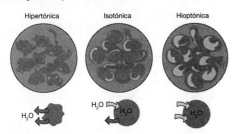

Hipertónica   Isotónica   Hioptónica

A partir de este diagrama, ¿cuándo ocurrirá la homeostasis en las células de glóbulos rojos?

a. cuando la presión osmótica del agua sea igual

b. cuando la concentración de sal sea superior fuera de la célula

c. cuando la cantidad de agua dentro de la célula supere la cantidad de agua fuera de ella

d. cuando el flujo osmótico de agua fuera de la célula supere la solución salina dentro de ella

Por favor utilizar el texto a continuación para responder las preguntas 6 a la 8.

El tétano es una infección no contagiosa causada por bacterias anaeróbicas baciliformes denominadas *Clostridium tetani*. Estas bacterias afectan los músculos esqueléticos, ya que liberan una endotoxina fabricada en la porción exterior de la pared celular. La toxina infecta el sistema nervioso central y provoca espasmos musculares prolongados. La infección sucede por medio de la contaminación de heridas y se puede prevenir mediante la vacuna adecuada. En la mayoría de los países desarrollados se proporcionan vacunas contra el tétano como medida estándar de atención médica.

Con frecuencia, el tétano se asocia con la herrumbre. La herrumbre tiene lugar cuando el oxígeno, el agua y el hierro interactúan en un proceso llamado oxidación. Con el tiempo, la masa de hierro se convierte en óxido de hierro o herrumbre. Las superficies oxidadas constituyen el entorno apropiado para los organismos que necesitan poco oxígeno.

El tétano sucede en todas partes del mundo, pero es más común en climas calurosos y húmedos con suelos tratados con estiércol. Las endosporas de la bacteria C. tetani se distribuyen ampliamente en los intestinos de muchos animales, como el ganado, los pollos y las ovejas.

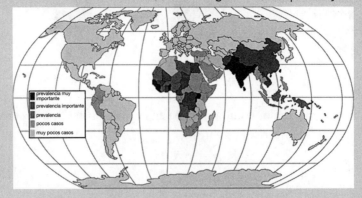

prevalencia muy importante
prevalencia importante
prevalencia
pocos casos
muy pocos casos

6. A partir de la explicación presentada en el pasaje, ¿por qué el tétano prevalece de manera considerable en países del tercer mundo, como la India y los países africanos?

a. Estos países poseen suelos calientes y secos que favorecen el desarrollo bacteriano.

b. Estos países poseen una numerosa población, propicia para la propagación de la infección.

c. En estos países se utiliza más cantidad de hierro, el cual se convierte en herrumbre.

d. Estos países tienen menor probabilidad de ofrecer vacunas contra el tétano.

7. Las bacterias anaeróbicas como la *Clostridium tetani* emplean el proceso de fermentación para nutrirse. Estas bacterias usan compuestos orgánicos, que suelen hallar en el tracto intestinal de animales, para fermentar azúcares como la glucosa a fin de obtener energía y producir varios productos derivados de ácidos y del alcohol.

¿Cuál de las siguientes opciones constituye la ecuación de fermentación precisa para describir este proceso?

a. glucosa → oxígeno + dióxido de carbono + energía

b. glucosa → etanol + dióxido de carbono + energía

c. glucosa → etanol + dióxido de carbono + agua

d. glucosa → oxígeno + dióxido de carbono + agua

8. En el diagrama a continuación se muestran algunos de los componentes básicos de las células bacterianas.

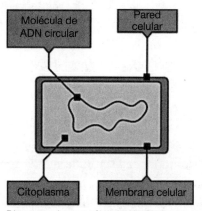

Diagrama de una célula bacteriana

Teniendo en cuenta la información del pasaje y del diagrama, ¿qué componente celular se encarga de dar forma a la bacteria *Clostridium tetani* y de producir endotoxinas?

a. ADN

b. la pared celular

c. el citoplasma

d. la membrana celular

Por favor utilizar el texto a continuación para responder las preguntas 9 a la 11.

El *bufo marinus*, conocido vulgarmente como sapo de caña, puede medir entre 6 y 9 pulgadas de largo y puede pesar hasta 4 libras. El sapo de caña es nocturno, se reproduce todo el año y libera una toxina en los hombros que es mortal para los vertebrados. Se alimenta de insectos arrastrantes, pájaros pequeños, mamíferos y otros anfibios, incluidos los sapos de caña de menor dimensión. Proviene de las zonas tropicales de América, pero se encuentra de forma permanente en Australia. En la década de 1930, los productores de caña de azúcar importaron los sapos a Australia para tratar de controlar los escarabajos de caña.

Los escarabajos de caña adultos miden alrededor de 13 milímetros de largo y son insectos negros voladores con forma de domo y caparazón resistente, de patas fuertes. Comen las hojas de la caña de azúcar y sus larvas se incuban debajo del suelo y destruyen las raíces. Los escarabajos voladores y las larvas subterráneas son difíciles de erradicar. No existen indicios que determinen que los sapos de caña introducidos hayan impactado de algún modo en las poblaciones de escarabajos de caña. Sin embargo, los sapos de caña han producido un efecto adverso en la ecología de Australia, como la reducción de especies autóctonas que mueren al alimentarse de estos sapos, el envenenamiento de mascotas y seres humanos, y la disminución de animales nativos que sirven de presas a los sapos. Pese a que muchas poblaciones de especies autóctonas disminuyeron en las décadas posteriores a la aparición de los sapos de caña, algunas de ellas están comenzando a recuperarse. Incluso, una especie de cuervo ha aprendido a comer sapos de caña del vientre para evitar el veneno.

9. ¿Cuál de los siguientes indicios respalda la teoría de que el comportamiento de otros organismos está restringiendo los recursos para los sapos de caña jóvenes?
   a. Los sapos de caña adultos suelen alimentarse de sapos de caña juveniles.
   b. Las larvas de los escarabajos de caña se entierran debajo del suelo y son inaccesibles para los sapos de caña.
   c. Los escarabajos de caña adultos poseen exoesqueletos gruesos y la capacidad de volar.
   d. Los renacuajos de sapos de caña solo viven en ambientes acuáticos.

10. Según la información del pasaje, ¿cuál de estos términos mejor describe el efecto observado en los cuervos que se alimentan de sapos de caña?
   a. la especiación
   b. la adaptación
   c. el desarrollo
   d. la homeostasis

11. ¿Cuál de las siguientes opciones constituye el impacto más significativo del sapo de caña en el ecosistema de Australia?
   a. El sapo de caña ha devastado las poblaciones de muchas especies autóctonas.
   b. El sapo de caña ha eliminado la población de escarabajos de caña.
   c. El sapo de caña ha envenenado a muchas personas y mascotas domésticas.
   d. El sapo de caña ha favorecido el origen de una nueva caña de azúcar resistente a los escarabajos.

Por favor utilizar el texto a continuación para responder las preguntas 12 a la 14.

En el ecosistema marino, existe una relación única entre los corales y los protozoarios fotosintéticos que habitan los arrecifes de coral. Los protozoarios unicelulares, llamados zooxantelas, viven en el tejido de los corales y se ocupan de transformar grandes cantidades de dióxido de carbono en energía utilizable. Los corales emplean productos fotosintéticos para las funciones metabólicas o como elementos básicos para fabricar proteínas, grasas y carbohidratos.

Aunque estas zooxantelas satisfacen gran parte de las necesidades energéticas de un coral, la mayoría de los corales también capturan partículas alimenticias con sus tentáculos colgantes. Entre la diversidad de presas, se incluyen desde peces pequeños hasta el zooplancton microscópico. Estas fuentes de alimento proporcionan nitrógeno a los corales y las zooxantelas.

12. Según el pasaje, ¿qué tipo de relación simbiótica existe entre los corales y las zooxantelas?

    a. el mutualismo

    b. el parasitismo

    c. el amensalismo

    d. el comensalismo

13. Analiza los niveles tróficos de una cadena alimenticia marina en el diagrama que se muestra abajo. En la pirámide trófica, se agrupan los organismos según la función que cumplen en la cadena alimenticia.

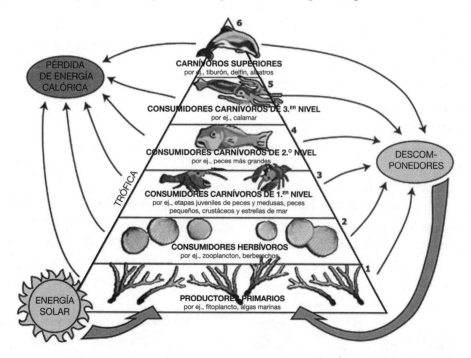

Escribe las respuestas correctas en las casillas.

En el pasaje, se describe a las zooxantelas como [   ]. Sobre la base de los niveles tróficos identificados en esta pirámide, las zooxantelas se clasifican como [   ].

14. En el siguiente diagrama se muestra una cadena alimenticia marina.

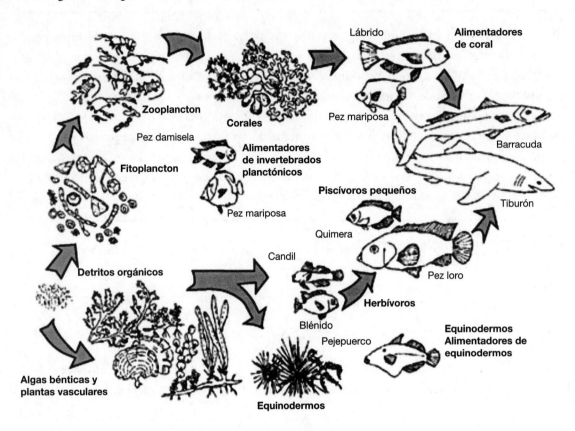

Usa la información del pasaje para seleccionar el organismo de la cadena alimenticia marina que le brinda energía al coral.

a. pez mariposa

b. pez damisela

c. pez lábrido

d. zooplancton

15. Como se observa en este diagrama, los organismos vivientes están muy organizados y poseen estructuras especializadas que realizan funciones específicas en cada nivel de organización.

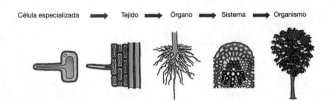

Selecciona la secuencia correcta de organización celular. Empieza por el componente más especializado.

a. célula de glóbulos rojos → sangre → corazón → sistema cardiovascular

b. sistema cardiovascular → corazón → sangre → célula de glóbulos rojos

c. célula de glóbulos rojos → sangre → sistema cardiovascular → corazón

d. corazón → sistema cardiovascular → sangre → célula de glóbulos rojos

16. Estas letras describen los genotipos de dos padres.

Yy × Yy

En el cuadro de Punnett, se muestran las posibles combinaciones de alelos de los padres. Completa el cuadro con la combinación correcta de alelos de los padres que falta.

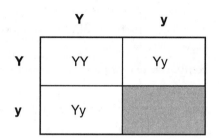

	Y	y
Y	YY	Yy
y	Yy	

17. El trabajo es la fuerza que actúa sobre un objeto para desplazarlo a lo largo de una distancia. Los planos inclinados facilitan el trabajo ya que ofrecen una superficie lisa para que los objetos se deslicen o rueden por ella.

Es más fácil empujar un carro para subir una rampa que para subir un tramo de escaleras. Al bajar por una rampa, es posible que la fuerza gravitacional del carro sea todo lo que este necesite para comenzar a rodar y ganar velocidad.

La velocidad de un objeto en movimiento se puede determinar por medio de la siguiente fórmula:

$$\text{velocidad} = \frac{\text{distancia}}{\text{tiempo}}$$

Si un carro se desplaza a una velocidad de avance de 4 m/s durante 2 segundos, recorre una distancia de ⬚ metros.

18. ¿Cuál de estos materiales podría ser un buen aislante?

a. un piso de losa porque aleja el calor de la piel

b. una cuchara de acero porque transmite el calor de los líquidos en ebullición

c. una manta de lana porque retrasa la transferencia de calor de la piel

d. una tubería de cobre porque acelera la transmisión de materiales calientes

19. Cada reacción química requiere una cierta cantidad de energía para iniciar, como se ilustra en el siguiente gráfico.

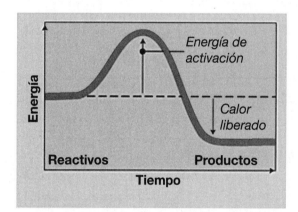

¿Qué tipo de reacción es esta?

a. endotérmica, porque se requiere energía después de la activación para continuar la reacción

b. exotérmica, porque se requiere energía adicional para completar la reacción

c. exotérmica, porque el nivel energético de los productos es inferior al nivel energético de los materiales iniciales

d. endotérmica, porque el nivel energético de los materiales finales es superior al de los materiales iniciales

20. La cantidad de energía cinética que posee un objeto en movimiento depende de su velocidad y masa. La energía cinética se puede calcular mediante la siguiente fórmula:

$$\text{Energía cinética} = \frac{\text{Masa} \times \text{Velocidad}^2}{2}$$

¿Cuál de estas opciones tendrá mayor cantidad de energía cinética?

a. un camión que se desplaza a 10 m/s

b. una bicicleta que se desplaza a 10 m/s

c. un vehículo detenido en un semáforo en rojo

d. un ómnibus escolar estacionado en una colina

21. Carlos desea ahorrar más energía en su hogar y busca una solución rentable que favorezca al medio ambiente. Carlos vive en el oeste de los Estados Unidos. Su casa está ubicada en un pequeño terreno, en un barrio urbano poco pintoresco.

¿Cuál de estas opciones satisface todas las necesidades y los criterios de Carlos?

a. colocar paneles solares en el techo

b. instalar una turbina eólica en el patio delantero

c. reemplazar el calefactor a queroseno por una estufa a leña

d. comunicarse con las empresas de electricidad para comparar precios y negociar las tarifas

22. En la siguiente tabla, se presenta información sobre la radiación ultravioleta. Está dividida en rangos de longitud de onda identificados como UVA, UVB y UVC.

RADIACIÓN	UVA	UVB	UVC
Efecto humano principal	Envejecimiento	Quemadura	
Longitud de onda	400 nm - 315 nm	315 nm - 280 nm	280 nm - 100 nm
% que llega a la Tierra, 12 del mediodía	95%	5%	0%
% que llega a la Tierra antes de 10 A.M. y después de 12 P.M.	99%	1%	0%
% que llega a la Tierra (promedio)	97%	3%	0%
NOTAS:		Genera vitamina D	

¿En qué horario del día las personas están más expuestas a las quemaduras solares?

a. a las 10:00 A.M., porque abundan los rayos UVA

b. a las 12:00 P.M., porque más rayos UVB llegan a la Tierra

c. a las 2:00 P.M., porque los rayos UVC son los menos nocivos

d. a las 4:00 P.M., porque los rayos UVA son menos potentes

23. ¿De cuál de estas partículas proviene casi todo el peso de un átomo de carbono?

   a. solo protones

   b. neutrones y electrones

   c. protones y neutrones

   d. protones, electrones y neutrones

24. Analiza el diagrama de un átomo.

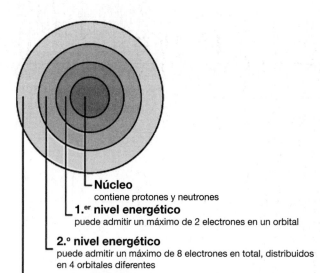

Núcleo
contiene protones y neutrones

1.er nivel energético
puede admitir un máximo de 2 electrones en un orbital

2.º nivel energético
puede admitir un máximo de 8 electrones en total, distribuidos en 4 orbitales diferentes

3.er nivel energético
puede admitir un máximo de 18 electrones distribuidos en 9 orbitales diferentes

¿Cuál de estas opciones se halla en el 1.er nivel energético?

   a. 8 neutrones

   b. 18 electrones

   c. protones y neutrones

   d. no más de 2 electrones

25. Un servicio de limpieza quiere ofrecer una alternativa natural a los productos industriales que normalmente usa. En lugar de lejía, la empresa utiliza una mezcla de vinagre y bicarbonato de sodio. Cuando el vinagre líquido y el bicarbonato de sodio en polvo se combinan, se produce un gas burbujeante. ¿Qué propiedad química se observa?

   a. inflamabilidad

   b. cambio de color

   c. volumen

   d. reactividad

26. En la siguiente tabla se detallan las propiedades mecánicas de diferentes metales y aleaciones.

DUREZA	FRAGILIDAD	DUCTILIDAD	MALEABILIDAD	RESISTENCIA A LA CORROSIÓN
Cobre	Hierro fundido blanco	Oro	Oro	Oro
Níquel	Hierro fundido gris	Plata	Plata	Platino
Hierro	Acero cementadol	Platino	Aluminio	Plata
Magnesio	Bismuto	Hierro	Cobre	Mercurio
Zinc	Manganeso	Níquel	Estaño	Cobre
Aluminio	Bronces	Cobre	Plomo	Plomo
Plomo	Aluminio	Aluminio	Zinc	Estaño
Estaño	Latón	Tungsteno	Hierro	Níquel
Cobalto	Aceros estructurales	Zinc		Hierro
Bismuto	Zinc	Estaño		Zinc
	Monel	Plomo		Magnesio
	Estaño			Aluminio
	Cobre			
	Hierro			

Una diseñadora de joyas quiere trabajar con nuevos tipos de materiales. Necesita un metal que sea fácil de moldear, resistente y que no pierda el lustre. Según la tabla, ¿qué metal le conviene elegir?

a. oro

b. níquel

c. bismuto

d. manganeso

27. El peróxido de hidrógeno (H_2O_2) se almacena en contenedores oscuros y opacos que lentifican la ruptura natural del compuesto.

Completa el cuadro con la cantidad faltante de moléculas de agua.

La reacción se resume mediante esta fórmula:

$$2H_2O_2 \rightarrow \boxed{} H_2O + O_2$$

28. En una fórmula química, los subíndices muestran la relación de un tipo de átomo con otro. Por ejemplo, NH_3 muestra que hay 3 átomos de hidrógeno por cada átomo de nitrógeno.

Analiza las siguientes relaciones:
- el doble de átomos de sodio que átomos de carbono
- el triple de átomos de oxígeno que átomos de carbono

¿En qué fórmula química se muestran correctamente las relaciones descritas?

a. Na_2CO_3

b. $NaCO_3$

c. Na_3CO_2

d. Na_6CO_{12}

29. En esta tabla se muestran las reglas de solubilidad.

TABLA DE EJEMPLOS DE REGLAS DE SOLUBILIDAD	
COMPUESTOS SOLUBLES	**COMBINACIONES QUE NO SON SOLUBLES**
Casi todas las sales de Na^+, K^+ y NH_4^+	
Todas las sales de Cl^-, Br^- y I^-	Ag^+, Hg_2^{+2}, Pb^{+2}
Sales de F^-	Mg^{+2}, Ca^{+2}, Sr^{+2}, Ba^{+2}, Pb^{+2}
Sales de: nitratos, NO_3^- cloratos, ClO_3^- percloratos, ClO_4^- acetatos, $C_2H_3O_2^-$	
Todas las sales de sulfatos, SO_4^{-2}	Ba^{+2}, Sr^{+2}, Pb^{+2}

A partir de la tabla, ¿qué compuesto es insoluble?

a. $Mg(OH)_2$ porque contiene magnesio

b. NaOH porque es un compuesto de hidróxido

c. KNO_3 porque es un compuesto de potasio

d. LiCl porque contiene un elemento del grupo 1A

Por favor utilizar el texto a continuación para responder las preguntas 30 a la 32.

Se cree que hay miles de millones de barriles de petróleo albergados en formaciones de esquisto sedimentarias suaves y finamente estratificadas en todo el territorio de los Estados Unidos. Las empresas de gas natural y petróleo se esfuerzan por extraer estos recursos. La fracturación hidráulica, más conocida como *fracking*, es un proceso de perforación mediante el cual se inyectan millones de galones de agua dulce, arena y químicos a alta presión en un pozo. De este modo, se parte la roca existente y se libera gas natural y petróleo.

Los fluidos empleados en la fracturación hidráulica y el agua residual que sale del pozo deben eliminarse. El método de eliminación más seguro y rentable consiste en inyectar los fluidos en pozos de eliminación situados a cientos de pies debajo de la tierra. Los pozos están empotrados en capas de concreto y suelen almacenar los residuos de muchos pozos diferentes. Cada uno contiene casi 4.5 millones de galones de agua con químicos.

A veces, las inyecciones de residuos en estos pozos ocasionan terremotos. Los terremotos suceden a medida que las grietas, que antes contenían petróleo, se llenan con agua. Es posible que el cambio de presión resultante que se necesita para enviar el agua hacia abajo origine el desplazamiento de una línea de fallas aledaña.

30. A partir de la información del pasaje, ¿dónde se encuentran los depósitos de gas natural donde se practica la fracturación hidráulica?

a. debajo de la arena

b. en formaciones de esquisto

c. dentro de pozos de concreto

d. debajo de la capa freática

31. En el mapa que se incluye aquí, los círculos indican las ubicaciones de terremotos causados por las tecnologías de la industria energética o relacionados con ellas. Cuanto más grande es el círculo, más grande es el terremoto.

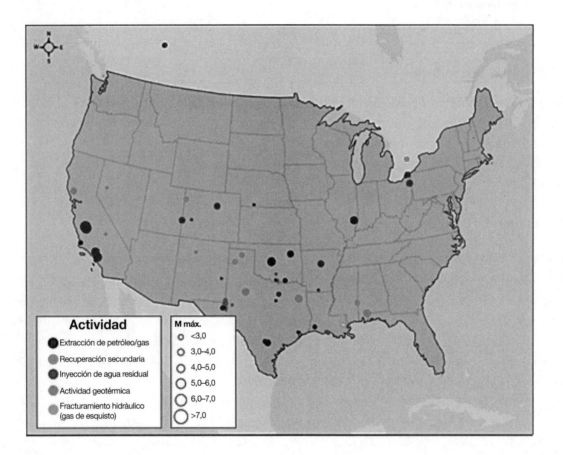

Analiza la referencia y selecciona la actividad que resulta en terremotos de magnitud superior.

a. recuperación secundaria

b. extracción de petróleo/gas

c. actividad geotérmica

d. inyección de agua residual

32. Conforme con la información del pasaje, ¿cuál de estas oraciones mejor describe las inquietudes acerca de la posible sustentabilidad de la fracturación hidráulica?

a. El *fracking* ininterrumpido puede contaminar el aire.

b. La probabilidad de que sucedan terremotos está aumentando.

c. Los suministros de agua dulce en los afloramientos de esquisto son escasos.

d. Los excedentes de gas y petróleo provocan menos dependencia de los recursos eólicos y solares.

Por favor utilizar el texto a continuación para responder las preguntas 33 a la 35.

La acidificación oceánica tiene lugar cuando el agua de mar absorbe el dióxido de carbono de la atmósfera. Esto hace que el agua se vuelva más ácida. El dióxido de carbono disuelto aumenta la concentración de iones de hidrógeno en el océano, lo cual disminuye el nivel de pH oceánico. Los organismos calcificantes como los corales, las ostras y los erizos de mar tienen más dificultad para desarrollar conchas y esqueletos en el agua ácida.

El dióxido de carbono de la atmósfera proviene de muchas fuentes. Cuando los seres humanos queman petróleo o gas para generar energía, se libera dióxido de carbono. Además, el dióxido de carbono es un gas de efecto invernadero, es decir que induce temperaturas más altas sobre la superficie terrestre al atrapar el calor del aire.

34. Conforme con el pasaje, ¿qué efecto del dióxido de carbono puede tener un impacto negativo directo en las cadenas alimenticias marinas?

a. la calcificación reducida del coral

b. más contaminación del aire debido a los vehículos

c. el aumento de los niveles del mar producto del derretimiento de los glaciares

d. temperaturas más altas en la superficie terrestre

35. ¿Qué tipo de erosión costera estará más perjudicada por la acidificación oceánica?

a. abrasión

b. desgaste

c. corrosión

d. acción hidráulica

33.

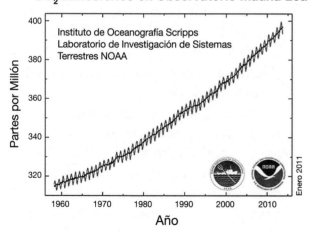

CO$_2$ atmosférico en Observatorio Mauna Loa

Según este gráfico y la información del pasaje, ¿en qué año se observó un menor riesgo de acidificación oceánica?

a. 1960

b. 1970

c. 1990

d. 2010

Respuestas y Explicaciones

1. **La opción b es correcta.** Kenia se encuentra en el Ecuador. La inclinación del eje terrestre no modifica sustancialmente la duración de la exposición diurna de los países ecuatoriales al sol. Por lo tanto, la duración del día no varía de manera significativa durante el curso del año. La opción **a** es incorrecta. El tiempo de ahorro de luz es una práctica que consiste en adelantar los relojes durante los meses de mayor luz diurna para que haya más luz por la tarde y menos por la mañana. En los países ecuatoriales, como Kenia, hay poca variación entre las horas de la mañana y luz diurna, por lo cual no se contempla el tiempo de ahorro de luz. La opción **c** es incorrecta. La diferencia de estaciones en hemisferios opuestos se debe a la inclinación del eje de la Tierra y a la proximidad del hemisferio al Sol. En invierno, el hemisferio norte está alejado del Sol. Durante los meses de invierno, los hemisferios también tendrán horas de luz más cortas. Kenia, un país ecuatorial, presenta una pequeña variación de horas de luz. La opción **d** es incorrecta. Es verdad que los países ecuatoriales como Kenia no cambiarán de lugar en relación con el Sol durante el otoño y la primavera a medida que la Tierra gira. No obstante, esto no explica de forma correcta la falta de variación de horas de luz durante el transcurso de un año completo.

2. **La opción b es correcta.** El dióxido de carbono se combina con el agua en presencia de la energía. Estos reactivos producen glucosa, además de oxígeno, como material residual. La opción **a** es incorrecta. La glucosa y el oxígeno son productos de la reacción fotosintética. La opción **c** es incorrecta. El dióxido de carbono es un reactivo de la fotosíntesis, mientras que el oxígeno es uno de los productos, junto con la glucosa. La opción **d** es incorrecta. Es incorrecto agrupar el agua con el oxígeno y la glucosa, los cuales son dos productos de la fotosíntesis.

3. **La opción a es correcta.** La velocidad es rapidez con dirección y se calcula dividiendo la distancia recorrida por el tiempo que se tardó en recorrerla. En este gráfico, el tiempo aumenta hacia la derecha y la posición aumenta de forma constante con el tiempo. En cualquier punto del gráfico A, si se divide la posición por el tiempo se obtendrá el mismo resultado, lo cual indica una velocidad constante positiva. La opción **b** es incorrecta. La línea del gráfico B está curvada hacia arriba. Esta pendiente más amplia indica una mayor velocidad. Aquí se muestra el aumento positivo de la velocidad porque la línea está más pronunciada, lo cual indica la aceleración. La opción **c** es incorrecta. En el gráfico C se representa un objeto que se mueve a una velocidad negativa (según la pendiente negativa). Hay una velocidad constante negativa (señalada por la pendiente constante negativa). La opción **d** es incorrecta. La inmovilidad de un objeto se representa mediante una línea horizontal en un gráfico posición-tiempo. El tiempo aumenta hacia la derecha, pero la posición no cambia; por lo tanto, no hay movimiento. El gráfico de una línea recta, como el gráfico D, indica que un objeto está en reposo.

4. La opción c es correcta. La retina se define como una capa de tejido sensible a la luz que cubre la superficie interior del ojo, en la parte posterior del globo ocular. Las células sensibles a la luz activan los impulsos nerviosos que viajan por el nervio óptico hasta el cerebro, donde se forma una imagen visual.

La opción **a** es incorrecta. El cristalino es una estructura transparente biconvexa ubicada en la parte frontal del ojo que enfoca los rayos de luz que ingresan a través de la pupila para crear una imagen en la retina.

La opción **b** es incorrecta. La pupila es un orificio circular negro situado cerca de la parte frontal del ojo, por medio del cual pasa la luz a la retina.

La opción **d** es incorrecta. El foco, también llamado foco imagen, es el punto donde convergen los rayos de luz que se originan en un punto de un objeto. Aunque conceptualmente el foco es un punto, físicamente posee una extensión espacial denominada círculo borroso. El foco difiere según la forma del ojo y la longitud de la retina.

5. La opción a es correcta. Cuando la presión osmótica fuera de las células de glóbulos rojos equivalga a la presión dentro de ellas, la solución será isotónica con respecto al citoplasma. Este es el estado habitual de las células de glóbulos rojos en el plasma, en un estado de homeostasis.

La opción **b** es incorrecta. Cuando la concentración de NaCl es superior fuera de la célula, es hipertónica. Esto resulta en un flujo osmótico desde la célula hasta la solución más concentrada fuera de ella, en lugar del equilibrio necesario para mantener la homeostasis.

La opción **c** es incorrecta. Cuando la solución fuera de las células de glóbulos rojos tiene una presión osmótica inferior al citoplasma dentro de las células, la solución es hipotónica con respecto a las células. Las células captan el agua en un intento de igualar la presión osmótica, lo cual hace que se inflen y posiblemente se revienten.

La opción **d** es incorrecta. La presión osmótica de la solución fuera de las células sanguíneas es superior a la presión osmótica dentro de ellas. El agua que contienen las células sanguíneas sale de ellas para tratar de igualar la presión osmótica, lo cual provoca que las células reduzcan su tamaño.

6. La opción d es correcta. Debido a que estos países están en vías de desarrollo, es poco probable que puedan proporcionar vacunas contra el tétano.

La opción **a** es incorrecta. En términos generales, estos países poseen climas calurosos y húmedos que favorecen el desarrollo bacteriano.

La opción **b** es incorrecta. Como se describió en la primera oración del pasaje, el tétano no es contagioso. Por consiguiente, no se puede propagar de una persona a otra.

La opción **c** es incorrecta. Aunque el tétano está estrechamente asociado con la herrumbre, no hay nada en el pasaje que sugiera que en estos países se utiliza más hierro que en otros.

7. **La opción b es correcta.** En el pasaje se indica que uno de los resultados finales del proceso de fermentación es la energía y que se crean productos derivados del alcohol. En esta ecuación, el etanol es un producto derivado del alcohol.
La opción **a** es incorrecta. Debido a que en el pasaje se especifica que las bacterias son anaeróbicas, no necesitan oxígeno para respirar.
La opción **c** es incorrecta. Aunque en esta opción se enumera correctamente al etanol como un producto derivado de la fermentación, no se incluye a la energía como resultado de ella.
La opción **d** es incorrecta. Esta opción no comprende la energía como resultado de la fermentación. Asimismo, debido a que en el pasaje se especifica que las bacterias son anaeróbicas, no necesitan oxígeno para respirar.

8. **La opción b es correcta.** La pared celular brinda rigidez para mantener la forma de la célula. Además, las endotoxinas se producen en la parte externa de la pared celular.
La opción **a** es incorrecta. El ADN contiene el código genético de las enzimas que participan en la respiración, junto con otra información importante para la vida de la célula. Las endotoxinas se producen en la pared celular externa.
La opción **c** es incorrecta. Las enzimas se producen dentro del citoplasma de las bacterias, donde suceden las reacciones químicas que participan en la respiración. Sin embargo, las endotoxinas se producen en la pared celular externa, la cual también es un componente que da forma y rigidez a la célula.
La opción **d** es incorrecta. La membrana celular es una estructura porosa no rígida que permite que los gases y el agua entren y salgan de la célula, mientras controla el paso de otros químicos. Las endotoxinas se producen en la pared celular externa.

9. **La opción a es correcta.** Los sapos de caña adultos podrían ser un factor restrictivo para la población de sapos de caña juveniles, ya que los sapos de caña grandes se alimentan de otros anfibios, aun de sapos de caña más pequeños.
La opción **b** es incorrecta. Debido a que las larvas de los escarabajos de caña se entierran debajo del suelo, los sapos de caña no pueden atraparlos. Asimismo, los sapos de caña son depredadores tan diversos que la ausencia de una especie de caza no afecta en absoluto su población general o la afecta en menor medida.
La opción **c** es incorrecta. Los escarabajos de caña adultos poseen exoesqueletos gruesos y fuertes patas con espigas. Son difíciles de atrapar. Su capacidad de volar, a diferencia de los sapos de caña, evita que sean un recurso de caza para los sapos.
La opción **d** es incorrecta. Los renacuajos de sapos de caña no limitan el éxito de los sapos de caña jóvenes, o juveniles, porque están confinados a hábitats acuáticos, mientras que los sapos de caña juveniles pueden vivir en la tierra.

10. **La opción b es correcta.** La adaptación es el proceso evolutivo mediante el cual un organismo desarrolla la capacidad para vivir en su hábitat. Con el pasar del tiempo, los cuervos aprendieron a cazar sapos de caña sin quedar expuestos a las toxinas que estos liberan desde los hombros.
La opción **a** es incorrecta. La especiación es el proceso evolutivo mediante el cual surgen nuevas especies biológicas.
La opción **c** es incorrecta. El desarrollo es un término general que hace referencia al crecimiento físico y al cambio de un organismo individual.
La opción **d** es incorrecta. La homeostasis es la propiedad de un sistema que regula el entorno interno y tiende a mantener la condición estable y relativamente constante de propiedades, como la temperatura o el pH.

11. **La opción a es correcta.** El impacto más significativo del sapo de caña es su efecto devastador en las poblaciones de muchas especies autóctonas.

La opción **b** es incorrecta. A pesar de que el sapo de caña ha devastado las poblaciones de muchas especies autóctonas, no ha dañado la población de escarabajos de caña.

La opción **c** es incorrecta. A pesar de que el sapo de caña ha envenenado a algunas personas y mascotas domésticas, su impacto más significativo ha sido en la ecología silvestre de Australia.

La opción **d** es incorrecta. El sapo de caña no ha afectado la resistencia de la caña de azúcar a los escarabajos de caña.

12. **La opción a es correcta.** El mutualismo único entre los corales y las zooxantelas fotosintéticas es la fuerza que impulsa el establecimiento, el crecimiento y la productividad de los arrecifes de coral. Esta relación mutualista beneficia a las zooxantelas ya que les ofrece un huésped y dióxido de carbono expulsado para la fotosíntesis. Los corales se benefician cuando usan los productos de la fotosíntesis de las zooxantelas para las funciones metabólicas o como elementos básicos para fabricar proteínas, grasas y carbohidratos.

La opción **b** es incorrecta. En una relación parasítica, un miembro de la sociedad se beneficia mientras que el otro se perjudica. Hay muchas formas de simbiosis parasíticas, desde endoparásitos que viven dentro del cuerpo del huésped hasta ectoparásitos que viven en la superficie del huésped. Además, los parásitos pueden ser necrotróficos (matan al huésped) o biotróficos (dependen de la supervivencia del huésped).

La opción **c** es incorrecta. El amensalismo es el tipo de relación en la cual una especie es habitada o totalmente obliterada y la otra no sufre consecuencias. Por ejemplo, un árbol joven que crece debajo de la sombra de un árbol maduro. El árbol maduro puede comenzar a quitarle al árbol joven la luz necesaria y, si el árbol maduro es muy grande, es posible que capte toda el agua de lluvia y agote los nutrientes del suelo.

La opción **d** es incorrecta. El comensalismo describe la relación entre dos organismos vivientes, donde uno se beneficia y el otro no sufre daños ni se beneficia de manera importante. Las relaciones comensales pueden comprender un organismo que usa a otro para transportarse o albergarse, o un organismo que usa algo que otro organismo creó después de morir.

13. **Primera casilla:** En el pasaje, se describe a las zooxantelas como **fotosintetizadoras mutualistas.**

Los productores se describen como autotróficos, es decir que pueden elaborar su propio alimento. Al igual que los productores de tierra, los productores en ambientes marinos convierten la energía del sol en energía alimenticia por medio de la fotosíntesis. El fitoplancton son los productores más abundantes y extendidos del entorno marino.

Segunda casilla: Sobre la base de los niveles tróficos identificados en esta pirámide, las zooxantelas se clasificaría como **productores primarios.** Los organismos en las cadenas alimenticias se dividen comúnmente en los niveles tróficos. Estos niveles se pueden ilustrar en una pirámide trófica, donde los organismos se agrupan por las funciones que desempeñan en la cadena trófica. Por ejemplo, la primera forma el nivel de base de la pirámide y se compone de productores. El segundo nivel está constituido por los consumidores herbívoros, y así sucesivamente. En promedio, sólo el 10% de la energía a partir de un organismo se transfiere a su consumidor. El resto se pierde en forma de residuos, la energía del movimiento, la energía térmica, y así sucesivamente. Como resultado, cada nivel trófico soporta un número más pequeño de organismos; en otras palabras, que tiene menos biomasa. Esto significa que un consumidor de alto nivel, como un tiburón, es apoyado por millones de productores primarios de la base de la cadena alimenticia o pirámide trófica.

14. **La opción d es correcta.** En la cadena alimenticia marina se muestra con claridad una flecha que comienza en el zooplancton y termina en el coral. Esto indica que el flujo de energía se mueve del zooplancton al coral.

La opción **a** es incorrecta. En la cadena alimenticia marina, hay una flecha que señala desde el coral hasta el pez mariposa, lo cual indica que el pez mariposa obtiene energía del coral, no al revés.

La opción **b** es incorrecta. En la cadena alimenticia marina no se muestra ninguna relación entre el pez damisela y el coral.

La opción **c** es incorrecta. En la cadena alimenticia marina, hay una flecha que señala desde el coral hasta el pez lábrido, lo cual indica que este obtiene energía del coral, no al revés.

15. **La opción a es correcta.** La secuencia correcta se desplaza de los niveles más especializados a los niveles superiores de organización.

La opción **b** es incorrecta. La secuencia correcta se desplaza de los niveles más especializados a los niveles superiores de organización. En esta opción, se desplaza a la inversa.

La opción **c** es incorrecta. El sistema cardiovascular es el nivel superior de organización, en lugar del corazón.

La opción **d** es incorrecta. La secuencia correcta se desplaza de los niveles más especializados a los niveles superiores de organización. La célula de glóbulos rojos debería ser el elemento más especializado ubicado en el extremo izquierdo, con el sistema cardiovascular en el extremo derecho como el nivel superior de organización.

16. La respuesta correcta es yy.

En el cuadro de Punnett, se combinan alelos, uno de un extremo lateral con uno de la parte superior, en cada casilla. Los dos alelos "y" minúscula se combinan en la casilla inferior derecha del cuadro de Punnett, es decir que un fenotipo recesivo es posible si se combinan dos genotipos heterocigotos.

17. La respuesta correcta es 8 metros.

La formula de velocidad, $v = d/t$, se puede reordenar para calcular la distancia. En este caso, $d = v \times t$, que es 4 m/s multiplicado por 2 segundos.

18. La opción c es correcta. Los materiales como la lana son buenos aislantes y conductores deficientes de calor. Una manta de lana retrasará la transferencia de calor del cuerpo, el cual mantendrá más el calor.

La opción **a** es incorrecta. Un aislante es un material que no conduce calor. Un piso de losa actúa como conductor porque aleja el calor de la piel con facilidad, por lo cual la superficie del piso estará más fría.

La opción **b** es incorrecta. Los metales como la plata y el acero inoxidable son buenos conductores de calor. Una cuchara metálica transfiere el calor del líquido caliente a cualquier superficie con la que haga contacto, incluso la piel.

La opción **d** es incorrecta. Una tubería de cobre es un excelente conductor de calor y electricidad, por lo cual es un aislante deficiente.

19. La opción c es correcta. En el gráfico se muestra que no se necesita energía adicional para completar la reacción; la energía se libera a medida que ocurre la reacción. Como resultado, el nivel energético de los productos es inferior al nivel energético de los materiales iniciales.

La opción **a** es incorrecta. En el gráfico se ilustra una reacción exotérmica, porque el nivel energético de los productos es inferior al nivel energético de los materiales iniciales.

La opción **b** es incorrecta. Aunque en el gráfico sí se indica una reacción exotérmica, el razonamiento es incorrecto porque no hay energía adicional necesaria para completar la reacción. Se ilustra la energía liberada, en lugar de la utilizada, luego de la activación.

La opción **d** es incorrecta. En el gráfico no se muestra una reacción endotérmica. Se muestra un nivel energético de productos inferior al nivel energético de los reactivos.

20. La opción a es correcta. Aunque un camión y un ómnibus escolar pueden tener una masa similar, el ómnibus escolar está estacionado, así que tiene una velocidad de cero. Por lo tanto, el camión tendrá la mayor cantidad de energía cinética independientemente de la velocidad a la que se desplace. Del mismo modo, a pesar de que la bicicleta está en movimiento, la masa superior del camión contribuye a que este posea la mayor cantidad de energía cinética.

La opción **b** es incorrecta. Una bicicleta que se desplaza a 10 m/s tendrá menos energía cinética que un camión que viaja a la misma velocidad porque tiene una masa menor a la del camión.

La opción **c** es incorrecta. Un vehículo estacionado en un semáforo en rojo tiene una velocidad de cero, de modo que tendrá una energía cinética equivalente a cero.

La opción **d** es incorrecta. Un ómnibus escolar estacionado tendrá una velocidad de cero y, por consiguiente, la misma energía cinética.

21. **La opción a es correcta.** Incorporar paneles solares en su casa le permitirá usar menos energía de combustible fósil y ahorrar dinero.

La opción **b** es incorrecta. Aunque las turbinas eólicas podrían ser una decisión que no dañaría el medioambiente, no son económicas y es probable que no estén permitidas en el barrio de Carlos.

La opción **c** es incorrecta. Reemplazar un calefactor a queroseno por una estufa a leña costaría mucho dinero y no brindaría beneficios ambientales ni rentables a largo plazo.

La opción **d** es incorrecta. Cambiarse a otras empresas de electricidad o reducir las tarifas existentes no le permitirá a Carlos ahorrar energía en su hogar.

22. **La opción b es correcta.** Los rayos UVB provocan quemaduras de sol. El mayor porcentaje de rayos UVB alcanza la Tierra al mediodía (12 P.M.), por lo cual este es el horario del día con más probabilidades de que ocurran quemaduras de sol.

La opción **a** es incorrecta. Los rayos UVA son muy nocivos y están asociados con los signos de envejecimiento. Aunque abundan entre las 10 A.M.–2 P.M., no provocan quemaduras solares.

La opción **c** es incorrecta. Los rayos UVC no llegan a la Tierra en ningún momento del día y no son la causa de las quemaduras de sol.

La opción **d** es incorrecta. Los rayos UVA disminuyen a las 4 P. M. y no son el motivo de quemaduras de sol.

23. **La opción c es correcta.** Casi todo el peso de un átomo proviene de los protones y neutrones de su núcleo. Los neutrones y protones pesan aproximadamente 1 unidad de masa atómica (1.67×10–24 gramos).

La opción **a** es incorrecta. Los protones son partículas con carga positiva que pesan 1 unidad de masa atómica (1.67×10–24 gramos) y se encuentran en el núcleo. Representan la cantidad atómica del elemento, pero la masa atómica, o peso, es la combinación de los pesos de los protones y neutrones.

La opción **b** es incorrecta. La mayoría del peso atómico de un átomo está determinado por los neutrones y protones. Los electrones son partículas con carga negativa que pesan cero unidades de masa atómica y se encuentran en los diversos orbitales de niveles energéticos fuera del núcleo. En verdad, un electrón pesa 9.11×10–28 gramos. Esto significa que se necesitarían alrededor de 1,830 electrones para igualar la masa de un protón.

La opción **d** es incorrecta. En verdad, un electrón pesa 9.11×10–28 gramos. Esto significa que se necesitarían alrededor de 1,830 electrones para igualar la masa de un protón; por lo tanto, son muy livianos para contribuir con el peso total del átomo. Casi todo el peso de un átomo está compuesto por los protones y neutrones de su núcleo.

24. La opción d es correcta. El primer nivel energético de un átomo puede admitir hasta 2 electrones en un orbital. Cada nivel energético tiene la capacidad de admitir una cantidad específica de electrones.

La opción **a** es incorrecta. Los neutrones solo se hallan en el núcleo de un átomo. El segundo nivel energético de un átomo puede admitir hasta 8 electrones distribuidos en 4 orbitales diferentes.

La opción **b** es incorrecta. La cantidad máxima de electrones en el tercer nivel energético de un átomo es 18 y están distribuidos en 9 orbitales diferentes.

La opción **c** es incorrecta. Los protones y neutrones solo se hallan en el núcleo de un átomo.

25. La opción d es correcta. La reactividad es la tendencia de una sustancia a someterse a una reacción química, por sí misma o con otros materiales, y de liberar energía. Se observó reactividad con otros químicos cuando el bicarbonato de sodio se combinó con el vinagre y reaccionó para crear gas de dióxido de carbono, demostrado por las burbujas.

La opción **a** es incorrecta. Aunque la inflamabilidad es una propiedad química, no se observó durante la reacción entre el bicarbonato de sodio y el vinagre.

La opción **b** es incorrecta. El cambio de color puede indicar una reacción, pero no se observó en este caso.

La opción **c** es incorrecta. El volumen es una propiedad física de los líquidos, no una propiedad química observada en esta situación.

26. La opción a es correcta. El oro es la mejor opción porque encabeza la lista de resistencia a la corrosión y no pierde el lustre. También es maleable, de modo que es fácil de moldear, pero difícil de romper porque no es frágil.

La opción **b** es incorrecta. El níquel no es muy maleable, de modo que es difícil moldearlo para diseñar joyas.

La opción **c** es incorrecta. El bismuto es muy frágil y no se considera un metal muy maleable, por lo cual es una mala opción para la joyería.

La opción **d** es incorrecta. El manganeso es un metal muy frágil que no se moldea bien y no es muy resistente a la corrosión.

27. Respuesta correcta: 2.

La ruptura del peróxido de hidrógeno en agua y oxígeno se sintetiza como $2H_2O_2 \rightarrow 2H_2O + O_2$. Ambos equilibran la ecuación porque hay 2 moléculas de agua que igualan 4 de hidrógeno.

28. La opción a es correcta. La fórmula correcta descrita es Na_2CO_3, donde se muestra el sodio con un subíndice de 2, lo cual indica el doble de átomos que el átomo de carbono. El oxígeno tiene un subíndice de 3, tres veces más que el único átomo de carbono.

La opción **b** es incorrecta. La fórmula correcta debería tener un subíndice de 2 junto al sodio porque debe tener el doble de átomos de sodio que el átomo de carbono.

La opción **c** es incorrecta. Los tres átomos de sodio son más que "el doble de átomos de sodio que átomos de carbono" descrito en la consigna.

La opción **d** es incorrecta. En esta fórmula se muestra seis veces más átomos de sodio que átomos de carbono y doce veces más átomos de oxígeno.

29. La opción a es correcta. Las reglas de solubilidad determinan que todos los compuestos de hidróxido (OH) son insolubles, excepto los del grupo I-A (metales alcalinos) y Ba^{2+}, Ca^{2+}, and Sr^{2+}. Usando la información de la tabla, $Mg(OH)_2$ es insoluble porque el Mg se incluye en la tabla debajo del encabezado "combinaciones que no son solubles".

La opción **b** es incorrecta. El NaOH es soluble y se disocia por completo en una solución acuosa. Los compuestos de sodio (Na) son solubles, según la tabla.

La opción **c** es incorrecta. Las sales de K^+ y NO_3 aparecen como solubles en la tabla. Conforme con las reglas generales de solubilidad 1 y 3, el KNO_3 se clasifica como totalmente soluble.

La opción **d** es incorrecta. Las sales de Cl^- se describen como solubles en la tabla, de modo que LiCl es un compuesto soluble. Las reglas de solubilidad determinan que todos los componentes de los elementos del grupo 1A (metales alcalinos) son solubles.

30. La opción b es correcta. Las formaciones de esquisto sedimentarias suaves y finamente estratificadas albergan miles de millones de barriles de petróleo y gas natural.

La opción **a** es incorrecta. Los depósitos de gas natural y petróleo se encuentran en las formaciones de esquisto. Se usan arena, químicos y agua para extraer el gas y el petróleo por medio del *fracking*.

La opción **c** es incorrecta. Los pozos de concreto sirven para almacenar el agua residual eliminada del proceso de fracturación hidráulica, después de fracturar la formación de esquisto.

La opción **d** es incorrecta. Aunque es posible hallar petróleo y gas muchos pies por debajo de la capa freática, la mejor respuesta, según el pasaje, es: "Se cree que hay miles de millones de barriles de petróleo albergados en formaciones de esquisto sedimentarias suaves y finamente estratificadas en todo el territorio de los Estados Unidos".

31. La opción b es correcta. Los círculos en la referencia de actividades indican la ubicación de terremotos originados por las tecnologías de la industria energética o "probablemente relacionados" con ellas. Cuanto más grande el círculo, más grande el terremoto. Los círculos más grandes del mapa son negros y representan la "Extracción de petróleo/gas".

La opción **a** es incorrecta. Los círculos en la referencia de actividades indican la ubicación de terremotos originados por las tecnologías de la industria energética o "probablemente relacionados" con ellas. Cuanto más grande el círculo, más grande es el terremoto. A pesar de que hay varios círculos grises medio oscuro, estos no son los círculos más grandes del mapa.

La opción **c** es incorrecta. El mapa comprende solo una pequeña cantidad de círculos grises medio claro.

La opción **d** es incorrecta. A pesar de que hay varios círculos grises oscuro, estos no son los círculos más grandes del mapa.

32. La opción c es correcta. El agua escasea en las regiones donde se practica la fracturación hidráulica, y se debe abordar la sustentabilidad del agua dulce. Cuando "se inyectan millones de galones de agua dulce, arena y químicos a alta presión en un pozo", las enormes cantidades de agua que se emplean quedan en evidencia.

La opción **a** es incorrecta. Aunque la contaminación del aire es una inquietud, no aborda las preocupaciones de sustentabilidad. El recurso sustentable principal empleado en la fracturación hidráulica es el agua.

La opción **b** es incorrecta. La probabilidad de que sucedan terremotos no es un problema de sustentabilidad. El recurso que se debe conservar para que continúe el *fracking* es el agua.

La opción **d** es incorrecta. Los recursos solares y eólicos no constituyen el problema de sustentabilidad que surge en el proceso de fracturación hidráulica. Por el contrario, el problema son los millones de galones de agua dulce que se usan en la inyección de pozos.

33. La opción a es correcta. La acidificación oceánica tiene lugar cuando el agua de mar absorbe el dióxido de carbono de la atmósfera. El punto del gráfico donde se indica la menor concentración de CO_2 en la atmósfera es 1960. La opción **b** es incorrecta. En 1970 se muestran más partes por millón de CO_2 en la atmósfera que en 1960; esto contribuye a la acidificación oceánica.

La opción **c** es incorrecta. En 1990 se muestra una cantidad significativamente superior de dióxido de carbono en la atmósfera a la de 1960.

La opción **d** es incorrecta. Se detectaron más de 380 partes por millón de CO_2 en la atmósfera en 2010.

34. La opción a es correcta. El aumento de acidificación de las aguas oceánicas crea un ambiente deficiente para los animales marinos calcificantes. Los corales son los principales consumidores de las cadenas alimenticias marinas. Cuando los corales no pueden funcionar correctamente y comienzan a morirse, los consumidores secundarios y terciarios sufren efectos negativos.

La opción **b** es incorrecta. El aumento de la contaminación del aire debido a los vehículos sí genera más CO2 en la atmósfera, pero no impacta directamente en las cadenas alimenticias marinas.

La opción **c** es incorrecta. El aumento de los niveles del mar puede ser una consecuencia de las temperaturas globales generales, las cuales son producto de los gases de efecto invernadero. No obstante, esto no tiene un efecto directo en las cadenas alimenticias marinas.

La opción **d** es incorrecta. Los gases de efecto invernadero que incrementan las temperaturas terrestres tendrán un impacto indirecto en muchas cadenas alimenticias, pero esta no es la mejor respuesta. El efecto negativo directo se observará en la calcificación de corales.

35. La opción c es correcta. El proceso de corrosión sucede cuando los materiales con pH bajo alteran químicamente las rocas de acantilados con un pH alto. El aumento de acidez del agua de mar contribuye en gran medida con la manera en que se parten los acantilados.

La opción **a** es incorrecta. La abrasión también se denomina corrasión; esta acción es cómo se erosionan los acantilados. Las olas rápidas, que arrastran diversos tipos de roca, rompen contra los acantilados y los desgastan al igual que una lija. Debido a la gravedad, grandes porciones de acantilado superior se rompen o desprenden.

La opción **b** es incorrecta. El desgaste es una forma de meteorización mecánica en la cual las partículas de roca se desgastan unas contra otras, de modo que se parten hasta crear piedras suaves y redondeadas. En general, esto es producto de la combinación del movimiento de la marea y los vientos costeros.

La opción **d** es incorrecta. En la erosión de acción hidráulica, el aire ingresa en pequeñas fisuras y agrieta rocas grandes cuando las olas potentes rompen contra ellas. Esta presión de aire ejerce una fuerza suficiente en las rocas que se terminan debilitando hasta desmoronarse.

9 ▶ PRUEBA GED®
SOBRE ESTUDIOS
SOCIALES 2

Esta prueba de práctica basada en el formato, el contenido y el tiempo de la prueba GED® oficial sobre Estudios Sociales, al igual que el examen oficial, presenta una serie de preguntas que se centran en los principios básicos del razonamiento aplicado a los Estudios Sociales.

Parte I

Se te pedirá que respondas preguntas basadas en texto breves, mapas, gráficos y tablas. Consulta la información proporcionada todas las veces que lo necesites cuando respondas las preguntas.

Trabaja cada pregunta en forma detallada, pero sin pasar demasiado tiempo en una misma pregunta. Debes responder todas las preguntas.

Coloca una alarma a los 65 minutos (1 hora y 5 minutos) e intenta completar este examen sin interrupciones, en silencio.

Parte II

La prueba GED® oficial sobre Estudios Sociales también incluye una pregunta de respuesta ampliada, es decir, una pregunta que se responde con un ensayo. Coloca una alarma para que suene a los 25 minutos e intenta leer el pasaje dado y, luego, piensa, escribe y revisa tu ensayo sin interrupciones, en silencio.

Después del examen, verás completas explicaciones de cada pregunta de la prueba y también ensayos de ejemplo con diferentes niveles de puntuación. ¡Buena suerte!

Parte I

35 preguntas
66 minutos

Por favor utilizar el texto a continuación para responder las preguntas 1 a la 3.

En el siguiente cuadro, se muestran los distintos tipos de democracia.

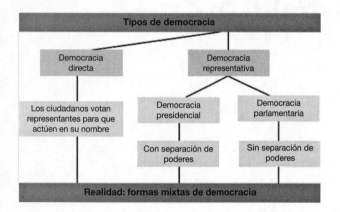

1. ¿Cuál de las opciones a continuación suele ser una característica exclusiva de la democracia presidencial?
   a. Los ciudadanos participan en la votación.
   b. El poder ejecutivo está separado del poder legislativo.
   c. El poder ejecutivo es una parte del poder legislativo.
   d. El jefe de estado no es elegido directamente por el pueblo.

2. ¿Qué tipo específico de democracia rige en los Estados Unidos?
   a. democracia directa
   b. democracia representativa
   c. democracia parlamentaria
   d. democracia presidencial

3. A partir del cuadro, ¿qué puedes inferir acerca de la democracia representativa?
   a. No están representadas las elecciones individuales cuando los legisladores toman decisiones.
   b. El voto de las leyes que emite cada ciudadano está representado cuando los legisladores toman decisiones.
   c. El presidente o primer ministro redacta las leyes.
   d. Es igual que la democracia directa.

Por favor utilizar el texto a continuación para responder las preguntas 4 a la 5.

En el siguiente cuadro, se describen los tres poderes de gobierno de los Estados Unidos.

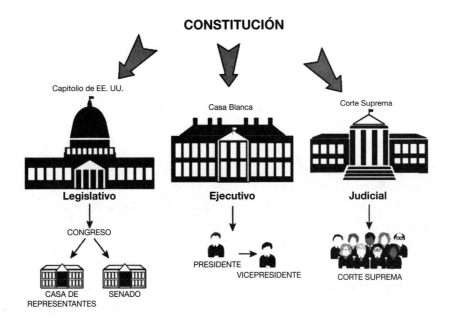

4. ¿Cuáles son los poderes de gobierno?
  a. la Cámara de Representantes y el Senado
  b. la Cámara de Representantes, el Senado y la Corte Suprema
  c. el presidente y vicepresidente
  d. legislativo, ejecutivo y judicial

5. Escribe el poder de gobierno adecuado en la casilla.

El poder [ ] interpreta y aplica la ley.

Por favor utilizar el texto a continuación para responder las preguntas 6 a la 7.

El siguiente discurso fue pronunciado por Sojourner Truth.

Los caballeros dicen que las mujeres necesitan ayuda para subirse a las carretas, para cruzar las zanjas en la calle y que deben tener el mejor puesto en todos lados. Pero a mí nunca me han ayudado a subir a las carretas o a saltar charcos de lodo, ni me han dado el mejor puesto. ¿Acaso no soy una mujer? ¡Mírenme! ¡Miren mis brazos! He arado y sembrado, y trabajado en los establos, y ningún hombre nunca lo hizo mejor que yo. ¿Acaso no soy una mujer? Puedo trabajar y comer tanto como un hombre, si es que consigo alimento, y también puedo aguantar el latigazo. ¿Acaso no soy una mujer? Parí trece hijos y vi como todos ellos fueron vendidos como esclavos, y cuando lloré junto a las penas de mi madre, nadie, excepto Jesús, me oyó. ¿Acaso no soy una mujer?

6. Sojourner Truth está exponiendo argumentos a favor de
   a. los derechos de la mujer.
   b. la abolición de la esclavitud.
   c. la oportunidad de trabajar.
   d. el tratamiento especial para las mujeres.

7. La fuente más importante de credibilidad de Sojourner Truth era
   a. su resistencia física.
   b. su belleza y encanto personal.
   c. su fuerza moral.
   d. su uso elocuente del lenguaje.

Por favor utilizar el texto a continuación para responder las preguntas 8 a la 9.

Cuando los conquistadores españoles vinieron a América en el siglo XVI y destruyeron las civilizaciones americanas nativas, una de las civilizaciones más importantes, la maya clásica, ya había desaparecido. Los indicios arqueológicos revelan que una civilización relativamente pacífica se volvió más violenta con la conquista de Tikal, la ciudad maya más grandiosa, en 378 por parte del guerrero misterioso "El nacimiento del fuego". Aunque Tikal se reconstruyó y continuó siendo una de las ciudades-estados mayas más dominantes por cientos de años, esta ciudad y las demás ciudades mayas se deterioraron y por último fueron abandonadas.

Los investigadores han trabajado muchos años para identificar las causas de este colapso. Según el artículo de National Geographic "Los mayas: gloria y ruina" de Guy Gugliotta:

Los investigadores han analizado diversas aflicciones del mundo maya, incluida la superpoblación, el daño ambiental, el hambre y la sequía.

También se han centrado en algo que parece haber sucedido en todas partes durante la decadencia prolongada: a medida que los recursos escaseaban, el kuhul ajaw perdió su lustre divino y, con él, la confianza de sus súbditos, tanto nobles como plebeyos. La inestabilidad y la desesperación promovieron más guerras destructivas. El ritual de la lucha por recuperar la gloria o los prisioneros se convirtieron en ataques de violencia como el que arrasó con Cancuén. Simon Martin de la Universidad del Museo de Pennsylvania expresa: "El sistema se desmoronó y salió fuera de control".

8. ¿Cuál de las siguientes opciones fue la causa más importante del colapso de la civilización maya clásica?
   a. la conquista de Tikal en 378 por parte de "El nacimiento del fuego"
   b. la pérdida de confianza del pueblo en el sistema
   c. el ritual de la guerra para recuperar la gloria y los prisioneros
   d. la invasión de los conquistadores españoles

9. Escribe tu respuesta en la siguiente casilla.

   Los gobernantes mayas se llamaban

   [ ] .

Por favor utilizar el texto a continuación para responder las preguntas 10 a la 11.

"No crié a mi hijo para que fuera soldado"
(1915)

Letra de Al Bryan, música de Al Piantadosi

No crie a mi hijo para que fuera soldado,
lo crie para que fuera mi orgullo y alegría.
¿Quién se atreve a posarse un mosquete
    en el hombro
para dispararle al querido hijo de otra
    madre?
Dejen que las naciones se disputen sus
    problemas futuros,
es hora de dejar la espada y el arma;
no existirían guerras hoy si todas las
    madres pudieran decir:
"No crie a mi hijo para que fuera soldado".

"Por allí"
(1917)

Música y letra de George Cohan

Johnnie toma tu arma, toma tu arma, toma
    tu arma.
Llévala a la carrera, a la carrera, a la carrera.
Nos llaman a ti y a mí, cada hijo de la liber-
    tad;
Apúrate ya, no tardes, vete hoy.
Haz que tu padre se sienta contento de
    tener un hijo como tú.
Dile a tu novia que no esté triste, que esté
    orgullosa de que su hombre esté en
    servicio.

---

10. Estas dos canciones populares estadounidenses tratan acerca de la posición de los Estados Unidos al momento de la Primera Guerra Mundial. ¿Cuál es la mejor conclusión según estas dos fuentes?
    a. Los padres estadounidenses estaban orgullosos de que sus hijos se unieran al ejército.
    b. Los soldados estadounidenses de la Primera Guerra Mundial lucharon por la libertad.
    c. La Primera Guerra Mundial fue innecesaria.
    d. La Primera Guerra Mundial fue controversial y suscitó diferentes puntos de vista.

11. ¿Qué técnica de propaganda se emplea en "Por allí"?
    a. recomendación
    b. insultos
    c. adhesión
    d. miedo

Por favor utilizar el texto a continuación para responder las preguntas 12 a la 14.

Este es un pasaje de la Declaración de Independencia.

> Sostenemos como evidentes estas verdades: que todos los hombres son creados iguales; que son dotados por su Creador de ciertos derechos inalienables; que entre estos están la vida, la libertad y la búsqueda de la felicidad; que para garantizar estos derechos se instituyen entre los hombres los gobiernos, que derivan sus poderes legítimos del consentimiento de los gobernados; que cuando quiera que una forma de gobierno se haga destructora de estos principios, el pueblo tiene el derecho a reformarla o abolirla e instituir un nuevo gobierno que se funde en tales principios, y a organizar sus poderes en la forma que a su juicio ofrecerá las mayores probabilidades de alcanzar su seguridad y felicidad. La prudencia, claro está, aconsejará que no se cambien por motivos leves y transitorios gobiernos de antiguo establecidos; y, en efecto, toda la experiencia ha demostrado que la humanidad está más dispuesta a padecer, mientras los males sean tolerables, que a hacerse justicia aboliendo las formas a las que está acostumbrada. Pero cuando una larga serie de abusos y usurpaciones, dirigida invariablemente al mismo objetivo, demuestra el designio de someter al pueblo a un despotismo absoluto, es su derecho, es su deber, derrocar ese gobierno y establecer nuevos resguardos para su futura seguridad. Tal ha sido el paciente sufrimiento de estas colonias; tal es ahora la necesidad que las obliga a reformar su anterior sistema de gobierno. La historia del actual rey de Gran Bretaña es una historia de repetidos agravios y usurpaciones, encaminados todos directamente hacia el establecimiento de una tiranía absoluta sobre estos estados. Para probar esto, sometemos los hechos al juicio de un mundo imparcial.

Este pasaje se extrajo del *Segundo Tratado sobre el Gobierno Civil* de John Locke.

> Para entender el poder político correctamente, y para deducirlo de lo que fue su origen, hemos de considerar cuál es el estado en que los hombres se hallan por naturaleza. Y en este, un estado de perfecta libertad para que cada uno ordene sus acciones y disponga de posesiones y personas como juzgue oportuno, dentro de los límites de la ley de naturaleza, sin pedir permiso ni depender de la voluntad de ningún otro hombre.

12. ¿Qué oración mejor representa la idea principal expresada en este pasaje de la Declaración de Independencia?

- **a.** "Sostenemos como evidentes estas verdades: que todos los hombres son creados iguales; que son dotados por su Creador de ciertos derechos inalienables..."
- **b.** "... que cuando quiera que una forma de gobierno se haga destructora de estos principios, el pueblo tiene derecho a reformarla o abolirla e instituir un nuevo gobierno..."
- **c.** "La historia del actual rey de Gran Bretaña es una historia de repetidos agravios y usurpaciones, encaminados todos directamente hacia el establecimiento de una tiranía absoluta sobre estos estados".
- **d.** "Para probar esto, sometemos los hechos al juicio de un mundo imparcial".

13. Quienes redactaron la Declaración de Independencia buscaban el respeto decente de las opiniones de la humanidad. ¿En qué fundamento se basó principalmente su argumento?

a. un llamado a la razón

b. una petición de conexión emocional

c. una demanda de fe religiosa

d. un pedido de sentimiento partidario

14. Si observas el segundo pasaje y lo comparas con la Declaración de Independencia, ¿qué ideas de los dos pasajes son similares?

a. Las ideas de Locke sobre una libertad creada sin pedir permiso ni depender de la voluntad de ningún otro hombre son similares a las ideas de la Declaración acerca de un gobierno que garantice los derechos de los hombres.

b. Las ideas de Locke sobre el estado de perfecta libertad son similares a las ideas de la Declaración acerca de los derechos inalienables.

c. Las ideas de Locke sobre el poder político son similares a las ideas de la Declaración acerca de la búsqueda de la felicidad.

d. Las ideas de Locke sobre el consentimiento de los gobernados son similares a las ideas de la Declaración acerca de la disposición de las posesiones y las personas.

15. A continuación, se incluye un pasaje de una orden ejecutiva emitida por un presidente de los Estados Unidos.

> Que, en el primer día de enero, en el año mil ochocientos sesenta y tres de Nuestro Señor, todas las personas tomadas como esclavas dentro de cualquier parte designada de un estado o en sí un estado, cuyo pueblo se hallara en rebelión contra los Estados Unidos, serán entonces, a partir de entonces y para siempre libres y el poder ejecutivo de los Estados Unidos, incluidas las autoridades militares y navales, reconocerá y mantendrá la libertad de estas personas y no tomará ninguna acción para reprimir a cualquiera de estas personas, en todos los esfuerzos que puedan hacer por su libertad real.

¿Quién fue el autor de esta orden ejecutiva?

a. George Washington

b. Abraham Lincoln

c. Thomas Jefferson

d. James Madison

Por favor utilizar el texto a continuación para responder las preguntas 16 a la 18.

A continuación, se incluye un pasaje de la decisión de la Corte Suprema de los Estados Unidos del caso *Plessy contra Ferguson* (1896).

> La legislación no tiene el poder de erradicar los instintos raciales ni abolir las distinciones basadas en diferencias físicas.

A continuación, se incluye un pasaje de la decisión de la Corte Suprema de los Estados Unidos del caso *Brown contra Consejo de Educación* (1954).

Separarlos (a los niños en escuelas primarias y secundarias) de los demás de la misma edad y calificaciones simplemente por su raza genera un sentimiento de inferioridad en cuanto a la posición dentro de la comunidad que puede afectar sus corazones y mentes en un modo irreversible [...] Más allá del alcance del conocimiento psicológico al momento del caso Plessy contra Ferguson, esta conclusión tiene el respaldo total de la autoridad moderna [...] Concluimos que en el campo de la educación pública, no hay lugar para la doctrina de "separados pero iguales".

Este es un pasaje de la Primera Enmienda.

El Congreso no legislará respecto al establecimiento de una religión o la prohibición del libre ejercicio de esta, ni impondrá obstáculos a la libertad de expresión o de la prensa, ni coartará el derecho del pueblo para reunirse pacíficamente y solicitar al gobierno la reparación de agravios.

Este es un pasaje de la Sexta Enmienda.

En toda causa criminal, el acusado gozará del derecho a un juicio público y expedito por un jurado imparcial del estado y distrito en el que el delito se haya cometido, distrito que deberá haber sido determinado previamente por la ley; así como a que se le haga saber la naturaleza y causa de la acusación, a que se lo confronte con los testigos que depongan en su contra, a que se obligue a comparecer a los testigos que lo favorezcan y a contar con la ayuda de un abogado que lo defienda.

Este es un pasaje de la Decimotercera Enmienda.

Sección 1.
Ni en los Estados Unidos ni en ningún lugar sujeto a su jurisdicción habrá esclavitud ni trabajo forzado, excepto como castigo de un delito del que el responsable haya quedado debidamente condenado.

Este es un pasaje de la Decimocuarta Enmienda.

Sección 1.

Todas las personas nacidas o naturalizadas en los Estados Unidos y sometidas a su jurisdicción son ciudadanos de los Estados Unidos y de los estados en que residen. Ningún estado podrá dictar ni dar efecto a cualquier ley que limite los privilegios o las inmunidades de los ciudadanos de los Estados Unidos; ni ningún estado privará a nadie de su vida, su libertad o su propiedad sin que haya seguido el debido proceso legal, ni denegará a nadie dentro de su jurisdicción una protección igualitaria de las leyes.

16. ¿Cuál de las siguientes oraciones está avalada por indicios de los pasajes?
  a. De vez en cuando, la Corte Suprema de los EE. UU. cambia de parecer.
  b. Mediante la decisión del caso *Brown* se declaró que la segregación era constitucional y se anuló la decisión del caso *Plessy*.
  c. Es imposible legislar para eliminar los instintos raciales.
  d. Los problemas de interpretación se pueden resolver volviendo a las palabras reales de la Constitución.

17. ¿Cuál de las siguientes opciones fue fundamental para los argumentos presentados ante la Corte Suprema en el caso *Plessy contra Ferguson*?
  a. la Primera Enmienda
  b. la Sexta Enmienda
  c. la Decimotercera Enmienda
  d. la Decimocuarta Enmienda

18. ¿Cuál de las siguientes opciones es posible que haya influido en MENOR MEDIDA en la decisión de la Corte Suprema para el caso *Brown contra Consejo de Educación*?
  a. Una declaración firmada por algunos de los expertos líderes en los campos de psicología, biología, antropología cultural y etnología donde rechazaban las teorías raciales y la pseudociencia empleadas para justificar el Holocausto.
  b. Un estudio de las relaciones raciales donde se detallaban los obstáculos que tenían que superar los afroestadounidenses en la sociedad estadounidense de la década de 1940.
  c. Un estudio donde se demostraba el contraste entre los niños que asistían a escuelas segregadas en Washington, D.C. en comparación con aquellos que iban a escuelas integradas en Nueva York.
  d. El primer mariscal de campo afroestadounidense que jugó en la Liga Nacional de Fútbol durante la era moderna.

19. Usa esta caricatura política para responder la pregunta.

¿Cuál de las siguientes oraciones se puede inferir a partir de la caricatura?
  a. Las libertades económicas son iguales que las libertades políticas.
  b. La economía no afecta las libertades políticas en los Estados Unidos.
  c. La economía puede entorpecer las libertades políticas.
  d. La raza sigue siendo un factor clave en las oportunidades económicas disponibles para los estadounidenses.

Por favor utilizar el texto a continuación para responder las preguntas 20 a la 21.

Este es un pasaje extraído de La Remoción de los Indios del presidente Andrew Jackson (1830).

¿Qué buen hombre prefiere un campo cubierto de bosques y ocupado por unos cientos de salvajes en nuestra extensa república, salpicado de ciudades, pueblos y prósperas granjas adornadas con todas las mejoras que el arte puede crear o la industria ejecutar, ocupado por más de 12,000,000 de personas contentas y lleno de todas las bendiciones de libertad, civilización y religión?

[...] Las tribus que ocupaban el campo que no formaban parte de los estados del este fueron aniquiladas o desaparecieron para hacerle lugar a los blancos. Las olas de habitantes y civilización se están dirigiendo al oeste, y ahora proponemos adquirir los campos ocupados por los hombres rojos del sur y del oeste mediante un intercambio justo, y, a expensa de los Estados Unidos, enviarlos a la tierra donde su existencia se pueda prolongar y quizá perpetuar.

Esta es la pintura *El progreso estadounidense* de John Gast (1872).

El progreso estadounidense, de John Gast (1872)
Cromolitografía publicada por George A. Crofutt
Fuente: División de Impresiones y Fotografías, Biblioteca del Congreso

20. ¿Qué elemento del pasaje o de la pintura se puede considerar propaganda?

    a. En la pintura se muestra la progresión de las ideas de transporte desde el caballo hasta el tren a vapor, que coincide con el movimiento industrial de la época.

    b. Los Estados Unidos reservaron tierra para las tribus indígenas desplazadas.

    c. La población de los Estados Unidos se estaba expandiendo hacia el oeste.

    d. La mujer de la pintura que representa el progreso estadounidense usa vestiduras blancas, al igual que una escultura griega o romana clásica.

21. En la sociedad actual, ¿cómo se consideraría el concepto de progreso estadounidense y el plan de remoción de Andrew Jackson?

    a. como una violación de los derechos individuales

    b. como acción válida y necesaria para reclamar las tierras agrícolas necesarias

    c. como la eliminación de los extranjeros de la tierra estadounidense

    d. como una violación de los derechos de las propiedades

Por favor utilizar el texto a continuación para responder la pregunta 22.

El siguiente pasaje se extrajo de la decisión mayoritaria del caso *Marbury contra Madison* (1803).

Sin lugar a dudas, la competencia y la obligación del Departamento Judicial (poder judicial) es decidir qué es ley. Los que aplican las normas a casos particulares deben por necesidad exponer e interpretar esa norma. Si dos leyes entran en conflicto entre sí, el tribunal debe decidir acerca de la validez y aplicabilidad de cada una de ellas.

Del mismo modo cuando una ley (por ej., un estatuto o tratado) está en conflicto con la Constitución y ambas son aplicables a un caso en particular, de modo que la Corte debe decidirlo conforme con la ley desechando la Constitución o conforme con la Constitución desechando la ley, la Corte debe determinar cuál de las normas contradictorias gobierna el caso. Esto constituye la esencia misma del deber de administrar justicia. Luego, si los tribunales deben tener en cuenta la Constitución y esta es superior en cualquier ley ordinaria, es la Constitución y no la ley la que debe regir el caso al cual ambas normas se refieren.

Quienes niegan el principio de que la Corte debe considerar la Constitución como la ley suprema se ven reducidos a la necesidad de sostener que los tribunales deben cerrar los ojos ante la Constitución y mirar solo la ley (por ej., el estatuto o tratado).

Esta doctrina subvertiría los fundamentos mismos de toda constitución escrita.

(John Marshall, presidente de la Corte Suprema)

Este es un pasaje extraído de una carta que Thomas Jefferson envió a Abigail Adams (1804).

> La Constitución dictamina que los poderes coordinados deben controlarse unos con otros. Pero la opinión que concede a los jueces el derecho a decidir cuáles leyes son constitucionales y cuáles no, no solamente para sí mismos en su propia esfera de acción, sino también para la asamblea legislativa y el ejecutivo, en sus esferas respectivas, haría del poder judicial una rama despótica.

22. ¿Qué conclusión se puede sacar a partir de estos dos pasajes?
   a. Thomas Jefferson apoyaba la idea de que el poder judicial mantuviera la Constitución.
   b. El poder judicial anterior a 1803 no decidía si las leyes creadas por los otros dos poderes eran constitucionales o no.
   c. Los poderes coordinados se controlan y equilibran unos con otros mediante la Constitución.
   d. La ley debe ignorar la Constitución y aplicarse en cada caso como tal.

Por favor utilizar el texto a continuación para responder la pregunta 23.

Este es un pasaje extraído de *La riqueza de las naciones*, tomo V, capítulo 2, de Adam Smith (1776).

> Los ciudadanos de cualquier estado deben contribuir al sostenimiento del gobierno, en cuanto sea posible, en proporción a sus respectivas aptitudes, es decir, en proporción a los ingresos que disfruten bajo la protección estatal. Los gastos del gobierno, en lo que concierne a los súbditos de una gran nación, vienen a ser como los gastos de administración de una gran hacienda con respecto a sus copropietarios, los cuales, sin excepción, están obligados a contribuir en proporción con sus respectivos intereses.

Este es un pasaje extraído de *Del deber de la desobediencia civil*, de Henry David Thoreau (1849).

> Cuando la sexta parte de la población de un país que se ha arrogado el título de país de la libertad la componen los esclavos, y toda una nación es injustamente arrollada y conquistada por un ejército extranjero y sometida a la ley marcial, creo que no es demasiado temprano para que los hombres honrados se rebelen y hagan la revolución. Y lo que hace este deber tanto más urgente es el hecho de que el país así arrollado no es el nuestro, y sí lo es, en cambio, el ejército invasor.
>
> [...] Si un millar de personas se rehusaran a satisfacer sus impuestos este año, la medida no sería ni sangrienta ni violenta, como sí, en cambio, el proceder contrario, que le permitiría al Estado continuar perpetrando acciones violentas con derramamiento de sangre inocente. Y esta es, de hecho, la definición de la revolución pacífica, si tal es posible.

23. A partir de los dos pasajes, ¿cuál de las siguientes oraciones considerarías verdadera?

a. Adam Smith y Henry David Thoreau coincidirían en la distribución de los impuestos dentro del gobierno.

b. Adam Smith y Henry David Thoreau coincidirían en la definición de revolución pacífica.

c. Adam Smith y Henry David Thoreau no estarían de acuerdo con que el gobierno hiciera uso del ejército.

d. Adam Smith y Henry David Thoreau no estarían de acuerdo con el uso de impuestos como vía de crítica del gobierno.

24.

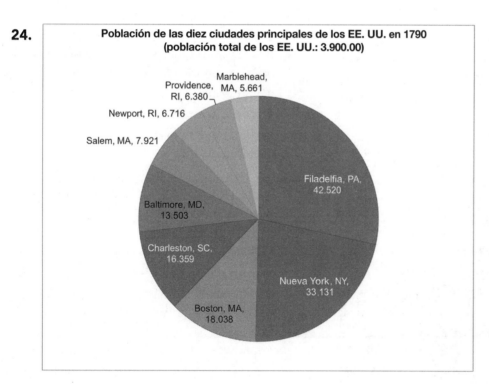

**Población de las diez ciudades principales de los EE. UU. en 1790
(población total de los EE. UU.: 3.900.00)**

Observa este gráfico y determina qué conclusión se puede sacar acerca de la época en que se realizó este censo poblacional.

a. La Revolución Estadounidense había reducido drásticamente la cantidad de habitantes en las ciudades.

b. Las ciudades más grandes tenían una población más diversa que las ciudades más pequeñas.

c. Se estaba llevando a cabo la expansión hacia el oeste, pero las ciudades modernas aún no tenían poblaciones numerosas.

d. La mayoría de la población total de los EE. UU. no residía en ciudades.

25. En la siguiente tabla, se comparan estadísticas energéticas entre los Estados Unidos y China.

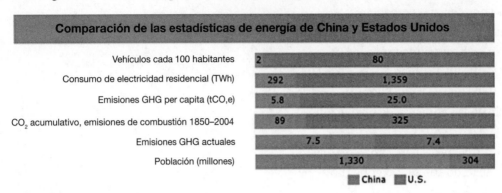

Comparación de las estadísticas de energía de China y Estados Unidos

	China	U.S.
Vehículos cada 100 habitantes	2	80
Consumo de electricidad residencial (TWh)	292	1,359
Emisiones GHG per capita (tCO,e)	5.8	25.0
CO$_2$ acumulativo, emisiones de combustión 1850–2004	89	325
Emisiones GHG actuales	7.5	7.4
Población (millones)	1,330	304

Según la tabla, ¿qué estadística energética revela la mayor diferencia entre los Estados Unidos y China?

a. vehículos cada 100 habitantes

b. consumo de electricidad residencial

c. emisiones GHG per capita

d. población (millones)

26. En este mapa, se describen los territorios ocupados por los diferentes imperios en los años anteriores y posteriores a la colonización europea de América.

¿Qué nación o pueblo controló la mayor cantidad de territorio en América?

a. los españoles

b. los portugueses

c. el Imperio mexicano

d. el Imperio inca

27. ¿Cómo se llama el control exclusivo del suministro de un producto?

a. poder de mercado

b. discriminación de precios

c. monopolio

d. eficiencia

Por favor utilizar el texto a continuación para responder las preguntas 28 a la 29.

En este gráfico, se describe el producto bruto interno (PBI) de los Estados Unidos, China y Japón entre 1960 y 2011.

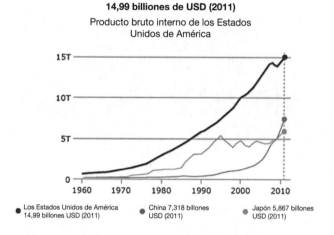

Por favor utilizar el texto a continuación para responder las preguntas 30 a la 31.

Andrew Johnson y Abraham Lincoln en "El separador de rieles trabajando para reparar la Unión" (1865).

EL "REPARADOR DE RIELES" TRABAJANDO PARA REPARAR LA UNIÓN.

28. ¿Qué característica mejor describe la tendencia del PBI japonés entre 1996 y 2010?

   a. estable

   b. turbulento

   c. estancado

   d. todas las anteriores

29. ¿Cuál de las siguientes opciones describe con precisión el PBI de los Estados Unidos entre 2008 y 2010?

   a. Aumentó de manera radical.

   b. Disminuyó un poco antes de aumentar.

   c. Aumento un poco antes de bajar.

   d. Disminuyó de manera radical.

"Andrew Johnson pateando la oficina de los libertos" por Thomas Nast en *Harper's Weekly* (1866).

"Este pequeñito…" una caricatura política del presidente Johnson de Thomas Nast en *Harper's Weekly* (1868).

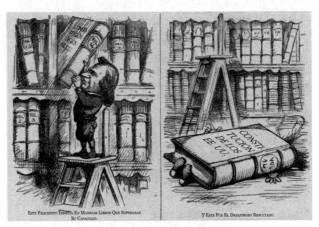

30. Analiza las tres caricaturas políticas. ¿Qué se puede suponer acerca de la carrera política de Andrew Johnson durante estos años?

   a. Andrew Johnson continuó el legado de las reformas de la Restauración de Abraham Lincoln.

   b. A los humoristas políticos y al pueblo les agradaba Andrew Johnson.

   c. Andrew Johnson hizo lo que fue necesario para trabajar con la Constitución de los EE. UU.

   d. Andrew Johnson sucedió a Abraham Lincoln como presidente.

31. ¿Qué aspectos del gobierno de los Estados Unidos se ilustra en estas caricaturas políticas?

   a. el proceso de enmienda y el poder del veto

   b. los poderes de la presidencia

   c. los poderes del Congreso

   d. la Constitución y la ratificación

Por favor utilizar el texto a continuación para responder la pregunta 32.

La siguiente caricatura política apareció en *Harper's Weekly* (1868).

CÓMO SERÍA SI ALGUNAS MUJERES SE SALIERAN CON LA SUYA.

Este es un pasaje extraído de *Historia del sufragio de la mujer* de Susan B. Anthony, Elizabeth Cady Stanton, Matilda Joslyn Gage e Ida Husted Harper (1886).

> Pedimos justicia, pedimos igualdad, pedimos que todos los derechos civiles y políticos de los ciudadanos de los Estados Unidos se nos garanticen a nosotras y a nuestras hijas para siempre.

32. ¿En qué se diferencian estas dos referencias al movimiento del sufragio de las mujeres?

   a. La caricatura política se centra en que las mujeres salgan a trabajar, mientras que la cita se centra en las hijas.

   b. La caricatura política se centra en los bebés, mientras que la cita se centra en la ciudadanía.

   c. La caricatura política se centra en que las mujeres dejen a los hombres a cargo de los hijos, mientras que la cita se centra en la igualdad.

   d. La caricatura política se centra en que los hombres pasen tiempo juntos, mientras que la cita se centra en que las mujeres pasen tiempo juntas.

Por favor utilizar el texto a continuación para responder la pregunta 33.

FINANZAS DEL GOBIERNO DE LOS ESTADOS UNIDOS, 1929-1941 (EN MILES DE MILLONES DE DÓLARES)			
AÑO FISCAL	GASTOS	SUPERÁVIT O DÉFICIT	DEUDA PÚBLICA TOTAL
1929	$3.127	$0.734	$16.9
1930	3.320	0.738	16.2
1931	3.577	−0.462	16.8
1932	4.659	−2.735	19.5
1933	4.598	−2.602	22.5
1934	6.645	−3.630	27.1
1935	6.497	−2.791	28.7
1936	8.422	−4.425	33.8
1937	7.733	−2.777	36.4
1938	6.765	−1.177	37.2
1939	8.841	−3.862	40.4
1940	9.589	−2.710	43.0
1941	13.980	−4.778	44.0

Este pasaje se extrajo del mensaje anual del presidente Herbert Hoover al Congreso acerca del estado de la Unión, presentado en 1930.

> La depresión económica no se puede curar mediante la acción legislativa ni la declaración ejecutiva. Las heridas económicas se deben sanar mediante la acción de las células del cuerpo económico, los productores y consumidores mismos [...] La mejor contribución del gobierno es alentar esta colaboración voluntaria en la comunidad. El gobierno —nacional, estatal y local— puede unirse con la comunidad en esos programas y hacer lo suyo.

33. ¿Qué indican la tabla y el pasaje acerca de la Gran Depresión?

    a. Hoover tenía razón: la depresión económica no se puede curar mediante la acción legislativa ni la declaración ejecutiva.

    b. Hoover no estaba en lo cierto: la depresión económica se puede curar mediante la acción legislativa o la declaración ejecutiva.

    c. La Gran Depresión no afectó el superávit ni el déficit.

    d. No hay datos suficientes para evaluar verdaderamente las políticas gubernamentales.

Por favor utilizar el texto a continuación para responder las preguntas 34 a la 35.

En este mapa se ilustran las fechas en que cada estado se adhirió a la Unión.

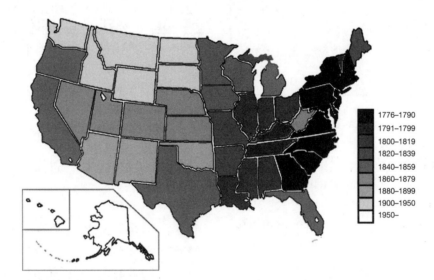

1776–1790
1791–1799
1800–1819
1820–1839
1840–1859
1860–1879
1880–1899
1900–1950
1950–

34. ¿Qué conclusión respalda el mapa?

    a. Los Estados Unidos se expandieron de este a oeste.

    b. Los Estados Unidos se expandieron de oeste a este.

    c. Los Estados Unidos se expandieron de norte a sur.

    d. No hay ninguna tendencia general en la expansión de los Estados Unidos.

35. ¿Cuál de las siguientes oraciones está mejor respaldada por los datos presentados en el mapa?

a. Wisconsin y Minnesota formaban parte de Canadá.

b. Era más difícil llegar a California que a las áreas circundantes, de modo que tardó mucho tiempo en convertirse en estado.

c. Texas se consideraba parte del mismo territorio que Nuevo México hasta finales del siglo XIX.

d. Originalmente, Virginia Occidental formaba parte de Virginia, pero se convirtió en un estado independiente más adelante.

Parte II

1 pregunta
25 minutos

Mediante esta prueba de práctica, te familiarizarás con la pregunta con respuesta ampliada que encontrarás en la prueba de Estudios Sociales de GED®.

Antes de comenzar, es importante que tengas presente que en la prueba oficial esta actividad se debe completar en 25 minutos, como máximo. Pero no te apresures a responder; tómate el tiempo necesario para leer detenidamente los pasajes y la consigna. Después, piensa cómo te gustaría responder esa pregunta.

Al escribir el ensayo, asegúrate de seguir las siguientes pautas:

■ Desarrolla un argumento acerca de cómo las ideas expresadas en el primer pasaje, una redacción del presidente Theodore Roosevelt, se relacionan con las expresadas en el segundo pasaje, que es una carta al editor.

■ Elabora con detenimiento las ideas principales y organízalos de manera lógica aportando detalles que tengan respaldo sólido.

■ Presenta muchos indicios empleando ideas de ambos pasajes.

■ Une las oraciones, los párrafos y las ideas por medio de conectores.

■ Expresa las ideas con claridad y elige palabras cuidadosamente.

■ Usa oraciones con estructuras variadas para aumentar la claridad y la fluidez de la respuesta.

■ Lee nuevamente la respuesta y revísala.

¡Buena suerte!

Por favor utilizar el texto a continuación para responder la pregunta con respuesta ampliada.

Este es un pasaje extraído de un editorial del ex presidente Theodore Roosevelt que se publicó en *Kansas City Star* el 7 de mayo de 1918.

El presidente es solo el sirviente más importante de una enorme cantidad de sirvientes públicos. Se lo debe apoyar o contraponer exactamente en la medida en que así lo garantice su buena o mala conducta, su eficiencia o ineficiencia al brindar un servicio leal, capaz y desinteresado a la nación en general. Por lo tanto, es absolutamente necesario que haya libertad plena para decir la verdad acerca de sus actos, y esto significa que es precisamente necesario culparlo cuando actúe de forma incorrecta y elogiarlo cuando actúe de forma correcta. Cualquier otra actitud de los ciudadanos estadounidenses es vil y servil. Anunciar que se prohíbe criticar al presidente, o que debemos apoyarlo, en las buenas y en las malas, no es solo antipatriótico y servil, sino que es una traición, desde el punto de vista moral, al pueblo estadounidense. No se debe hablar más que la verdad sobre él y del resto de las personas. Aunque es aun más importante decir la verdad, sea agradable o desagradable, sobre él que sobre cualquier otra persona.

Carta

21 de septiembre, 2001

Al editor:

Ayer, nuestro presidente George W. Bush se paró frente al Congreso y dijo muchas cosas acerca de la lealtad a los Estados Unidos y la respuesta de los estadounidenses a los recientes ataques trágicos a nuestro país. Dijo explícitamente: "Todas las naciones de todas las regiones ahora tienen que tomar una decisión: o están con nosotros o están con los terroristas".

Considero que estas palabras son conflictivas por una razón muy específica. Si esta es la manera en que el presidente se dirige al Congreso con respecto a nuestros posibles aliados, ¿qué dirá sobre sus propios ciudadanos y sus sentimientos en cuanto a las medidas que tomará el gobierno frente a esta crisis? A pesar de que aún no hemos actuado como nación con relación a los ataques a nuestro país, ¿qué sucedería si el pueblo no estuviera de acuerdo con las medidas del gobierno? ¿Nos consideraría "con los terroristas" si expresamos nuestras críticas? Me preocupa que la libertad de expresión, que es uno de nuestros derechos básicos, aunque no se aplique a nuestros aliados, entre en la línea de fuego en nuestra propia tierra. Si criticamos al presidente, ¿entonces corremos el riesgo de ser considerados desleales a nuestro país y aliados con el terrorismo?

En el mejor de los casos, quizá sea importante recordar que la libertad de expresión es un derecho posicionado más allá del alcance del gobierno. La crítica al gobierno es una forma de libertad de expresión, y todas nuestras libertades civiles deben ser sagradas, en especial en tiempos de crisis como este. Hasta que veamos las medidas que tome el gobierno con respecto a los acontecimientos recientes, contendré mi crítica, pero tendré el derecho de criticar esas medidas sin aliarme con los enemigos. Nuestro gobierno y particularmente nuestro presidente deben inspirar la lealtad del pueblo a través de sus acciones, y no mediante el miedo o violando los derechos individuales.

—Sandra Greene

Eden Prairie, MN

PREGUNTA:

En tu respuesta, desarrolla un argumento acerca de cómo la opinión de la autora de la carta refleja el tema predominante de las libertades civiles durante épocas de crisis que Theodore Roosevelt expresa en su editorial. Ten en cuenta el incluir indicios relevantes y específicos del pasaje, la carta y tu propio conocimiento sobre el tema predominante y las circunstancias del contexto de ambos pasajes para respaldar tu análisis.

Respuestas y Explicaciones

Parte I

1. **La opción b es correcta.** En la democracia presidencial, el presidente está separado del poder legislativo.

   La opción **a** es incorrecta. En la democracia presidencial y parlamentaria, el pueblo participa en la votación.

   La opción **c** es incorrecta. En la democracia parlamentaria, no presidencial, el poder ejecutivo, que comúnmente se denomina primer ministro, es un miembro del parlamento o del poder legislativo.

   La opción **d** es incorrecta. En la democracia parlamentaria, el parlamento o el poder legislativo elige al presidente; esta respuesta es incorrecta porque es un atributo de la democracia parlamentaria, no presidencial.

2. **La opción d es correcta.** En los Estados Unidos, los ciudadanos eligen representantes y votan para elegir al presidente. Asimismo, los poderes presidenciales están separados de los poderes legislativos. Estas son características distintivas de la democracia presidencial.

   La opción **a** es incorrecta. En esta respuesta se ignora que los ciudadanos estadounidenses eligen funcionarios para que los representen en la legislatura.

   La opción **b** es incorrecta. Aunque esto es técnicamente cierto, como se puede ver en el cuadro, no es la respuesta más específica.

   La opción **c** es incorrecta. Esta respuesta es incorrecta porque muestra que el lector no comprende la diferencia entre la democracia parlamentaria y presidencial, ni se da cuenta de que la descripción siguiente le corresponde a los Estados Unidos.

3. **La opción a es correcta.** En este tipo de democracia, el pueblo elige representantes para que tomen decisiones en su nombre. Los ciudadanos individuales no votan en la legislatura.

   La opción **b** es incorrecta. En este tipo de democracia, el pueblo elige representantes para que confeccionen las leyes. En la democracia directa, cada voto individual está representado.

   La opción **c** es incorrecta. Ningún indicio de este cuadro respalda esta conclusión. Aquí no se describe la función del presidente ni del primer ministro.

   La opción **d** es incorrecta. La democracia directa y la democracia representativa son dos ramas diferentes.

4. **La opción d es correcta.** Esta respuesta refleja los tres poderes del gobierno de los EE. UU.

   La opción **a** es incorrecta. Esta opción demuestra que el lector no comprende el cuadro y no tiene los conocimientos básicos acerca del gobierno de los EE. UU.

   La opción **b** es incorrecta. Esta opción muestra que no se interpretó el gráfico de forma correcta.

   La opción **c** es incorrecta. Esta opción muestra que no se interpretó el gráfico de forma correcta.

5. **La respuesta correcta es judicial.**

   El poder judicial interpreta y aplica la ley. Este es el poder judicial según consta en la Constitución. La Corte Suprema revisa las leyes a través de casos diferentes y decide cómo interpretar y aplicar la ley.

   El poder legislativo se encarga de redactar las leyes y el poder ejecutivo se encarga de implementar y hacer cumplir las leyes redactadas por la legislatura.

6. **La opción a es correcta.** Al repetir la frase "¿Acaso no soy una mujer?", Sojourner Truth deja en claro que todas las mujeres tienen derechos humanos básicos.

   La opción **b** es incorrecta. Aunque ella fue esclava y menciona la esclavitud en su discurso, este no es el tema principal del discurso.

   La opción **c** es incorrecta. Sojourner expone que trabajó duro, pero este no es el tema principal del discurso.

   La opción **d** es incorrecta. Al describir su vida difícil, se opone al tratamiento especial y defiende los derechos igualitarios.

7. **La opción c es correcta.** El lenguaje directo y potente que emplea enfatiza su fuerza moral. Su fuerza física se puede ver como metáfora de su fuerza moral.

   La opción **a** es incorrecta. La resistencia física es solo una parte de su credibilidad.

   La opción **b** es incorrecta. Truth expone que no es una persona privilegiada, de modo que la belleza y el encanto no formarían parte de sus poderes de persuasión.

   La opción **d** es incorrecta. El uso elocuente y directo del lenguaje puede ser persuasivo y ayudar a aclarar su carácter moral, pero su carácter en sí es la fuente principal de credibilidad.

8. **La opción b es correcta.** La pérdida de confianza del pueblo en el sistema fue la causa más importante del colapso de la civilización maya clásica.

   La opción **a** es incorrecta. La conquista de Tikal en 378 por parte de "El nacimiento del fuego" es un paso clave en el colapso del sistema maya, pero solo fue una parte de la pérdida de confianza que se extendió por cientos de años.

   La opción **c** es incorrecta. El ritual de la guerra fue una parte importante del sistema religioso estable.

   La opción **d** es incorrecta. La invasión de los conquistadores sucedió cientos de años más tarde.

9. **La respuesta correcta es kuhul ajaw.** El kuhul ajaw era un gobernante maya. Aunque en el pasaje no se especifica esto directamente, es claro que el kuhul ajaw era el jefe de la sociedad a partir de lo que sigue después de la frase "kuhul ajaw": "su lustre divino, la confianza de sus súbditos".

10. **La opción d es correcta.** En las dos canciones hay argumentos opuestos acerca del valor de alistarse para la Primera Guerra Mundial y pelear.

    La opción **a** es incorrecta. Esta respuesta está respaldada por la canción "Por allí", pero no por "No crié a mi hijo para que fuera soldado".

    La opción **b** es incorrecta. Esta respuesta está respaldada por la canción "Por allí", pero no por "No crié a mi hijo para que fuera soldado".

    La opción **c** es incorrecta. Al Bryan propone esta idea, pero George Cohan la rechaza.

11. **La opción c es correcta.** En esta técnica se induce a la audiencia a adherirse a las masas atrayéndola a grupos de la misma nacionalidad, religión, raza, etc. La propaganda de adhesión es una técnica de uso común en épocas de guerra.

    La opción **a** es incorrecta. En la recomendación se suele usar una personalidad famosa con el fin de persuadirnos para coincidir con una idea, como en la promoción de una personalidad famosa. Esto no sucede en "Por allí".

    La opción **b** es incorrecta. En la técnica de propaganda de insultos se relaciona una persona, o idea, con una palabra o un símbolo negativo para lograr que la audiencia rechace esa persona o idea. Esto no sucede en "Por allí".

    La opción **d** es incorrecta. El miedo como técnica de propaganda se centra en los resultados negativos que se obtendrán si no se procede de la manera deseada. Esto no sucede en "Por allí".

12. La opción b es correcta. En esta oración se resume correctamente el pasaje, cuyo tema principal es el derecho de los Estados Unidos de apartarse de un gobierno injusto.

La opción **a** es incorrecta. Esta es la razón que emplean los fundadores de los Estados Unidos para justificar el documento y sus ideales, pero no es la idea principal.

La opción **c** es incorrecta. Aunque en esta oración se justifica el tema, no representa la idea principal.

La opción **d** es incorrecta. Esta oración es solo una oración conectora que presenta los hechos.

13. La opción a es correcta. La Declaración de Independencia se lee como un tratado lógico. No hay nada en el pasaje que apele a las emociones, las creencias religiosas ni a los sentimientos partidarios del lector.

La opción **b** es incorrecta. No hay nada en el pasaje que apele a las emociones del lector.

La opción **c** es incorrecta. No hay nada en el pasaje que apele a las creencias religiosas del lector.

La opción **d** es incorrecta. No hay nada en el pasaje que apele a los sentimientos partidarios del lector.

14. La opción b es correcta. El "estado de perfecta libertad" de John Locke y los "derechos inalienables" de la Declaración de Independencia son conceptos similares. John Locke enfatiza que a todos los hombres, a través de la naturaleza, se les concede este estado de libertad, y en la Declaración consta que todos los hombres tienen derechos que no están dominados por ningún otro hombre.

La opción **a** es incorrecta. John Locke, al influir en la Declaración de Independencia, se centró más en el hombre como persona independiente sin depender de otros, mientras que en la Declaración de Independencia se plantea que el gobierno debe proteger todas las libertades que los hombres deseen. Estas ideas no son similares.

La opción **c** es incorrecta. Las ideas de John Locke acerca del poder político no se abordan por completo en este pasaje. Es posible que estas ideas sean similares, pero no constituyen la mejor opción.

La opción **d** es incorrecta. John Locke no escribió sobre "el consentimiento de los gobernados" y en la Declaración de Independencia no se menciona la disposición de las posesiones ni de las personas. Estas ideas se han invertido, de modo que no son la mejor opción.

15. La opción b es correcta. Lincoln es reconocido por redactar la Proclamación de Emancipación, de donde se extrajo este pasaje, mediante la cual liberaba a todas las personas esclavas.

La opción **a** es incorrecta. Este pasaje lleva la fecha "mil ochocientos sesenta y tres", mucho después de la muerte de Washington.

La opción **c** es incorrecta. Este pasaje se redactó después de la muerte de Jefferson.

La opción **d** es incorrecta. En esta opción no se tiene en cuenta el indicio de tiempo y contenido.

16. La opción a es correcta. La decisión del caso *Brown* anuló la decisión del caso *Plessy*, lo cual demostró que la Corte Suprema de los EE. UU cambia de parecer de vez en cuando.

La opción **b** es incorrecta. La decisión del caso *Brown* anuló la decisión del caso *Plessy*; no obstante, al hacerlo, declaró que la segregación era inconstitucional.

La opción **c** es incorrecta. La decisión del caso *Plessy* sostenía que las leyes no podían eliminar los instintos raciales, pero esto no la hace una conclusión razonable; en verdad, los autores de la decisión del caso *Brown* no estaban de acuerdo con ello.

La opción **d** es incorrecta. Estas dos decisiones estaban basadas en la Decimocuarta Enmienda.

17. La opción d es correcta. La Decimocuarta Enmienda protege los derechos de los estadounidenses más allá de la raza, lo cual era el problema principal en el caso *Plessy contra Ferguson*. Sin embargo, la Corte Suprema decidió que las instalaciones "separadas pero iguales" ofrecidas a las personas de razas diferentes no era una violación de la Decimocuarta Enmienda. Esta consideración permaneció como ley hasta 1954, cuando el caso *Brown contra Consejo de Educación* invirtió esencialmente el fallo.

La opción **a** es incorrecta. La Primera Enmienda aborda la libertad de expresión y de prensa, lo cual no es necesariamente relevante en este caso.

La opción **b** es incorrecta. La Sexta Enmienda garantiza el derecho a un juicio público y expedito. Este tema no era fundamental en los argumentos presentados para el caso *Plessy contra Ferguson*.

La opción **c** es incorrecta. En la Decimotercera Enmienda se abolió la esclavitud. Los problemas de esclavitud no eran fundamentales en los argumentos presentados para el caso *Plessy contra Ferguson*.

18. La opción d es correcta. A pesar de que esta fue una señal de épocas cambiantes en los Estados Unidos, no influyó en la decisión de la Corte Suprema para el caso *Brown contra Consejo de Educación*.

La opción **a** es incorrecta. En verdad, la decisión de la Corte Suprema fue influenciada por "La cuestión racial", una declaración de eruditos publicada por la UNESCO en 1950.

La opción **b** es incorrecta. La decisión de la Corte Suprema fue en verdad influenciada por "Un dilema americano: el problema del negro y la democracia moderna", un estudio de 1500 páginas sobre la relación racial publicado en 1944.

La opción **c** es incorrecta. La decisión de la Corte Suprema fue en verdad influenciada por un estudio donde se demostraba el contraste entre los niños que asistían a escuelas segregadas en Washington, D.C. en comparación con aquellos que iban a escuelas integradas en Nueva York.

19. La opción c es correcta. Esta respuesta muestra que el lector comprende que la persona de la caricatura no puede llegar a la "libertad política" porque tiene todo el peso de un banco cerdo encima, un símbolo visual de la economía.

La opción **a** es incorrecta. No hay ningún indicio ni ninguna representación gráfica en la caricatura que sugiera que estas dos libertades son iguales.

La opción **b** es incorrecta. Aquí se ignora la representación visual del dinero, simbolizado por el banco cerdo, que evita que la persona consiga "libertad política".

La opción **d** es incorrecta. En la caricatura no se hace énfasis en la raza como componente que puede limitar las oportunidades económicas o las libertades políticas.

20. **La opción d es correcta.** Al abordar esta figura alegórica del progreso estadounidense en las vestiduras clásicas como si ella fuera de la época griega o romana, el pintor está describiendo las acciones de los Estados Unidos al desplazar al pueblo nativo como si tuvieran la misma importancia para la civilización que la creación de la democracia y la república en la antigüedad. Esto es propaganda.

La opción **a** es incorrecta. En la pintura no se muestra esta progresión del transporte, la cual ilustraría más la industria de la época que la propaganda.

La opción **b** es incorrecta. En realidad, los Estados Unidos sí reservaron tierra para las tribus indígenas desplazadas. Esto es un hecho más que una propaganda.

La opción **c** es incorrecta. La población de los Estados Unidos se estaba expandiendo hacia el oeste. Esto es un hecho más que una propaganda.

21. **La opción a es correcta.** Debido a que los indígenas estadounidenses se consideran ciudadanos, en la sociedad actual, removerlos mediante la fuerza se consideraría una violación de los derechos individuales.

La opción **b** es incorrecta. Aunque muchas de las tierras que habitaban los indígenas estadounidenses son ahora tierras agrícolas, esto no se consideraría un motivo válido para desplazar a los ciudadanos.

La opción **c** es incorrecta. Debido a que los indígenas estadounidenses se consideran ciudadanos, sacarlos no sería remover extranjeros.

La opción **d** es incorrecta. Aunque quizá esto se puede considerar como la violación de los derechos de la propiedad, no es la mejor respuesta.

22. **La opción b es correcta.** Al analizar los dos pasajes, es evidente que el poder judicial, antes del caso *Marbury contra Madison*, no regulaba si una ley determinada por el poder legislativo y ejecutivo coincidía con la Constitución. La carta de Thomas Jefferson revela que no está cómodo con el precedente de que el poder judicial tenga la última palabra acerca de la creación de las leyes por parte del legislativo y ejecutivo, lo cual significa que esto no sucedía antes.

La opción **a** es incorrecta. Thomas Jefferson no respalda la idea de que el poder judicial mantenga la Constitución, ya que emplea la palabra "despótico" para describir en que teme en lo que este se convertirá.

La opción **c** es incorrecta. Esto solo figura en la carta de Thomas Jefferson y no se menciona en el pasaje del caso *Marbury contra Madison*.

La opción **d** es incorrecta. Esto solo se observa en el pasaje del caso *Marbury contra Madison* y se argumenta en contra de ello dentro de ese fallo.

23. **La opción d es correcta.** Debido a que Adam Smith expresa que todos los hombres deben contribuir con el gobierno mediante los impuestos, es probable que no esté de acuerdo con la idea de Henry David Thoreau de que no pagar impuestos es una buena forma de disentir de las actividades del gobierno.

La opción **a** es incorrecta. Aparentemente, no hay nada con lo que estén de acuerdo Adam Smith y Henry David Thoreau. Adam Smith expresa que se le debe pagar al gobierno por las protecciones de las que goza cada ciudadano. Esto sugiere que Adam Smith cree que el gobierno debe usar esos impuestos para proteger a los ciudadanos, lo cual incluiría la acción militar. No obstante, Henry David Thoreau se opone al uso del dinero recaudado mediante impuestos para el accionar militar, en especial debido a que en ese momento estaba protestando en contra de la guerra entre México y los Estados Unidos.

La opción **b** es incorrecta. Adam Smith no hace ninguna alusión a esta idea.

La opción **c** es incorrecta. Adam Smith no hace ninguna alusión a esta idea.

24. **La opción d es correcta.** La población total supera en gran medida las cifras de la población total descritas para estas ciudades. Se puede inferir que gran parte de la población no se encontraba en las ciudades, sino en pueblos y zonas rurales.

La opción **a** es incorrecta. En este gráfico no se abordan las víctimas de la Revolución Estadounidense.

La opción **b** es incorrecta. No hay nada en este gráfico que indique la diversidad de las ciudades en ese momento.

La opción **c** es incorrecta. No hay nada en este gráfico que indique el estado de la expansión hacia el oeste.

25. **La opción a es correcta.** Para los Estados Unidos, hay 80 autos por cada 100 habitantes, mientras que para China hay solo 2, lo cual constituye una diferencia de 78 autos. Esto se muestra con claridad en la tabla, donde los Estados Unidos ocupan casi toda la barra en esa característica.

26. **La opción a es correcta.** Una porción significativa del mapa está cubierta del color que representa a España.

La opción **b** es incorrecta. En el mapa, las conquistas portuguesas abarcan una porción relativamente pequeña en comparación con España.

La opción **c** es incorrecta. El Imperio mexicano fue conquistado; además, abarca una pequeña parte del mapa.

La opción **d** es incorrecta. El Imperio inca fue conquistado y solo ocupa una pequeña parte del mapa.

27. **La opción c es correcta.** Esta es la palabra correcta para esa definición.

La opción **a** es incorrecta. Esta frase se refiere a cómo una empresa puede aumentar el precio de mercado de un producto o servicio por encima de sus costos marginales, de manera rentable.

La opción **b** es incorrecta. Esta frase se usa para describir las ventas de productos o servicios idénticos a precios diferentes en la misma empresa.

La opción **d** es incorrecta. Esta palabra se refiere a la capacidad de emplear un esfuerzo o costo.

28. **La opción b es correcta.** El índice aumenta de forma constante antes de sufrir alzas y caídas turbulentas entre 1996 y 2010.

La opción **a** es incorrecta. Esto indicaría que el índice aumenta cada vez más sin ningún descenso, lo cual no sucede según el gráfico.

La opción **c** es incorrecta. Esto indicaría que el PBI no aumenta en absoluto, lo cual es incorrecto según el gráfico.

La opción **d** es incorrecta. Los términos son contradictorios, de modo que esta opción es incorrecta.

29. **La opción b es correcta.** Esta respuesta identifica correctamente que el gráfico disminuye antes de aumentar en el período de tiempo mencionado.

La opción **a** es incorrecta. En este gráfico obviamente se muestran cambios menos radicales durante este período.

La opción **c** es incorrecta. Esta opción no describe con precisión el gráfico.

La opción **d** es incorrecta. En este gráfico obviamente se muestran cambios menos radicales durante este período.

30. **La opción d es correcta.** La única suposición correcta es que Andrew Johnson sucedió a Abraham Lincoln como presidente. Entre la primera imagen, donde Abraham Lincoln está trabajando para reparar la Unión, y la segunda, donde Andrew Johnson tiene la palabra "veto" arriba de él, se convirtió en el presidente de los Estados Unidos. El veto es un derecho que solo puede ejercitar el presidente, y Abraham Lincoln hubiera sido presidente durante la reparación de la Unión.

La opción **a** es incorrecta. Estas caricaturas políticas parecen mostrar que Johnson no continuó el legado de las reformas de la Restauración de Lincoln.

La opción **b** es incorrecta. Estas caricaturas políticas no parecen mostrar a Johnson de modo favorable.

La opción **c** es incorrecta. En una de las caricaturas políticas se muestra a Johnson aplastado por la Constitución de los EE. UU.

31. **La opción a es correcta.** Tanto el proceso de enmienda como el poder del veto presidencial se muestran en estas caricaturas políticas. En la primera imagen, Andrew Johnson y Abraham Lincoln están "reparando la Unión" mediante la introducción de las enmiendas en la Constitución. En la segunda imagen, Andrew Johnson se muestra ejercitando el derecho del veto. En la tercera imagen, Andrew Johnson está aplastado por la Constitución de los Estados Unidos, que es el documento que comprende las enmiendas.

La opción **b** es incorrecta. Aunque se muestra el poder presidencial del veto en estas caricaturas políticas, esta no es la mejor opción.

La opción **c** es incorrecta. En estas caricaturas políticas no se muestran los poderes del Congreso.

La opción **d** es incorrecta. La Constitución sí aparece en una de las caricaturas políticas, pero no se muestra nada acerca de la ratificación.

32. **La opción c es correcta.** La caricatura política muestra que las mujeres dejan a los hombres para que cuiden de los hijos y la cita se centra en la igualdad de géneros. En la caricatura política se revelan algunos miedos de la época en el caso de que las mujeres recibieran un pago igualitario, el derecho a votar y más, que los hombres se verían obligados a cuidar de los hijos y cumplir la función de ama de casa que cumplían ellas en esa época. Por el contrario, en la cita solo se incluye la petición de los derechos civiles y políticos igualitarios, sin mencionar las funciones de los hombres y las mujeres en el hogar.

La opción **a** es incorrecta. En la cita se menciona a las hijas, pero no se centra solo en ellas.

La opción **b** es incorrecta. Aunque hay bebés en la caricatura política, la cita no trata de la ciudadanía.

La opción **d** es incorrecta. La caricatura política no trata de que los hombres pasen tiempo juntos y la cita no trata de que las mujeres pasen tiempo juntas.

33. **La opción d es correcta.** No hay datos suficientes en la tabla para determinar si las políticas del gobierno afectaron la nación durante la Gran Depresión. Para determinar esto, también se necesitaría información basada en el costo de vida por persona, los índices de empleo y desempleo, etc.

La opción **a** es incorrecta. No hay nada en la tabla que indique que el presidente Hoover estaba en lo cierto respecto del gasto del gobierno durante la Gran Depresión.

La opción **b** es incorrecta. No hay nada en la tabla que indique que el presidente Hoover no estaba en lo cierto respecto del gasto del gobierno durante la Gran Depresión.

La opción **c** es incorrecta. Según la tabla, la Gran Depresión sí afectó el superávit y el déficit.

34. La opción a es correcta. En general, como se muestra en el gráfico, los estados se adhirieron en orden cronológico de este a oeste.

La opción **b** es incorrecta. Los estados de la costa oeste se unieron después que los estados de la costa este.

La opción **c** es incorrecta. Los estados del sur se adhirieron a la Unión antes o al mismo tiempo que los estados del norte.

La opción **d** es incorrecta. Hay una tendencia clara que indica que los Estados Unidos se expandieron de este a oeste.

35. La opción d es correcta. Virginia Occidental se admitió como estado en 1863, 75 años después de la mayoría de los estados circundantes. Esto sugiere que se independizó de un estado existente en una fecha posterior. De hecho, Virginia Occidental era parte de Virginia al principio, pero se separó durante la Guerra Civil —durante la cual Virginia se alineó con la Confederación— y se adhirió a la Unión como estado independiente.

La opción **a** es incorrecta. No hay datos en el mapa que sugieran que Wisconsin y Minnesota formaban parte de Canadá.

La opción **b** es incorrecta. California se admitió como estado el 9 de septiembre de 1850, mucho antes que la mayoría de los estados circundantes.

La opción **c** es incorrecta. Texas se admitió como estado el 29 de diciembre de 1845, mientras que Nuevo México no se consolidó como estado hasta 1912.

Parte II

Tu Respuesta Ampliada se calificará con base en tres normas o elementos:

Criterio 1: Creación de argumentos y uso de evidencia

Criterio 2: Desarrollo de ideas y estructura organizativa

Criterio 3: Claridad y dominio de las convenciones del español estándar

Tu ensayo se calificará con base en una escala de 4 puntos. El Criterio 1 vale de 0 a 2 puntos y los Criterios 2 y 3 valen de 0 a 1 punto.

El Criterio 1 prueba tu habilidad para escribir un ensayo que asuma una posición con base en la información en los pasajes de lectura. Para obtener la mayor calificación posible, debes leer la información cuidadosamente y expresar una opinión clara sobre lo que has leído. Serás calificado dependiendo de cuán bien utilices la información de los pasajes para apoyar tu argumento. Tu respuesta también será calificada dependiendo de cuán bien analices la información en los pasajes.

Como referencia, esta es una tabla que utilizarán los lectores cuando califiquen tu ensayo con un 2, 1 ó 0.

CRITERIO 1: CREACIÓN DE ARGUMENTOS Y USO DE EVIDENCIA	
2	• Elabora argumentos basados en el texto que demuestran la comprensión clara de las relaciones entre las ideas, las figuras y los eventos presentados en el texto fuente y los contextos históricos del cual se extraen. • Presenta indicios específicos y relacionados del texto fuente principal y secundario que alcanzan para respaldar un argumento. • Demuestra una buena relación con el texto fuente y la consigna.
1	• Elabora un argumento que demuestra la comprensión de las relaciones entre las ideas, las figuras y los eventos presentados en el texto fuente. • Presenta algunos indicios del texto fuente principal y secundario para respaldar un argumento (puede incluir una mezcla de referencias textuales relacionadas y no relacionadas). • Demuestra una relación con el texto fuente y la consigna.
0	• Intenta elaborar un argumento, pero demuestra una comprensión deficiente o ausente de las ideas, las figuras y los eventos presentados en el texto fuente o los contextos de los cuales se extrajeron. • Presenta pocos indicios, o ninguno, del texto fuente principal y secundario; puede demostrar o no la intención de crear un argumento. • Carece de una relación con el texto fuente o la consigna.
No es calificable	• La respuesta consta únicamente de texto copiado de la consigna o del (los) texto(s) fuente • La respuesta muestra que el examinando no ha leído la consigna o está totalmente fuera del tema • La respuesta es incomprensible • La respuesta no está en español • No se ha brindado una respuesta (se dejó en blanco)

El Criterio 2 prueba si respondes a la consigna de escritura con un ensayo bien estructurado. Debes apoyar tu tesis con evidencia provista en los pasajes, así como opiniones y experiencias personales que refuercen tu idea central. Debes explicar tus ideas por completo e incluir detalles específicos. Tu ensayo debe incluir palabras y frases que permitan que sus detalles e ideas fluyan de forma natural. Esta es una tabla que detalla lo que aplica para obtener una calificación de 2, 1 ó 0.

CRITERIO 2: DESARROLLO DE IDEAS Y ESTRUCTURA ORGANIZATIVA

1	• Contiene una secuencia lógica de ideas con conexiones claras entre los detalles particulares y las ideas principales. • Contiene ideas que están desarrolladas y son generalmente lógicas; muchas ideas están ampliadas. • Demuestra la comprensión adecuada de la actividad.
0	• Contiene una secuencia de ideas confusa o imperceptible. • Contiene ideas que no están bien desarrolladas o son ilógicas; solo se amplía una idea. • No demuestra la comprensión de la actividad.
No es calificable	• La respuesta consta únicamente de texto copiado de la consigna o del (los) texto(s) fuente • La respuesta muestra que el examinando no ha leído la consigna o está totalmente fuera del tema • La respuesta es incomprensible • La respuesta no está en español • No se ha brindado una respuesta (se dejó en blanco)

El Criterio 3 prueba cómo creas las oraciones que conforman tu ensayo. Para obtener una calificación alta, deberás escribir oraciones variadas: algunas cortas, algunas largas, algunas sencillas y otras complejas. También deberás probar que tienes un buen dominio del español estándar, incluidas una correcta selección de vocabulario, gramática y estructura de las oraciones.

Esta es una tabla que detalla lo que aplica para obtener una calificación de 2, 1 ó 0.

CRITERIO 3: CLARIDAD Y DOMINIO DE LAS CONVENCIONES DEL ESPAÑOL ESTÁNDAR

1	• Demuestra el uso adecuado de convenciones respecto a las siguientes habilidades: 1) Concordancia entre sujeto y verbo 2) Ubicación de modificadores y orden de palabras correcto 3) Uso de pronombres, incluida la concordancia entre pronombre y antecedente, referencias pronominales confusas y caso pronominal 4) Homónimos y palabras confusas 5) Uso de posesivos 6) Uso de la puntuación (por ej., comas en una enumeración, en construcciones apositivas y demás elementos secundarios, marcas de fin de párrafo y puntuación de la separación de cláusulas) 7) Uso de mayúsculas (por ej., al comienzo de la oración, en sustantivos propios y en títulos) • Demuestra una estructura y variación oracional correcta, en su mayoría, y una fluidez y claridad general en cuanto a las siguientes habilidades: 1) Uso correcto de subordinación, coordinación y paralelismo 2) Omisión de estructuras oracionales extrañas y expresiones redundantes 3) Uso de conectores, adverbios conjuntivos y otras palabras para mejorar la claridad y la lógica 4) Omisión de oraciones corridas, fragmentos de oraciones y oraciones fusionadas. 5) Uso de normas en el nivel adecuado para la redacción previa requerida • Puede contener algunos errores prácticos y asociados a las convenciones que no impiden la comprensión.
0	• Demuestra el uso escaso de las convenciones básicas en cuanto a las habilidades 1-7 enumeradas en el Criterio 3, punto de puntaje 1. • Demuestra una estructura oracional consistentemente inadecuada; poca variación o ninguna hasta el punto en que el significado puede ser confuso; manifiesta el uso escaso de las habilidades 1-5 enumeradas en el Criterio 3, punto de puntaje 1. • Contiene muchos errores significativos en cuanto a la práctica y las convenciones que impiden la comprensión. o • La respuesta no alcanza para mostrar el nivel de competencia que comprende las convenciones y el uso.
No es calificable	• La respuesta consta únicamente de texto copiado de la consigna o del (los) texto(s) fuente • La respuesta muestra que el examinando no ha leído la consigna o está totalmente fuera del tema • La respuesta es incomprensible • La respuesta no está en español • No se ha brindado una respuesta (se dejó en blanco)

Ensayo de Muestra con Calificación 4

En el pasaje del editorial de Theodore Roosevelt, el expresidente se opone a las restricciones sobre criticar al presidente por lo que hace y dice. De hecho, Roosevelt expresa que es "una traición, desde el punto de vista moral, al pueblo estadounidense" con el fin de persuadir a las personas para que dejen de hablar en contra del presidente. Casi un siglo más tarde, aparecen las mismas ideas en una carta al editor redactada por la Sra. Greene, lo cual demuestra que este tema aplicado a la libertad de expresión y las libertades civiles de los estadounidenses durante épocas de crisis continúa siendo relevante.

El tema de las libertades civiles estadounidenses durante épocas de crisis ha sido el centro del debate desde la fundación del país. La Constitución de los EE. UU. garantiza ciertos derechos, como el derecho a la libertad de expresión descrito en la Primera Enmienda. No obstante, los tribunales suelen dictaminar que esos derechos de libertad de expresión se pueden limitar si interfieren con el bienestar público o general de la población. Un ejemplo famoso de esto es el derecho a gritar "¡Fuego!" en un teatro lleno de gente cuando no hay ningún incendio. Ese grito puede provocar pánico y lesiones, y la persona que emitió el grito de pánico falso puede culparse por el daño que ocasionó. En las épocas de crisis aguda, el tema de las libertades civiles suele cuestionarse. En tiempos de guerra, ¿una persona tiene permiso para decir cosas que pueden desmoralizar al pueblo o generar una concepción de gobierno inefectivo?

Al momento del editorial de Theodore Roosevelt, casi diez años antes de que dejara el cargo, la Primera Guerra Mundial azotaba Europa y el gobierno de los EE. UU. había aprobado leyes que prohibían que los ciudadanos hablaran en su contra por miedo a que las críticas públicas debilitaran los esfuerzos del gobierno e incitaran la rebelión. En realidad, el líder sindical Eugene V. Debs fue encarcelado simplemente por hablar en público en contra de la participación de los EE. UU. en la guerra. Estas acciones gubernamentales no reflejan la Constitución de los EE. UU. ni los derechos de los ciudadanos que allí constan, y Roosevelt dejó esto en claro.

El discurso de septiembre de 2001 que pronunció George W. Bush, referido en la carta de la Sra. Greene, representa un marcado contraste con la actitud del editorial de Roosevelt. El discurso, pronunciado justo algunas semanas después de los ataques terroristas del 11 de septiembre, se centró en cómo los Estados Unidos enfrentarían la guerra con el terrorismo. La postura del presidente acerca de esta batalla se resume en su frase "o están con nosotros o están con los terroristas". Aunque se estaba refiriendo a los aliados de los EE. UU., esta actitud, como observó la Sra. Greene, pudo dar lugar al concepto de que los ciudadanos estadounidenses no pueden usar la libertad de expresión para criticar al presidente y que cualquier persona que lo critique se considera automáticamente del lado de los terroristas.

El editorial de Roosevelt y la carta de la Sra. Greene se redactaron en momentos de crisis y reflejan una opinión similar acerca de cómo se deben abordar las libertades civiles durante esos tiempos. El debate continúa en la actualidad, como se muestra en el caso reciente en contra de Edward Snowden, quien filtró información sobre los programas de vigilancia del gobierno que violaron las libertades civiles de los ciudadanos estadounidenses y de líderes extranjeros. Mientras algunos sostienen que su accionar constituye el ejemplo perfecto del motivo por el cual existe la Primera Enmienda, otros lo consideran un traidor que debilitó la capacidad del gobierno de los EE. UU. de participar en la diplomacia internacional y, por consiguiente, dañó el bienestar público.

Acerca de este ensayo:

Este ensayo obtuvo la cantidad máxima de puntos posibles en cada criterio, lo cual suma un total de 4 puntos.

Criterio 1: Creación de argumentos y uso de evidencia

Esta respuesta obtuvo 2 puntos en el Criterio 1 porque en ella se crea un argumento y claramente se usan indicios. La respuesta de muestra presenta un argumento acerca del tema predominante de las libertades civiles en épocas de crisis y su importancia desde principios de la década de 1900. El alumno cita muchas ideas de los textos fuente para reforzar su opinión. Además, incorpora conocimiento contextual sobre la importancia de las libertades civiles a lo largo de la historia de los EE. UU. en general y el rol de esas libertades en épocas de crisis en particular. De manera global, la respuesta brinda un argumento que se relaciona estrechamente con la indicación de la consigna y está bien respaldado por los textos fuente.

Criterio 2: Desarrollo de ideas y estructura organizativa

Esta respuesta obtiene 1 punto en el Criterio 2 porque en ella se establecen conexiones claras y comprensibles entre las ideas y hay una progresión en la cual una idea guarda una relación lógica con otra, comenzando desde el principio: *Casi un siglo más tarde, aparecen las mismas ideas en una carta al editor redactada por la Sra. Greene, lo cual demuestra que este tema aplicado a la libertad de expresión y las libertades civiles de los estadounidenses durante épocas de crisis continúa siendo relevante.*

Los puntos principales se desarrollan por completo, con muchos detalles que respaldan cada uno de ellos. Asimismo, el alumno usó un estilo de redacción formal que es adecuado para comunicarse en el lugar de trabajo o en entornos académicos, al mismo tiempo en que no se aparta del propósito de la actividad, que es presentar un argumento bien respaldado.

Criterio 3: Claridad y dominio de las convenciones del español estándar

Esta respuesta obtiene 1 punto en el Criterio 3 porque en ella se usan de forma efectiva las normas y convenciones del español estándar para transmitir ideas con claridad. En términos generales, la respuesta posee errores prácticos mínimos, y los errores que sí existen no impiden la comprensión del lector. El alumno emplea un lenguaje adecuado para expresar sus ideas y oraciones armadas meticulosamente que, en general, evitan expresiones redundantes y poco elegantes. Además, la claridad y fluidez de la respuesta están acompañadas de una estructura oracional variada y la aplicación apropiada de conectores para unir oraciones, párrafos e ideas.

Sin embargo, debido a que la pregunta con respuesta ampliada de la prueba de Estudios Sociales de GED® requiere una redacción previa en 25 minutos aproximadamente, recuerda que no se espera que la respuesta no tenga ningún error en cuanto al uso de normas.

Ensayo de Muestra con Calificación 2

Theodore Roosevelt respalda la libertad de expresión en su editorial, mientras que la Sra. Greene repite el mismo respaldo en su carta al editor casi un siglo más tarde. El tema de las libertades civiles durante épocas de crisis es, sin duda, un tema predominante en nuestro país.

En el editorial, Roosevelt dice que al presidente "se lo debe apoyar o contraponer exactamente en la medida en que así lo garantice su buena o mala conducta". Está respaldando nuestras libertades civiles durante épocas de crisis al señalar que el presidente debe recibir el mismo trato que los demás ciudadanos.

En la carta al editor, dice "o están con nosotros o están con los terroristas". Esto implica que aquella persona que hable en contra del presidente o del gobierno también se considerará un terrorista. Implica que la libertad de expresión está restringida si se opone al presidente, a su administración o a sus planes. La Sra. Greene destaca que la constitución de los EE. UU. nos otorga el derecho de libertad de expresión.

Los derechos concedidos a los ciudadanos estadounidenses en la constitución de los EE. UU. están allí precisamente para que el gobierno no los pueda eliminar. Incluso en momentos de guerra, estos derechos se deben proteger.

Acerca de este ensayo:
Este ensayo obtuvo 1 de los 2 puntos posibles en el Criterio 1, 0 puntos en el Criterio 2 y 1 punto en el Criterio 3; es decir, que obtuvo 2 puntos de los 4 puntos máximos.

Criterio 1: Creación de argumentos y uso de evidencia

En esta respuesta un poco breve se ofrece un argumento que demuestra que el alumno comprende cómo el tema predominante de las libertades civiles en épocas de crisis se presenta en los dos pasajes: *Theodore Roosevelt respalda la libertad de expresión en su editorial, mientras que la Sra. Greene repite el mismo respaldo en su carta al editor casi un siglo más tarde.*

El alumno también incluye algunos indicios de ambos pasajes, por ejemplo, en el segundo párrafo: *En el editorial, Roosevelt dice que al presidente "se lo debe apoyar o contraponer exactamente en la medida en que así lo garantice su buena o mala conducta".*

Aunque esta respuesta de muestra breve está relacionada con la consigna y los pasajes, no ofrece mucha información más allá de lo que se presenta en los pasajes acerca del tema predominante de los derechos civiles durante épocas de crisis, por lo cual se le asigna 1 punto para este criterio.

Criterio 2: Desarrollo de ideas y estructura organizativa

Esta respuesta no obtiene ningún punto en el Criterio 2. A pesar de que demuestra que el alumno comprende la actividad, la secuencia de ideas no es clara y solo se desarrollan ideas limitadas. Por ejemplo, el alumno inicia el tercer párrafo con: *En la carta al editor, dice "o están con nosotros o están con los terroristas"*, pero no aclara quién pronuncia esta frase, lo cual genera una organización confusa de ideas.

Criterio 3: Claridad y dominio de las convenciones del español estándar

Esta respuesta obtiene 1 punto en el Criterio 3. En general, la respuesta posee errores prácticos mínimos (aunque salta a la vista que el alumno no escribe *constitución* con mayúscula inicial en todo el texto); no obstante, estos errores no impiden la comprensión del lector. El alumno emplea un lenguaje adecuado para expresar sus ideas y oraciones armadas meticulosamente que, en general, evitan expresiones redundantes y poco elegantes.

Ensayo de Muestra Calificación 0

La cita de Roosevelt es acerca de cómo está permitido criticar al presidente, si así lo deseas. Es libertad de expresón. Estoy de acuerdo con la parte de libertad de expresión. Si hago algo estúpido en el trabajo, mi jefe no dejará de reprenderme por eso. Esto es libertad de epresión, y también ayuda a que las personas actúen mejor en ele trabajo.

La carta era una cita de George W. Bush. La carta también se trata de la libertad de expresión. La cita habla acerca de estar con los terroristas o en contra de ellios. Yo me opongo definitivamente a los terroristas.

La crítica al gobierno e una forma de libertad de expresión, y todas nuestras libertades civiles deben ser sagradas, en especial en tiempos de crisis como este.

Acerca de este ensayo:
Este ensayo obtiene 0 puntos en cada uno de los tres criterios.

Criterio 1: Creación de argumentos y uso de evidencia

Esta respuesta de muestra obtuvo un puntaje de 0 en el Criterio 1. Es muy breve, está formada mayormente por citas directas o paráfrasis de los pasajes, y trata de crear un argumento que apenas está relacionado con las ideas del material de fuente: *La cita de Roosevelt es acerca de cómo está permitido criticar al presidente, si así lo deseas. Es libertad de expresón. Estoy de acuerdo con la parte de libertad de expresión.* Por consiguiente, no cumple la consigna.

Criterio 2: Desarrollo de ideas y estructura organizativa

Esta respuesta de muestra también obtiene un puntaje de 0 en el Criterio 2. La estructura organizativa es dispersa y la progresión de la única idea (Roosevelt creía en la libertad de expresión durante tiempos de guerra) apenas se distingue.

Criterio 3: Claridad y dominio de las convenciones del español estándar

Esta respuesta de muestra también obtiene un puntaje de 0 en el Criterio 2. Se extrae una parte de la respuesta directamente de los pasajes y, en las secciones de la respuesta redactadas por el alumno, no se usa la puntuación correcta para marcar las citas y se cometen muchos errores en la construcción de la oración.

APÉNDICE:
HOJA DE FÓRMULAS SOBRE RAZONAMIENTO MATEMÁTICO

L as fórmulas que se te proporcionarán en la prueba GED® sobre Razonamiento matemático

Área

Paralelograma: $A = bh$

Trapezoide: $A = \frac{1}{2}h(b_1 + b_2)$

Área superficial y volumen

Prisma recto/rectangular:	$SA = ph + 2B$	$V = Bh$
Cilindro:	$SA = 2\pi rh + 2\pi r^2$	$V = \pi r^2 h$
Pirámide:	$SA = \frac{1}{2}ps + B$	$V = \frac{1}{3}Bh$
Cono:	$SA = \pi rs + \pi r^2$	$V = \frac{1}{3}\pi r^2 h$
Esfera:	$SA = 4$	$V = \frac{4}{3}\pi r^3$

(p = perímetro de la base B; $\pi \approx 3.14$)

Álgebra

Pendiente de una línea: $m = \dfrac{y_2 - y_1}{x_2 - x_1}$

Forma pendiente-intersección de la ecuación de una línea: $y = mx + b$

Forma punto-pendiente de la ecuación de una línea: $y - y_1 = m(x - x_1)$

Forma estándar de una ecuación cuadrática: $y = ax^2 + bx + c$

Fórmula cuadrática: $x = \dfrac{-b \pm \sqrt{b^2 - 4ac}}{2a}$

Teorema de Pitágoras: $a^2 + b^2 = c^2$

Interés simple: $I = prt$

(I = interés, p = capital, t = tiempo)

Empleando los códigos que aparecen a continuación, podrás iniciar sesión en línea y acceder a materiales de práctica adicionales.

Tus códigos de acceso gratuitos para las prácticas en línea son los siguientes:

FVE1UQ5ND8RO7QLG526S

FVEQ7F4VR8Q3OWD4D6H8

FVEEP7BRVXR1W7EGB156

FVE4TT3FF75J1O25N7J8

FVEQWA42NNI51LPH1NPU

FVEHS10MNMYDFG5C632W

FVE4V65IFBIIMXDO1V51

Sigue estos simples pasos para canjear tus códigos:

- Ingresa en **www.learningexpresshub.com/affiliate** y ten tus códigos de acceso a la mano.

Si eres un usuario nuevo:

- Haz clic en el botón **New user? Register here** (¿Nuevo usuario? Regístrate aquí) y completa el formulario de inscripción para crear tu cuenta y acceder a nuestros productos.
- Asegúrate de ingresar tu código de acceso único solo una vez. Si tienes varios códigos de acceso puedes ingresarlos todos; simplemente, sepáralos con comas.
- La próxima vez que visites este sitio, tan solo haz clic en el botón **Returning user? Sign in** (¿Ya eres usuario? Inicia sesión) e ingresa tu nombre de usuario y tu contraseña.
- No vuelvas a introducir códigos de acceso que ya canjeaste. Todos los productos a los que hayas accedido antes quedan guardados en la sección **My Account** (Mi cuenta) del sitio. Si introduces un código de acceso que ya canjeaste, verás un mensaje de error.

Si ya eres usuario:

- Haz clic en el botón **Returning user? Sign in** (¿Ya eres usuario? Inicia sesión) e ingresa tu nombre de usuario y tu contraseña, y haz clic en **Sign In** (Iniciar sesión).
- Automáticamente se te redirigirá a la página **My Account** (Mi cuenta) para que puedas acceder a tus productos.
- No vuelvas a introducir códigos de acceso que ya canjeaste. Todos los productos a los que hayas accedido antes quedan guardados en la sección **My Account** (Mi cuenta) del sitio. Si introduces un código de acceso que ya canjeaste, verás un mensaje de error.

Si ya eres usuario y tienes códigos de acceso nuevos:

- Haz clic en el botón **Returning user? Sign in** (¿Ya eres usuario? Inicia sesión) e ingresa tu nombre de usuario, tu contraseña y los códigos de acceso nuevos, y haz clic en **Sign In** (Iniciar sesión).
- Si tienes varios códigos de acceso puedes ingresarlos todos; simplemente, sepáralos con comas.
- No vuelvas a introducir códigos de acceso que ya canjeaste. Todos los productos a los que hayas accedido antes quedan guardados en la sección **My Account** (Mi cuenta) del sitio. Si introduces un código de acceso que ya canjeaste, verás un mensaje de error.

Si tienes alguna pregunta, comunícate con el Servicio al cliente de LearningExpress en la dirección LXHub@LearningExpressHub.com. Responderemos todas las consultas en un plazo de 24 horas durante nuestro horario habitual de atención. 9:00 A.M.–5:00 P.M. hora del Este. ¡Gracias!

NOTAS

NOTAS

NOTAS

NOTAS